山东大学新法科系列教材
周长军　主编

国际体育法学

黄世席　著

法律出版社
LAW PRESS · CHINA
北京

图书在版编目（CIP）数据

国际体育法学／黄世席著. -- 北京：法律出版社，2024. -- (山东大学新法科系列教材). -- ISBN 978-7-5197-9428-6

Ⅰ. D912.161

中国国家版本馆 CIP 数据核字第 2024N0U616 号

国际体育法学
GUOJI TIYUFAXUE

黄世席 著

策划编辑 朱　峰
责任编辑 金　姗
装帧设计 鲍龙卉

出版发行 法律出版社
编辑统筹 辞书·融出版编辑部
责任校对 王　丰　郭艳萍
责任印制 吕亚莉
经　　销 新华书店

开本 787 毫米×1092 毫米　1/16
印张 16.25　　**字数** 262 千
版本 2024 年 9 月第 1 版
印次 2024 年 9 月第 1 次印刷
印刷 北京虎彩文化传播有限公司

地址：北京市丰台区莲花池西里 7 号(100073)
网址：www.lawpress.com.cn
投稿邮箱：info@lawpress.com.cn
举报盗版邮箱：jbwq@lawpress.com.cn

销售电话：010-83938349
客服电话：010-83938350
咨询电话：010-63939796

书号：ISBN 978-7-5197-9428-6　　**定价**：68.00 元

凡购买本社图书，如有印装错误，我社负责退换。电话：010-83938349

山东大学新法科系列教材编委会

总　序

为回应新时代高等教育发展的时代需求，引领文科教育的未来发展，2019年教育部、中央政法委、科技部、财政部等多个部门在天津联合召开了“六卓越一拔尖”计划2.0启动大会，我国新文科建设由此正式开启。2020年，由教育部新文科建设工作组主办的新文科建设工作会议在山东大学（威海）召开，会议发布了《新文科建设宣言》，对新文科建设作出全面部署，并依托山东大学成立了“全国新文科教育研究中心”。新文科建设已经成为我国高等教育发展的新目标、新要求和新方向。在新文科建设的推进过程中，新法学建设无疑是重要领域和基本面向。换言之，法学学科建设应当积极回应社会需求、实践需求和时代需求，努力探索完善具有中国自主知识体系的法学学科体系、学术体系和话语体系，培养更多德法兼修的高素质法治人才。具体到人才培养，正如中国法学会副会长、教育部高等学校法学类专业教学指导委员会主任委员徐显明教授所指出的，新法学建设要实现“五个更新”，即更新生源构成、更新培养目标、更新人才培养体系、更新师资队伍和更新人才培养模式。

山东大学法学院以“厚植齐鲁，服务国家，面向世界，建设一所受人尊重的法学院”为办院理念，致力于培养胸怀天下、志存高远、知识结构合理、专业基础扎实、实践能力突出、职业伦理素养良好、具有国际视野和家国情怀的高素质法治人才。学院拥有法学一级学科博士学位授予权、一级学科硕士学位授予权和法律硕士专业学位点，设有法学博士后科研流动站，并建有山东大学人权研究中心/国家人权教育与培训基地、山东大学检察理论研究中心/最高人民检察院检察基础理论研究基地、中国法学会中日韩法律研究中心暨中日韩高端法律人才培养基地、山东大学教育法治研究中心（教育部政策法规司与山东大学共建）等重要科研基地和人才培养平台。2012年，山东大学获批教育部应用型、复合型卓越法律人才教育培养基地和涉外型卓越法律人才教育培养基地；

2019 年，山东大学法学专业首批入选国家级一流本科专业建设点；2020 年，山东大学法学学科首批入选山东省“高峰学科”建设名单；2022 年，山东大学法学学科在教育部第五轮学科评估中取得佳绩。

根据学校工作部署，山东大学法学院出台了新法学学科教材编写的相关支持和配套文件，鼓励教师结合教学科研工作，积极撰写面向理论前沿、回应实践需要、多学科交叉融合的新法学学科教材。这套教材既是新时代法治人才培养方面的教学用书，也是面向新法学建设的研究探索。当然，囿于认识和编写能力的限制，其中可能存在诸多不足之处，请各位读者不吝批评指正。

2023 年 7 月 20 日

前　言

随着人类的发展，体育运动将会逐渐占据人们更多的时间和精力，体育运动的娱乐功能和休闲功能也会吸引更多的人参与到体育运动中去。从国际层面上来讲，跨国性的体育活动越来越多，国际体育运动的全球化和商业化的发展带来了越来越多的跨国性体育法律问题，这些法律问题更多地涉及国际法方面的一些领域，这就需要对涉及国际体育运动的法律问题进行研究。国外对国际体育法律制度的研究已有近几十年的历史。尤其是冷战后，国际体育运动因其商业化、传媒化、职业化和全球化而比以前对社会具有更大的影响，有关国际体育法律制度的研究成果大量出现，出版了一系列的专著和论文。进入21世纪后，国际体育法律问题的研究范围不断扩展，包括人权问题、国际体育组织的法律地位、体育产权、体育与可持续发展、国际体育争议解决制度、国际职业体育运动中的法律问题等。但遗憾的是，尽管我国已经出现了众多专门研究国际体育法律制度的论文和专著，也有若干体育法教材，但是相关国际体育法的教材是空白的，这种情况与我国目前积极参与国际体育运动的现状极不相称。

目前，国际体育运动全球化和职业化的发展使得越来越多的人关注体育运动，不仅包括体育运动参与者而且还包括第三方当事人。而从法律尤其是国际法的角度来对体育运动进行研究无疑是一种研究国际体育运动的新方法，需要分析和探讨国际法适用于体育运动的可行性和合理性。同时，北京举办2008年夏季奥运会和2022年冬季奥委会带来的一系列法律问题也要求我们跟上国际形势，与国际接轨，故也有必要了解和借鉴其他国家和国际体育界的体育法律制度，使之对构建我国的体育法律制度能够有所裨益，因此本教材的出版研究将会对国际体育运动的发展以及我国的体育法制建设具有重要的借鉴作用，也将有利于我国再次申报举办国际大型体育赛事。

对于国际体育法的研究，本人先后以国际体育法律制度、奥运会法律问题和国际足联争议解决等为主题申请并获得了国家社科基金、司法部以及国家体育总局等社科项目的支持，发表和出版了一系列相关的论文和专著，积累了丰富的专业知识。同时，本人积极参与国际体育争端实践，代理相关当事人参加体育仲裁和提供法律咨询，参加国家体育法律制度的修改和立法实践，入选《体育法》修改专家组并对“体育仲裁”专章提出了修改意见，部分意见获得采纳。在前述研究经验以及实践经验的基础上，同时在几位学界同仁的帮助下，最终著成此书，即《国际体育法学》。

本教材分为八个专题，分别是导论、国际体育治理、国际体育运动中的国籍问题、国际体育运动中的人权、国际体育运动中的兴奋剂问题、奥林匹克产权保护、国际体育仲裁机制原理，以及国际体育仲裁裁决的撤销、承认与执行等，参考文献和缩略语附在最后。

本书在写作过程中参照了本人与国家体育总局政法司陈华栋、山东大学博士生李杰的合作成果，有些章节的内容借鉴了北京师范大学裴洋、潍坊学院朱文英、首都体育学院韩勇等教授的成果，本书出版得到了以上合作者的授权，在此向他们表示感谢！当然，文责自负，本人对本教材出版可能产生的一切法律问题承担责任。

感谢山东大学法学院新法科教材资助项目提供的出版资助！

目　　录

第一章　导　　论

体育运动的全球化、职业化和商业化发展产生了许多需要依据法律而不是专门依靠体育规则来加以解决的国际体育法律问题。除了各国政府和国际体育组织外，联合国、欧盟等政府间国际组织也开始逐渐广泛地涉足国际体育运动，因此，在处理一些国际体育问题时，除了需要依据国际体育组织自身的规则外，在某些情况下还需要借助法律尤其是国际法以及国际社会的基本原则。当前，国际社会的一个现象就是职业运动员的加入加快了体育运动的全球化和商业化趋势，尤其是国际奥林匹克运动的全球化和商业化给国际奥委会、国际足联和国际田联等国际体育组织带来了巨额的财富，当然也带来了许多需要国家和国际社会关注的政治问题。在国际体育运动全球化和商业化的过程中，国际体育法律制度的地位也越来越重要，国际体育法应当发展成为一门独立的学科。同时，国际体育运动的发展以及体育争端的解决需要有解决体育争端的专门机构和规则，这就催生了国际体育争端裁决机构，譬如国际体育仲裁院（Court of Arbitration for Sport，CAS）。还有一个随着 CAS 仲裁实践发展而在近些年出现频率较多的词汇，即体育习惯法（Lex Sportiva），也需要作进一步的研究和阐述。无论如何，随着国际体育运动的发展，国际体育法正在逐渐呈现繁荣，甚至有逐渐发展成为一门独立的国际法学分支学科的趋势。

第一节　国际体育法概论

作为一个法律部门或者分支，国际体育法是人类社会发展到一定阶段的产物，是随着国际体育运动的日益频繁而发展起来的一门新兴的法学分支，反过来讲，世界范围内的体育运动的日益普及也促进了国际体育法的发展。国际体育法规定的是调整国际体育活动的政治、经济和社会后果并具有与众不同的特点的一系列规范、原则和程序体系的总和，其是解决和规制运动员、国际和国内体育组织以及政府之间的体育争议和相关活动的规则，并且仍然是在不断发展的。关于国际体育法的基本问题，可以从其调整对象和范围、渊源、主体以及性质等几个方面加以阐述。

一、国际体育法律规制的发展

国际上对国际体育法律制度的研究已有数十年的历史。自20世纪80年代起，因东西方冷战导致其相互抵制1980年莫斯科奥运会和1984年洛杉矶奥运会的情况发生，加上此前南非因为实施种族隔离政策而一直被国际体育界制裁，国际体育运动中产生的法律问题开始引起国际社会的关注，当时欧美国家已经出现了若干研究国际体育法相关问题的成果。[1] 冷战结束后的20世纪90年代，体育运动因其商业化、传媒化、职业化和全球化而比以前对社会具有更大的影响，相关的国际体育法律制度的研究成果大量出现。[2] 进入21世纪后，国际体育运动的商业化、职业化和国际化氛围更加浓厚，其所涉及的不仅仅包括传统国际体育运动中的相关问题，譬如人权、国际体育组织的法律地位、运动员的跨国转会、国际职业体育运动规范以及国际体育仲裁等，并且还涉及一些新型的体育法律问题，譬如体育赛事转播、体育可持续发展、跨性别运动员权利保障以及兴奋剂规则发展等新的法律问题。与国际体育运动的发展相适应，国外研究国际体育法律制度的成果也在不断出现。[3] 国内国际体育法的研究也不甘落后，既有就某一特定国际体育法律问题进行研究的论文和专著，也有若干体育法学方向的教材出版（见本书参考文献）。但是就国际体育法而言，国内相关的教材还是空白，这种情况与我国目前国内体育运动发展以及积极参与国际体育运动的现状极不相称。

另外，体育运动的商业化、全球化发展使得国际体育活动更加活跃，如何解决国际体育运动中发生的有关法律问题已成为法学界和体育界的共同研究课题。国际体育法律制度的研究将有助于公平合理地解决体育争议，促进国际体育法的发展。

---

〔1〕 See James A. R. Nafziger, *International Sports Law*, Transnational Publishes, Inc., 1988; David J. Ettinger, *The Legal Status of the International Olympic Committee*, 4 Pace Yearbook of International Law 97 (1992); Christoph Vedder, *The International Olympic Committee: An Advanced Non-Governmental Organization and the International Law*, 27 German Yearbook of International Law 233 (1984), etc.

〔2〕 See Aaron N. Wise, *International Sports Law and Business*, 1st Edition, Springer, 1997; Robert Siekmann ed., *Basic Documents of International Sports Organisations*, *Springer*, 1998.

〔3〕 See Roger Blanpain, *International Encyclopaedia of Laws: Sports Law*, Kluwer Law Intl, 2004; Ian S. Blackshaw, *International Sports Law: An Introductory Guide*, Springer, 2017; James A. R. Nafziger, Ryan Gauthier (eds.), *Handbook on International Sports Law*, second edition, Edward Elgar Publishing, 2022; Alara Efsun Yazıcıoğlu, *International Taxation Law in Sports Events: An Income Tax Analysis*, Routledge, 2020; Stephen F. Ross, *Advanced Introduction to Global Sports Law*, Edward Elgar Publishing, 2021; etc.

在我国从体育大国向体育强国迈进的过程中，虽然国内外体育交流较之以往有所增加，但国家有关的立法却相对滞后，新修订的《体育法》对国际体育相关的法律问题几乎没有作任何规定，这些现实情况对我国进行国际体育交流以及解决体育争议实属不利。因此，对国际体育法学的研究也会对我国体育法治的完善有所帮助。而且，北京2008年奥运会和2022年冬奥会带来的一系列法律问题也要求我们跟上国际形势，与国际接轨，故也有必要了解和借鉴其他国家和国际体育界的体育法律制度，使之对构建我国的体育法律制度能够有所裨益。因此，《国际体育法学》的撰写将会对国际体育法律制度的建设以及我国体育法治的完善具有重要的借鉴意义和实践价值，也将有利于我国解决与申办国际大型体育赛事相关的法律问题。

二、国际体育法的调整对象

任何法律部门都有自己的调整对象，也即所要调整的某种社会关系。作为法律的一个分支的国际体育法当然也不例外。国际体育法的调整对象就是含有国际或者跨国或者涉外因素的体育关系。

法律关系是根据法律规定而结成的各种权利和义务关系，由主体、客体和内容这三要素组成。国际体育法律关系就是指其主体、客体和内容这三要素至少有一个或者一个以上的因素与国外有联系的体育法律关系，而且这种体育法律关系既有可能涉及公法的范围（如对使用兴奋剂的国际控制、涉及运动员人权的规定、球场暴力等），也有可能涉及私法关系（如体育赞助、运动员跨国转会等）。在主体为涉外因素时，作为体育法律关系的主体一方或双方当事人为外国的自然人或者法人（有时也可能是外国国家、国际组织或者无国籍人）；在客体为涉外因素时，作为体育法律关系的标的（包括物、行为和知识产权等）位于国外；在内容为涉外因素时，产生、变更或者消灭体育法律关系的法律事实发生在国外。譬如，一个中国籍的运动员参加某国际单项体育联合会在美国赞助的体育比赛，对中国当事人来讲，在这一关系中有两个涉外因素，即该法律关系的另一主体在国外以及该体育法律关系产生在国外。

应该指出的是，国际体育法的调整对象——国际体育关系既包括平等主体之间的体育关系，如因为体育赞助、体育知识产权的转让等而产生的关系，以及因为国家之间签订涉及体育运动的协定而发生的关系等；也包括具有管理或者服从关系的不平等主体之间的体育关系，如因体育比赛中的违规行为而得到相应处罚所引起的体育关系。而从另一个角度来讲，体育关系既有属于私法范围内的体育关系，如因体育赞助行为而产生的关系；也有应当属于公法调整的体育关系，如因种族歧视、球场暴力、体育组织的法律地位的争议等行为而引起的关系。因此可以讲，国际体育法是一个包括有关法理学、公法和私法、实体法和程序法、国际法和国内法在内的复杂法律部门，在这些法律内都可以找到调整国际体育关系的法律规范。

譬如，当前由于职业体育运动的全球化以及国际化的发展，跨国从事职业体育运动的球员和教练员等越来越多，由此而产生的许多法律问题需要国际体育法调整。仅在争议的解决部分就包括以下问题：一是由于职业球员和教练员工作的跨国性而引起的法律争议应由哪一国家的法院（当事人国籍所属国的法院还是工作地国家的法院）来行使管辖权，还是交由相关体育协会指定的仲裁机构解决？二是解决争议时应适用什么样的体育规范？能否适用国家法律法规？三是外国法院的判决或体育仲裁裁决能否在本国得到承认和执行？解决这些问题需要考虑国际私法上的有关规定，尤其是解决国际民事争议的有关规定，同时也要考虑到国际体育运动规则的特殊性。

三、国际体育法的渊源

法律渊源一般是指法律规范的创制及其表现形式，故国际体育法的渊源即指国际体育法规范的存在及其表现形式。不过国际体育法作为国际法的分支，其法律渊源也可以从《国际法院规约》第 38 条关于国际法院适用法律的规定中得到某些启示。《国际法院规约》第 38 条规定国际法的渊源主要为国际条约、国际习惯、一般法律原则等。根据该条规定，作为国际法的一个新的部门的国际体育法的渊源似乎也应该包括涉及体育运动的国际条约、国际习惯或者国际惯例以及“文明国家所承认的一般法律原则”。只是到目前为止，有关体育运动的国际条约不是太多，且主要表现在有关国际法的基本原则、兴奋剂、人权、仲裁裁决的承认与执行等有限的几个方面，这与体育运动在全球范围内的发展不相适应；而承认国际习惯或者国际惯例为国际体育法渊源的前提则是这些规范得到了国际社会以及体育界的认可而具有法律约束力；至于一般法律原则，CAS 在其裁决中多次提到了该术语，主要是指国际社会普遍承认的一些法律原则，譬如罪刑法定原则、遇有歧义时有利于弱方当事人的原则等。

（一）国际条约

从国际法方面来讲，国际体育法的渊源首先应当是国际组织尤其是联合国及其各专门机构通过的涉及体育运动的国际公约和相关文件，主要包括《反对在体育运动中使用兴奋剂国际公约》（2005）、《反对在体育运动中实施种族隔离的国际公约》（1985）、《保护奥林匹克标志的内罗毕条约》（1981）、《国际体育运动宪章》（1978）以及《承认及执行外国仲裁裁决公约》（1958，以下简称《纽约公约》）等。欧洲理事会在体育运动领域也通过了《反对球场暴力的国际公约》《反兴奋剂公约》《欧洲体育运动宪章》以及涉及体育运动的大量决议。这些条约、公约等应当是国际体育法的主要渊源。

作为国际法的一个新的分支，一些国际法的基本原则在体育运动中也是必须遵守的，譬如各国平等、不歧视、反对种族主义等。国际奥委会等国际体育组织作为国际性的法人团体，其活动必须以不违背国际法基本原则为前提，否则将遭到国际社会的谴责与制裁。国际法中效力最广泛、最有影响的法律渊源为《联合国宪章》，国际法的基本原则比较集中地体现在该宪章条文之中。另外，联合国还曾先后通过一系列直接规定国际法基本原则的重要决议和宣言，如1970年10月24日《关于各国依联合国宪章建立友好关系及合作之国际法原则宣言》，规定了“各国主权平等”“使用和平方法解决国际争端”“各国人民享有平等权利及自决权”等原则。此外，在国际体育交往中，还有关于国际商务、国际刑事、国籍问题等的国际法规定及原则，以及有关调整跨国体育关系的仲裁法、诉讼法以及涉外合同、仲裁等的条约。国际奥委会和其他国际体育组织在从事有关活动或遇到有关情况时也受这些规定及原则的约束。因此，国际体育条约也应当包括此类国际法性质的公约。

（二）国际体育组织的章程条例

国际体育组织，尤其是国际奥委会制定了大量的内部规范性文件。不断更新的《奥林匹克宪章》[1] 规定了奥林匹克运动的基本原则，如第6条规定奥林匹克运动的宗旨是通过开展没有任何形式的歧视并按照互相理解、友谊、团结和公平比赛的奥林匹克精神的体育活动来教育青年，从而为建立一个和平与美好的世界作出贡献。在实践当中，国际奥委会也一直致力于国际和平运动，以促进民族平等，消除种族歧视，并且作出了相当的成绩。譬如1993年国际奥委会倡议“奥林匹克休战”（Olympic Truce）即得到了许多国家的拥护和响应，国际奥委会还曾禁止南非参加奥运会以反对其种族隔离政策。

---

〔1〕 除另有注明外，本书中引用的《奥林匹克宪章》文本均为2023年10月15日生效的最新版本。

值得关注的一个问题是国际体育组织的规范在国际体育法渊源中的地位。国际体育组织属于民间的非政府组织，其规范不具有法律的性质，其规范的实施不以国家强制力为后盾，但是对有些体育争议的裁决主要是依据这些体育组织的规范，在国际体育仲裁院上诉仲裁庭和奥运会特别仲裁机构仲裁争议时更是如此。此类国际体育组织的规范在国际体育界已得到广泛的认可，对于从事体育运动的人员和体育组织来讲，不遵守这些规范有时就不可能参加有关的比赛，故这种强制性的规定又使这些规范具有与法律类似的约束力。因此，国际体育组织的规范类似于商事领域的商事惯例，理应也属于国际体育法的渊源，只不过因其制定者不同而在适用范围上有国际和国内之分罢了。尽管如此，有一点是肯定的，即体育组织制定的有关体育运动的规范是国际体育法的重要渊源，尽管其或许不是具有主要作用的渊源。可以讲，国际体育运动的法律规制处于国际体育法律程序的核心。国际体育组织的章程和其管理机构尤其是国际奥委会的决议，阐明了一个适用范围很广的习惯做法，涉及运动员的参赛资格、运动员之间基于种族和性别的歧视、体育运动的商业化和职业特性等。此外，需要明确国际体育运动在体育活动中的中心作用，理解控制单项体育运动的国际单项体育联合会的决议与其他国内或地方的体育组织的决定的法律意义之间是有区别的。

国际体育运动组织体系制定的有关规范和条例主要包括四个组成部分。其一是奥林匹克运动的基本规章即《奥林匹克宪章》，其在奥林匹克运动体系中的地位类似于国家法律体系中的宪法，起总揽全局性的作用。其二是奥运会大家庭中的其他体育组织的章程。这些组织主要包括国家（地区）奥委会、洲际或世界性的国家奥委会协会、各国际单项体育联合会以及国际单项体育联合会总会。这些组织的章程必须符合《奥林匹克宪章》的规定，它们的实践和活动也必须和奥林匹克宗旨一致。这些组织的章程是某一国家（地区）或项目范围内奥林匹克运动的纲领性文件，所以也是国际体育法规范的一部分。其三是国际奥委会各专门机构的有关规范或章程。一些常设的或者临时性的专门机构，如体育仲裁院、奥运会团结委员会、资格委员会、医务委员会等分别负责处理奥林匹克运动中各有关方面的重要问题，制定自己的规则和章程，规范着奥林匹克运动内某种专门性的问题，因此也是奥林匹克法律的重要组成部分。其四是由各个单项体育联合会制定并掌握的规范某一特定运动项目技术问题的运动技术或者竞赛规范，这是对体育竞赛活动进行控制的专门规则。在奥委会和其他国际奥委会赞助的运动会中，运动项目的技术规范和技术指导工作也由各单项体育联合会自己掌握。以上这四个属于奥林匹克运动体系内的有关规范，当然也是国际体育法体系的组成部分。

（三）体育争议裁决

由于国际体育争议的日益增多，也应当注意司法判例或者仲裁裁决在国际体育法渊源中的作用。遵循先例是英美法系的一个主要原则，而一些主要的体育发达国家譬如美国、英国、澳大利亚和加拿大等国内的绝大多数法域都属于英美法系，更何况该原则在大陆法国家也得到越来越广的适用，故有关法院在体育争议问题上的判决和有些仲裁组织特别是国际体育仲裁院以及美国仲裁协会对体育争议的裁决也应当属于国际体育法的渊源。

四、国际体育法的主体

国际体育运动主要是由运动员参加比赛来实现的，运动员当然是国际体育关系的主体。此外，在国际体育活动的发展过程中，参与管理国际体育活动的政府和非政府间国际组织以及属于这些组织的人员也是国际体育关系的主体。这些组织主要有联合国及其相关专门机构、欧盟、国际奥委会、国际单项体育联合会、国家奥委会、奥林匹克运动会组织委员会、国家单项体育协会、体育俱乐部等。

目前，奥运会已经升级为一个对各级行政部门都有要求的运动会，因为一些非奥林匹克组织也参与到了国际体育运动中来，譬如联合国、类似于欧盟的地区性国际组织、国家和地方政府以及一些民间的非政府组织等。譬如在反对兴奋剂、反对前南非政府的种族隔离政策在体育运动中的适用以及奥林匹克休战方面，联合国分别制定了一些文件，另外在包括体育仲裁在内的仲裁领域得到广泛承认的《纽约公约》也是由联合国国际贸易法委员会负责制定的；欧盟法院对博斯曼案[1]以及其他体育争议的裁决以及欧盟制定的反对歧视等条例彰显了地区性的国际组织在国际体育运动中的地位；其包括国家法院在内的国家和地方政府机关则对本国家和地区内的体育活动负有主要的责任；在奥林匹克运动与环境问题上，一些民间的非政府组织也起了不可忽视的作用。因此可以讲，这些不属于奥林匹克运动范围的国家间机构以及民间组织有时也可以成为国际体育法律关系的主体。

大多数的国际体育关系都涉及运动员，因此可以讲运动员是最主要的主体。国

〔1〕 Case C－415/93 Union Royale Belge des Sociétés de Football Association and others v. Bosman and others, Judgment of the Court of 15 December 1995, European Court Reports 1995 I－04921, ECLI identifier: ECLI: EU: C: 1995: 463.

际体育关系之所以能够产生，最主要是因某运动员的参与，或者是因为对运动员以及其所属的体育组织的管理以及处罚行为而引起的。不从事体育运动但是与运动员以及与体育运动有关的组织发生体育关系的自然人在某些情况下也可以成为国际体育法的主体，只不过这种法律关系应当限制在与体育运动有关的关系范围内。所以应当承认的是，作为自然人，无论是运动员还是非运动员，只有在其所从事的社会关系涉及国际体育运动的时候才有可能成为国际体育法律关系的主体。

奥林匹克运动的最高权力机构国际奥委会是从事国际体育运动的主要组织，其成员包括国际奥委会、国际单项体育联合会、国家/地区奥委会、奥林匹克运动会组织委员会、各国单项体育协会、俱乐部，以及属于这些组织机构的人员，特别是其利益构成奥林匹克活动基本因素的运动员，还有裁判/裁判长、教练员和其他体育运动技术人员。此类奥林匹克运动的成员也是国际体育法律关系的重要主体。自从1896 年现代奥运会恢复之后，奥林匹克运动已经扩大和发展成为一个对每隔两年举行一次的国际比赛负责任的涉及数以亿计美元的行业。夏季奥运会和冬季奥运会合在一起共涉及约 340 个项目的体育比赛和 35 个国际单项体育联合会。因此可以讲，国际奥委会是一个具有强大的政治和经济影响的国际体育组织，同时其还包括国际奥委会承认的其他组织。这些组织和各国的国家和地方政府一起管理和控制着国际体育比赛，并且其职能的行使应遵守包括《联合国宪章》在内的国际法律体系。

国际奥委会是创建国际体育法框架的重要组织之一，它主要的作用是，组织运动员之间的体育协会和体育比赛，并且通过在全球范围内制定许多国际奥委会的规范和惯常做法而在国际体育法的发展过程中起核心或者促进的作用。譬如《奥林匹克宪章》规定，国际奥委会是奥林匹克运动的最高权力机构；不论以何种身份属于奥林匹克运动的人员或组织，都须受《奥林匹克宪章》条款的约束，并应遵守国际奥委会的决定。《奥林匹克宪章》也对国际奥委会的职能作了规定，包括鼓励体育运动和体育竞赛的协调、组织和发展；确保奥林匹克运动会定期举行；反对将体育运动和运动员滥用于任何政治或商业目的等。另外，《奥林匹克宪章》指出，国际奥委会的使命是按照《奥林匹克宪章》领导奥林匹克运动；国际奥委会根据《奥林匹克宪章》的条款作出的决定是最终决定。

需要明确的是，根据《奥林匹克宪章》规定，国际奥委会是一个非政府组织。与其他非政府组织如国际红十字会和国际法学会一样，国际奥委会仅仅具有“有限的国际法律人格”。因此，一般认为它不能制定国际法规范。但为了约束奥林匹克运动的当事人，国家可以自愿接受国际奥委会的规范、决定和行为，以至于有些国际奥委会的重要规范具有和习惯国际法同样的约束力。譬如《奥林匹克宪章》规定国际奥委会的职能包括："参与促进和平的行动，积极保护奥林匹克运动成员的权利，反对损害奥林匹克运动的任何形式的歧视，以及通过适当手段推动妇女在一切级别、一切机构中参与体育运动，特别是加入国家和国际体育组织的执行机构，以实行男女平等的原则。"违反该规定将会得到相应的处罚。除了《奥林匹克宪章》规定的这些自动执行的条款，国际奥委会对处理问题的法律程序所具有的不同寻常的影响力也可以归因于奥林匹克运动会的超凡吸引力和声望。事实上，各国政府通常尊重《奥林匹克宪章》的规范并且经常把其纳入国内立法和政策中去。[1]

五、国际体育法的性质

探讨国际体育法的性质，主要就是要解决国际体育法是国际法还是国内法，或者是介于两者之间的特殊法律部门的问题。前已述及，国际体育法的调整对象是具有国际因素的体育关系；其渊源既包括国内法也包括国际法，既有实体法也有程序法；其主体既有国内法上的自然人和法人，也包括国际法上的国际组织。单独地把它划归为国内法或者国际法已显不妥，它是一个包括国际法和国内法在内的特殊法律部门。

调整国际体育关系的法律被称为国际体育法的主要原因是，鉴于国际法律的发展，国际法已不是传统的国际公法，而是反映国家意志的协调、调整一切国际关系的具有法律约束力的行为规范的总和。国际法调整的社会关系是超越国界的一切国际社会关系，国家与国家之间的关系只是其中的一部分。国际法是一个法律体系，而不是一个部门的法律。在国际法体系中可以包括以下法律部门，即国际公法、国际私法、国际经济法、国际刑法等。众所周知，国际法和国内法的划分主要是以它们适用的范围和调整的社会关系为标准的。而国际体育法调整的社会关系为国际体育关系，或者是跨国的体育关系，或者是涉外的体育关系，这种关系是从国际生活中产生出来的，它的适用范围跨越了国界。因此，国际体育法就是我们所说的广义的国际法，它是国际法体系中的一个独立部门或者分支。

总之，作为一门新兴的学科（见表1-1），国际体育法目前还正处在不断发展

---

[1] 《中华人民共和国体育法》（1995年发布，2022年修订）第14条第1款规定："国家鼓励开展对外体育交往，弘扬奥林匹克精神，支持参与国际体育运动"。该条款没有明确规定遵守《奥林匹克宪章》，而代之以"奥林匹克精神"，两者的理念应当是一致的。

的过程中，它是一个包括国际法和国内法在内的特殊法律部门，也是一个涉及公法和私法的法学新分支。对国际体育法律问题的研究须结合国际法和体育法来进行，同时也要意识到其调整对象、渊源等也是在不断发展的。尽管当前的国际体育法是“年轻的”并且其某些理论可能是不成熟的，但由于全球化以及国际体育运动的发展，其正在变得越来越强大，因此对国际体育运动涉及的各种法律问题进行研究也具有一定的现实意义。

表 1－1　国际体育法的基本概念

国际体育法	调整对象	含有国际或者跨国或者涉外因素的体育关系，也即其主体、客体和内容这三要素至少有一个或者一个以上的因素与国外有联系
	渊源	国际体育组织的规则和行业惯例；调整体育运动的国际法和国家立法；涉及体育运动的仲裁裁决（比如 CAS 裁决）和法院判决
	主体	运动员；参与管理国际体育活动的政府和非政府间国际组织，包括联合国及其相关专门机构、国际奥委会、国际单项体育联合会、各国家/地区奥委会、奥运会组委会、全国性体育协会、体育俱乐部；属于前述组织机构的人员；其他与国际体育运动发生法律关系的自然人和法人实体等
	性质	它是一个包括法理学、公法和私法、实体法和程序法、国际法和国内法在内的特殊法律部门

六、国际体育法学的范围

作为一个法律部门或者分支，国际体育法是人类社会发展到一定阶段的产物，是随着国际体育运动的日益频繁而发展起来的，同时，世界范围内的体育运动的日益普及也促进了国际体育法的发展。鉴于此，国际体育法学主要包括以下内容：

第一，国际体育法律制度的基本理论问题研究。这部分应当是国际体育法学研究的基础，阐述国际体育法律关系的主体，尤其是国际奥委会等在国际体育法律关系中的地位、国际体育组织的治理机构以及国际体育治理和善治（good governance）中的法律问题等。

第二，公法视野下的国际体育运动问题。该部分内容主要包括国际体育运动的政治干涉、人权问题、国籍问题、环境可持续发展问题以及反兴奋剂问题等。此类国际体育法律制度的问题在晚近数年越来越明显，一方面是因为运动员等体育运动参与者维护自己权利的意识不断加强，另一方面是因为国际社会不断关注的一些共同问题也对国际体育赛事的申办和主办带来不可预知的影响，由此也促进国际体育运动的可持续性和包容性发展。

第三，私法视野下的国际体育运动问题。该部分内容包括国际体育运动的电视转播权问题、知识产权、国际性运动员以及教练的跨国劳务、体育赞助等有关的法律问题等。国际体育运动受全球化以及职业化的影响越来越深，运动员和教练的跨国转会以及工作机会越来越多，而且大型运动会的召开涉及的赞助、知识产权等问题也比以往有所增加，对与国际体育运动有关的私法问题进行研究也就愈显重要。

第四，国际体育争议之解决机制，主要内容是国际体育仲裁制度研究。仲裁是解决国际体育争议的一种最重要和最主要的方法。由于国际体育运动的发展，与体育运动有关的各种争议也越来越多，因为涉及体育运动的因素而使解决这些争议所使用的方法也不同于解决传统国际争议的方法，尤其是那些涉及兴奋剂以及体育运动中的技术性争议更多需要通过体育仲裁进行解决。

经过对国际体育法学的有关前期研究，可以认为，与国际体育运动有关的法律问题是一个需要结合国际法和国内法加以研究的课题，其所包括的研究内容与国际法或国内法有不同之处，但是最为明显的是国际体育法律制度具有一些自己的特点，如国际奥林匹克组织范围内的权力分配、作为非政府组织的国际体育组织在国际法发展中的作用、国际体育争议解决等，尤其是强调仲裁解决争议的国际体育争议解决制度更是一个特殊的制度。

总之，国际体育法学是一个涉及范围很广的问题，对其进行的问题分析需要运用一般法理、国际体育知识以及国际法，尤其是有关国际公法和国际私法的有关理论来进行研究。首先，有必要对国际体育法以及国际体育争议的基本理论问题进行初步探讨，在此基础上进行国际体育法律制度的专题分析。其次，阐述国际体育法律制度需要对历史上发生的一些案例进行实证分析，从中归纳出国际体育法律制度的一些法理，从而为以后所发生的类似问题提供借鉴性的作用。因此，每一章的最后将附加两个或两个以上具有明显特点的案例分析。最后，国际体育法律制度因为体育因素而具有不同于一般国际法的特点，这也使得国际体育法律制度中的某些问题具有自己的独特性。尤其是国际体育运动的即时性、媒体传播、运动员的明星身份以及对青少年的积极影响等都是研究国际体育运动的法律规制时需要加以考虑的特点。

第二节 国际体育法的新发展：体育习惯法（Lex Sportiva）

国际体育法的发展与体育运动的国际化和全球化密不可分，因此，国际体育法的渊源是多样化的，除了包括国内外体育组织规则和章程、各国调整体育运动的法律规范以及国际组织制定的或者参与制定的调整国际体育法律问题的国际法规则，还有国际组织和非政府组织合作制定的规则，譬如《世界反兴奋剂条例》（World Anti－Doping Code，WADC）。其中，有一个非常特殊的诠释体育规则的民间组织CAS，其通过仲裁裁决对国际体育争端的适用法律以及相关体育规则的解释和审查而导出一个非常独特的被称为"Lex Sportiva"的法律词语，即CAS裁决的一般原则和基本法理的归纳总结。

一、关于 Lex Sportiva 的学术分歧

"Lex Sportiva"是在20世纪90年代出现的一个词汇。事实上，CAS出版自己的第一卷裁决汇编时，时任秘书长编撰了Lex Sportiva一词，其实也就是CAS自己的一套判例法。[1] 到目前为止，其已经引起了学术界和体育实务界的极大关注。不但越来越多的学者承认存在Lex Sportiva并对其内容进行了阐述，而且CAS裁决以及瑞士联邦法院的判决也对该术语进行了一定程度的探讨。但是，对于其含义，学者之间的分歧较大。

第一，Lex Sportiva是CAS裁决或者国际体育法的一部分。该观点认为，一个充分完善的Lex Sportiva应当有助于实现三个方面的价值，即遵循先例、当事人的可期待性以及类似案件当事人的平等待遇。其应当限制在CAS的裁决之内。并且，CAS裁决已经被认为是正在形成和发展中的Lex Sportiva，也即指导国际体育法的原则和规则。

第二，Lex Sportiva是从国际体育联合会的规则和实践中产生的跨国性规范，是全球体育法的一部分，而全球体育法是有组织的体育制度产生和形成的一套复杂的

---

〔1〕 See Richard H. McLaren, *The Court of Arbitration for Sport: An Independent Arena for the World's Sport Disputes*, 35 (2) Valparaiso University Law Review 79 (2001).

制度。从一种广义的角度上讲，Lex Sportiva 等同于全球体育法。

第三，Lex Sportiva 是国际体育组织和受其管辖的会员之间通过合同建立的一种民间自治的法律秩序，是在替代性争议解决机构对体育组织的章程和条例进行解释的过程中出现的。其渊源主要是国际体育组织以及诸如世界反兴奋剂机构（World Anti - Doping Agency，WADA）之类的混合组织的章程和条例。

第四，Lex Sportiva 是通过 CAS 裁决形成的一些体育运动的基本原则，或者说，是体育领域共同适用的一般管理原则，是所有争议裁决机构（不管是 CAS 还是其他的任何仲裁机构或纪律裁判机构）都可以适用的原则，是与有法律约束力的习惯非常类似的，容易识别和期待的体育管理原则。[1]

由上可见，学者们对 Lex Sportiva 含义的分歧主要集中在其是否仅仅是 CAS 等体育仲裁组织所作的裁决，是全球体育法还是跨国体育法，是否具有自治性以及是否能被认为是一般体育原则等。但是无论怎样表述，学界普遍承认 CAS 在 Lex Sportiva 的发展过程中具有至关重要的作用，甚至可以说其主要渊源就是 CAS 的裁决。

二、CAS 与 Lex Sportiva 的发展

作为国际体育领域的最高仲裁机构，CAS 的最高权威已经得到了所有的奥林匹克系统内的国际体育组织和部分非奥林匹克系统的国际体育组织的承认，其在仲裁方面的管辖权也得到了一些国家的立法和国内法院的认可，因此可以认为 CAS 是国际体育范围内权力最高的裁判者。尽管其主要是作为仲裁组织存在的，但实际上 CAS 还可以被认为是处理商事争议（譬如转会争议）的民事法庭、处理体育组织裁决的行政法庭、解决不同体育组织之间冲突的宪法法庭，甚至在处理兴奋剂争议时也可以被认为是刑事法庭。[2] 这种不同管辖模式的组合意味着 CAS 管辖的范围涵盖诸多领域，其在法律框架内最大程度地保护了运动员的基本权益的同时，也在协调不同体育组织规则之间的冲突。通过其裁决，CAS 促进了 Lex Sportiva 的发展，主要表现就是其在体育运动内部发展了一般性的法律原则，对体育运动的一些原则和规则进行解释和协调，在对体育组织的裁决进行审查的同时进一步确认体育组织

---

〔1〕 See Alfonso Valero, *In Search of a Working Notion of Lex Sportiva*, 14 (1 - 2) International Sports Law Journal 3 (2014).

〔2〕 Franck Latty, *La Lex Sportiva*, *Recherche Sur Le Droit Transnational*, Martinus Nijhoff Publishers (Brill), 2007, p. 296.

之间的权力划分。

（一）促进体育运动中一般法律原则的形成和发展

纵观 CAS 裁决，其适用了国际体育组织管理运作中的一般法律原则，并发展出了一些专属于体育运动的新原则。CAS 在其裁决中经常引用国际公法和国内公法中的法律原则，尤其是一些源自刑法和行政法的原则，譬如正当程序、公平听证和平等待遇等。其在 Lex Sportiva 形成中的主要贡献就是把世界各国公认的一些一般法律原则应用在体育运动争议的解决过程中，通过对其不断的解释和适用而发展出了体育运动中的一般法律原则，譬如正当程序原则（公平听证权）、兴奋剂中的严格责任原则等。

2003 年，CAS 在裁定中认为，其仲裁实践已经明确提炼并且发展出了许多体育法的基本原则，而这些原则可以被认为是正在形成中的 Lex Sportiva 的一部分。既然 CAS 仲裁实践很大程度上根基于不同的体育管理规则，当事人在其请求中对 CAS 判例的依赖等同于选择专门的判例法，包括某些从体育运动规则中得出的并且适用于体育运动的一般原则。[1] 这表明，Lex Sportiva 仅是对体育组织规则和条例的一种合理解释，是专门适用于国际体育运动管理活动的特别法。尽管如此，CAS 咨询意见仍然指出，Lex Sportiva 的具体内容和范围仍然太过模糊和不确定，以至于不能用其来裁定体育协会对运动员的权利和义务。[2]

因此，从 CAS 在体育仲裁中引入正当程序的角度来看，在一定程度上其是体育法的制定者，尤其是其通过重新举行听证会和作出裁决的过程不断纠正体育组织在裁定有关争议时可能出现的程序上的错误，其衡量的主要标准就是正当程序原则。

（二）CAS 裁决的先例作用

前已述及，CAS 通过其裁决可能会推翻或者废除体育组织制定的规则，促使相关的体育组织进一步对自己的规则条例进行修改或者完善，从而在一定程度上影响体育组织的管理活动。从形式上看，与普通法遵守先例的原则不同，CAS 仲裁实践原则上不是有约束力的先例，对后来的争议没有约束力。尽管如此，为了保持前后一致的连贯性，CAS 作出的裁决都尽量和案情争议事实类似的先前裁决保持一致，

---

〔1〕 CAS 2002/O/373 COC & Beckie Scott v. IOC, award of 18 December 2003, para. 14.

〔2〕 CAS 2005/C/976 &986 FIFA v. WADA, Advisory Opinion, 21 April 2006, para. 124.

在裁决理由中引用以前的裁决几乎是每个CAS仲裁庭都加以考虑的事情，以至于在目前很难看到不参照先前CAS裁决的案例了。而且，CAS裁决的迅速增加形成了一个被称为Lex Sportiva的体系。

（三）对体育规则的解释和协调作用

CAS是国内外体育组织的裁决部门的最终上诉机构，其对不同体育组织的裁决享有集权式的最终审查权，实质上更类似于一个协调跨国体育法的“最高法院”。其不但有权审查提起异议的体育组织裁定，而且可以对有关的裁定进行修改或者补充，甚至完全有权作出一个新的裁决。在对体育组织裁定进行审查的过程中，CAS主要适用的是一般法律原则，譬如合法性、合理性、公正原则、诚信原则等，避免出现武断的或者不理性的裁决。另外，CAS享有最高管辖权的结果是以一些国家的体育组织放弃其本国法院对相关体育争议的管辖权为代价的，国际体育组织也放弃了其注册地国家法院的管辖权，从而在国际体育运动的行业内有了一个最高的全球性的标准制定者和协调者。而且，很多国家竞相申办大型国际体育赛事的例子表明，CAS裁决几乎已经得到了全球性的承认和认可，其协调全球体育标准的作用也更加突出。

三、Lex Sportiva的法律含义

无论是前述学者的观点还是CAS在其裁决中对Lex Sportiva的探讨，其与全球体育法或者国际体育法都有着密切的联系。国际体育法指的是适用于体育运动的一般法律原则，尤其是国际法中的基本原则，其基础是受国内法调整并且通常被国家预算补贴的国内体育法律制度，足球就是典型例子。[1] 全球体育法调整那些没有或者几乎不存在国家因素的群体性体育运动规则，每一个群体都不受任何国家的财政资助，并且赞助商所起的作用也是关键性的，这方面的示例是国际汽车联合会。全球体育法具有明显的跨国法律特征，其表现首先是其标准来自国际单项体育联合会的规则和条例，具有自治、民间和自我管理的属性。其合法性源于合同而不是国家法律，运动员别无选择而只得遵守这些规则，其裁决是自治的，享有免于国家法院

〔1〕 See Richard Craven, *Football and State Aid: Too Important to Fail?*, 14 (3 - 4) International Sports Law Journmal 205 (2014); Lukas Ament, *State Aid for Professional Football Clubs and Sports Infrastructure*, 19 ERA Forum 87 (2018).

审查的豁免权。[1] 全球体育法包含体育运动自身的管理规则，而国际体育法体现的则是不同管理制度的规则的综合。当人们认为 Lex Sportiva 这个术语意味着一个独立的、自治的和单独的法律秩序时，不可能认为其是调整国家之间关系的国际体育法，其应当是一个全球性的而不是国际性的体育制度。

究竟 Lex Sportiva 是全球性法律还是国际性法律，要从这两个词语的来源说起。全球法的主要特点是非国家的或者跨越国界的，其是本行业领域普遍适用的无边界限制的全球性的民间自治规则；而国际法则主要是国际组织和国家参与制定的国际规则以及已经形成的国际惯例，是所有参与国际活动的当事人都必须遵守的规则，因此两者之间有明显区别。法律全球化在市民社会的不同领域出现了许多独立于国家的造法过程，其形成并不是基于国家之间的协议，而是依据自我约束并且是全球有效的规则，因此与国际公法的原则也有一定的距离。结合 CAS 仲裁实践，可以认定，Lex Sportiva 主要是国际体育运动领域的当事人必须遵守的、适用于国内外体育运动领域的一般法律原则，是 CAS 经过其长期仲裁实践提炼出来的原则精神，其是跨越国界的、全球性的、非国家的民间自治规范。但其不能被认为是全球体育法，其是体育运动领域普遍适用的一些原则精神（见本章参考案例一）。

四、Lex Sportiva 与国家法律的冲突

Lex Sportiva 与国家法律的冲突主要体现在以下两个方面：第一，Lex Sportiva 的适用能否忽略或者推翻国内法？CAS 裁决似乎不太愿意根据国内法裁定国际体育组织的规则无效。[2] 譬如在亚当斯案中，仲裁庭裁定《加拿大权利和自由宪章》不适用于当事人之间的兴奋剂争议；即使该宪章适用，无论其适用于该争议的哪一个方面都会形成司法限制。[3] 但是如果 CAS 裁决不能够根据普遍承认的国际标准进行审查，就可能会有问题。国际体育组织不可能在其成员所在国的每个法院对各种各样的裁决都提出抗辩。

第二，各国法院是否会承认 Lex Sportiva，以及在其与国内法相冲突时，是否会以优先对待国际法那样的原则对待 Lex Sportiva？2000 年温哥华冬奥会前加拿大英属哥伦比亚省上诉法院判决的奥运会女子跳台滑雪案中，原告认为根据加拿大法律，

---

[1] Ken Foster, *Lex Sportiva: Transnational Law in Action*, 10 (3 - 4) International Sports Law Journal 21 (2010).

[2] Matthew J. Mitten, *Judicial Review of Olympic and International Sports Arbitration Awards: Trends and Observations*, 10 (1) Pepperdine Dispute Resolution Law Journal 54 (2009).

[3] CAS 2007/A/1312 Adams v. CCES, award of 16 May 2008, para. 18.

冬奥会把女子跳台滑雪项目排除出奥运会是非法的歧视行为，有违《加拿大权利和自由宪章》。法院判决驳回该请求，拒绝涉足国际奥委会管理的事项。判决指出，决定冬奥会项目设置的是国际奥委会而不是温哥华冬奥会组委，尽管国际奥委会的决定存在性别歧视，但是国际奥委会不受《加拿大权利和自由宪章》的约束，组委会也无权决定冬奥会的项目设置。[1] 最终，加拿大最高法院拒绝受理当事人上诉，意味着女子跳台滑雪将彻底无缘温哥华冬奥会。

因此，Lex Sportiva 目前并没有得到普遍认可，因为某些国家的法律认为在国内法和国际体育运动标准发生冲突的情况下，确认国家主权的国内法优先适用。譬如，2005 年，瑞士联邦法院指出，法院只能在适用自己的实体法时借鉴适用国际体育组织的规则，因此后者只能通过当事人之间的协议得到承认，并且国家的强制性法律优先适用。[2] 而且，Lex Sportiva 的适用不得违反有关国家的公共政策和国内强行法。CAS 曾经指出，多年以来体育法已经发展并得到了巩固，尤其是通过体育争议的仲裁裁决形成了一套不成文的法律原则，即体育运动领域的商事习惯法。所有的国家体育协会和国际体育联合会都要遵守该规则，不用考虑有关的原则是否规定在体育协会的章程和条例之中，或者是否体现在所适用的有关国家的国内法之中，但是前提条件是其不与既定案件中所应当适用的有关国家的公共政策相冲突。[3]

需要了解的事实是，目前全球有 200 多个国家/地区拥有自己的奥委会，其下每个奥委会都有数十个国家体育协会，其上也有很多国际单项体育联合会和洲际体育联合会。这些国际和国内性质的体育协会不管其注册的身份如何（政府部门还是民间团体），都有一个注册的国家，也即自己的东道国。各国不同项目的体育协会在遵守本国的协会规则和奥委会规则的同时，还要遵守其各自所属的国际单项体育联合会（参加奥运会时遵守国际奥委会）的规则。参加奥运会或者其他国际性比赛的国际和国内体育协会以及其运动员除了要遵守协会注册地国家的法律之外，还要遵守相关国际体育组织的规则。对于同一项目的相关体育协会而言，各体育协会所在国的法律规定是不同的，因此在存在体育争议时，就会出现管辖权和法律适用冲突等问题。如果由一国的法院受理，其对外国的当事人是否有管辖权就成为争议。但

---

〔1〕 *Sagen v. Vancouver Organizing Committee for the* 2010 *Olympic and Paralympic Games*, (2009) BCCA 522; 98 B. C. L. R. (4th) 141. See Marcus Mazzucco & Hilary Findlay, *From Sagen to Henriques: Legal Challenges to Olympic Event Selection Decisions and the Role of the Court of Arbitration for Sport*, 44 Liverpool Law Review1 (2023).

〔2〕 Decision 4C. 1/2005, Judgment of Swiss Federal Court, 20 December 2005, BGE 132 Ⅲ 285, para. 1. 3.

〔3〕 CAS 98/200 AEK Athens v. UEFA, award of 20 August 1999, para. 156.

是各个体育项目在全世界范围内所适用的体育运动规则几乎都是相同的，为了避免潜在的管辖权和法律适用冲突以及调和各国法律能否介入体育运动的矛盾，由一个中立的全球性的体育仲裁机构通过仲裁方法解决体育争议已经成为较佳的选择。而且，为了解决全球性的国际体育问题，各国体育管理部门需要在世界范围内进行充分的合作，由此产生出一套免受国家干涉的跨国性的法律体系。这就意味着，在某些情况下，国际体育专家的意见对某国体育法律和政策的影响可能比国内行政官员的影响更强。因此在 Lex Sportiva 或者国际体育规则与各国国内法相冲突的情况下，应当优先适用 Lex Sportiva 和国际体育规则，这也已经成为 CAS 仲裁裁决多次明确提出的观点。另外，有 40 多年历史的 CAS 运作过程表明，普通法和大陆法可以在国际裁判组织内进行很好的合作以便解决具有不同国家国籍的当事人之间产生的范围很广的争议。CAS 仲裁裁决已经得到了世界范围的承认，并被各国法院根据《纽约公约》或其他司法协助条约规定加以承认和执行。

五、Lex Sportiva 与体育习惯

对任何正在发展中的法律分支的自然反应就是通过与其他已经完善的法学的比较而界定其影响范围。[1] 谈到 Lex Sportiva 的发展几乎都离不开商事习惯法。与商事习惯法类似，Lex Sportiva 并不是一个公认的概念，其范围以及与公共政策的关系也没有得到合理的阐述。其更类似于体育领域中的“商事习惯法”（lex mercatoria）。但是，与商事机构联合创立的商事习惯法不同，Lex Sportiva 主要以 CAS 裁决适用的法律原则为主要内容，并没有一个理论上的框架支撑。

而从国际法的角度来讲，某一国际习惯法的形成需要具备两个要素：一是某一规则在国际上被反复使用过，具有普遍知道的性质；二是该规则有确定的内容，可以确定当事国的权利义务，具有行为规则的性质。如果从国际习惯法的角度来分析 Lex Sportiva，似乎该词语也能够翻译为体育习惯法，因为首先，Lex Sportiva 适用于国际体育运动中的所有当事人，不仅包括运动员和运动队，而且包括管理体育运动的国际体育组织和国家体育协会，甚至 WADA 这样的组织也要遵守其确定的原则；其次，参与体育运动的当事人，只要被注册为某体育协会的会员并间接成为该项目所属的国际单项体育联合会的会员，原则上只要达到参加国际体育赛事的运动

[1] Alfonso Valero, *In Search of a Working Notion of Lex Sportiva*, 14 (1-2) International Sports Law Journal 3 (2014).

成绩标准，就拥有参加国际比赛的资格，当然就要了解和遵守 Lex Sportiva 的规定；最后，虽然有过当事人经常以不了解 Lex Sportiva 为由而请求免除体育纪律处罚的案例（譬如兴奋剂案件中多次出现的“误服”抗辩），但是最终获得成功的案例寥寥无几，Lex Sportiva 在体育运动中的适用几乎不存在例外。因此，可以说，其是国际体育运动中所有当事人都必须遵守的习惯规则，是体育法的一个部分，是一个正在形成和发展的部门，因此可以翻译为“体育习惯法”（见本章参考案例二）。

综上所述，主要基于民间协议、一般法律原则和由 CAS 裁决所形成的 Lex Sportiva 正在逐渐得到全球承认，对全球性的争议解决和国际法律秩序的创立具有深远的影响。CAS 仲裁的实践有助于确认这样一个事实，即在国际体育运动中确实存在着对国际体育争议进行跨国管制的领域，该领域含有许多国际单项体育联合会创立的规则以及一般法律原则，也即 Lex Sportiva。可以认为，Lex Sportiva 是一种在国际体育运动领域出现的全球性的、超越国界的、非国家的民间自治规范，是一种仅适用于体育运动领域的规范，在与国家法律冲突时，其优先适用，但是仍然不得违背国家的强行性法律和公共政策。如果需要用一个汉语词组对其进行翻译的话，比较恰当的译法应当是“体育习惯法”。

参考案例

一、不得干涉体育比赛场内的裁判属于 Lex Sportiva 的特征之一

案例来源：CAS 2015/A/4208 HSI & Cian O'Connor v. FEI, award of 15 July 2016.

爱尔兰马术运动员奥某参加了 2015 年国际马术联合会（FEI）在德国亚申举办的欧洲场地障碍锦标赛团体赛，该骑手和他的马“好运”（Good Luck）在经过赛道的一个角落时，一名穿着亮黄色衬衫的赛场工作人员误入赛道，差点被骑手撞到，骑手不得不采取躲避行动，让马跳入花圃以避免撞到工作人员。事件发生后，人群发出了可以听见的喧闹声；根据上诉人的说法，骑手和马匹明显分心，不得不偏离他们接近下一个障碍的计划，结果撞倒了下一个障碍，即第 11 个障碍，被罚 4 分。由 5 人组成的赛场裁判团并不认为骑手不能够继续参加比赛，因为当干扰发生时，“距离下一次跳跃障碍还有一段路要走，这匹马还没有决定跳跃障碍。”结果，因为第 11 个障碍的扣分，骑手名列第 21 名而不是第 12 名，实际上失去了参加单项比赛获得奖牌的机会。团体赛方面，爱尔兰队因此名列第 7 名，落后西班牙 0.38 分，西

班牙因此代替爱尔兰获得了参加2016年奥运会的资格。赛后申请人立即提出申诉，被赛场裁判团拒绝。

申请人上诉至国际马联上诉委员会，也被拒绝，理由是委员会决定“重视裁判团在听取抗议时的决定，并且不认为它应该在与比赛场地的裁定（a field of play decision）直接相关或至少与比赛场地裁定最密切相关的问题上取代赛场裁判团的判断。上诉委员会不能说，赛场裁判团的决定是反复无常或武断的，或如此不合理，以致它应该用上诉委员会成员提出的不同判决来取代它”。

申请人向CAS提起仲裁诉求。该案的焦点是，体育仲裁庭能否取代比赛赛场裁判作出有关的比赛场地裁定。CAS指出，尊重比赛场地决定的原则是Lex Sportiva的定义特征之一，作为一项体育运动的具体规则，它在基本层面上指导了许多体育比赛。应用这一原则很重要，扰乱这一原则可能会破坏体育法的基本结构，为长期以来被认为与比赛领域有关的事项进行更广泛的审查打开大门。参赛者有权要求裁判作出公正的裁定，但并不必然是正确的裁定。CAS认为，其中的部分原因是如果裁判没有作出那个决定，没有人能预测比赛将会如何进行。因此，简而言之，CAS只有在体育赛场官员的比赛场地裁定受到欺诈、武断或腐败的影响时才可以进行干预；否则，虽然CAS可能有管辖权，但作为政策问题，CAS将放弃行使该管辖权。因此仲裁庭拒绝对“比赛场地裁定”进行干涉，即使有关裁判事后承认相关的裁定是错误的。

因此，比赛现场裁判所作的决定享有“有条件的豁免”，是不允许根据实际情况进行审查的。相反，只有当请求审查的人确定某个比赛领域的决定受到欺诈、恶意、偏见、任意性或腐败的影响时，CAS才可能进行干预。此外，无论指控是欺诈、恶意、任意性还是腐败，要求审查的人必须证明裁判对特定的参赛团队或单个运动员有偏好或偏见的证据。

二、兴奋剂中的严格责任与Lex Sportiva的关系

案例来源：CAS 2008/A/1545 Andrea Anderson, LaTasha Colander Clark, Jearl Miles－Clark, Torri Edwards, Chryste Gaines, Monique Hennagan, Passion Richardson v. IOC, award of 16 July 2010.

安某等7个申请人是美国女子4×400米和4×100米接力队成员，成员中还包括玛某，在2000年参加悉尼奥运会时，该女子接力队分别在两项接力赛中获得了金牌和铜牌。因为BALCO实验室丑闻，2007年10月，玛某承认自己在2000年奥运

会期间服用了禁用物质。基于此，玛某受到了取消2000年9月1日当日以及后来比赛的各项参赛结果的处罚，包括所有的奖牌、积分和奖金等，并被要求返还2000年悉尼奥运会上的所有奖牌。

2007年11月，国际田联决定取消玛某参加的所有2000年9月1日当天以及后来取得的所有个人纪录和接力纪录，国际奥委会也决定取消玛某在悉尼奥运会上获得的所有单项和接力赛事的参赛资格和成绩。美国奥委会（USOC）认为已有CAS裁决承认取消悉尼奥运会的接力赛成绩并没有明确的可适用规则（CAS 2004/A/725），因此维持4×400米接力赛的成绩。根据美国奥委会的观点，鉴于CAS裁决先例的主要性质，这个2005年的裁决应直接适用于当前的与玛某的接力赛成绩有关的争端，因此USOC向IOC去函，指出应维持该项目成绩。

2008年4月，国际奥委会纪律委员会向执行委员会建议指出，本案与案例CAS 2004/A/725的事实案情不同，后者中的运动员并没有参加决赛，并且1999年的相关规则规定，如果有接力队队员服用兴奋剂，将取消整个接力队的参赛资格，因此建议取消美国两项女子短跑接力队的成绩。国际奥委会执行理事会采纳该建议对美国女子接力队进行了处罚，并告知了相关运动员。2008年4月底，运动员们将该裁决上诉至CAS。

针对集体项目的某一运动员服用禁药是否对该集体项目予以处罚的问题，CAS仲裁庭指出，并不否认Lex Sportiva确立的原则可以作为对某一运动员或者运动队进行纪律处罚的法律根据，这在理论上具有可行性。毫无疑问，此类原则的存在必须得到令人信服的证实，并且必须通过有关可预测性的检验。但是，向仲裁庭提交的证据并不支持这样一种主张，即Lex Sportiva要求取消服用兴奋剂的单独运动员和其所属的运动队的参赛资格，相反仲裁庭认为，即使是WADC（证实与兴奋剂问题有关的Lex Sportiva原则存在的渊源）也不支持该想法，因为WADC规定，如果某运动队的两个以上的运动员服用兴奋剂，该运动队可能要受到一定的处罚，包括取消参赛资格。因此，仲裁庭指出，目前的国际体育法并没有一个明确的承认Lex Sportiva为一般原则的模式，即一旦某运动队成员之一在比赛中服用兴奋剂，就一定要剥夺该运动队的参赛资格。

第二章　国际体育组织治理的法律问题

国际体育组织是国际体育运动的组织者和最基本的主体之一，其活动涉及诸多的法律问题。尽管有些国家内部的体育组织（譬如各国家奥委会）具有政府管理的性质，但是几乎所有的国际体育组织都把自己定位为民间非政府组织。考虑到国际体育组织的代表性，本章以国际奥委会为主要研究对象，同时附带讨论其他的国际组织。

1894 年 6 月，呼吁在希腊恢复奥运会的法国教育家顾拜旦（Pierre de Coubertin）创立了国际奥委会。根据《奥林匹克宪章》第十五条的规定，国际奥委会是一个国际性、非政府、非营利、无限期的组织，以协会的形式存在，具有法人的地位，并且根据 2000 年 11 月 1 日与瑞士联邦议会签订的协定而得到了后者的承认。国际奥委会是奥林匹克运动的最高权力机构，拥有对奥林匹克标志、旗帜、格言、徽记、会歌和奥运会的所有产权，以及奥运会的组织、市场营销、转播以及复制的产权，因此能够确保奥运会的顺利举行和奥运会的独特性和普遍参与性。国际奥委会的职能主要包括选举奥运会主办城市，承认各国家奥委会和国际单项体育联合会所拥有的权力，确定国际奥委会委员的人选以及对电视转播权进行谈判等。也即，国际奥委会最重要的作用是确保《奥林匹克宪章》得到尊重和理解。

第一节　国际体育组织是享有国际人格的非政府组织

国际体育组织的法律地位，涉及国际体育组织法律上的国际人格（international personality）问题，以及国际体育组织行政管理中的相关法律冲突问题。

一、国际人格的法律含义

在第二次世界大战之后半个多世纪的国际关系的发展过程中，国际组织的作用是非常重要的。可以讲，国际组织是现代国际生活中重要的进行国际合作的法律形式之一。尽管国际法调整的关系所涉及的国际组织主要是政府间国际组织，但是非政府国际组织也是国际交往的重要分子，尤其是一些重要的非政府国际组织根据有关条约或者国际协定而被赋予了国际法律人格的地位，并得到了国际社会的承认，譬如设在瑞士的国际红十字会就是一个被承认为国际法主体的非政府组织，其在国际人道主义法方面的影响不可忽视。

非政府国际组织是由个人或者民间团体设立的组织，主要在于协调各国国内的同类型组织之间的活动。目前全球有数以千计的非政府国际组织，而且几乎在所有领域都存在非政府组织。尽管原则上其不受国际法的调整，而是受国内法约束，但这并不是说非政府组织就不能影响国际关系。由于非政府组织代表着不同方面的利益并有其自身的常设机构和经费来源，因此其往往能够成为国际组织的对话合作伙伴。譬如，《联合国宪章》第七十一条就授权联合国经社理事会在履行其职权的过程中可以与2800多个享有咨商地位的非政府组织进行磋商，其中就包括国际奥委会。因此，除了《奥林匹克宪章》中规定国际奥委会是非政府组织，联合国也承认其为非政府组织。

国际人格必须具备的特点是享有与其他国际人格直接或者间接进行国际交往的权力。换句话说，国际法律人格涉及的是在国际法层面而不是国内法上进行法律行为的能力。人们长期以来一直认为，国际组织有与主权国家进行国际交往的权力，而不用考虑设立有关国际组织的章程性文件是否作出了此类规定。譬如，在1991年版的《奥林匹克宪章》明确规定国际奥委会是具有国际法人地位的非政府组织之前，国际奥委会的国际人格早已经得到了事实上的承认，其能够与奥运会主办城市签订《主办城市合同》以及开展对奥林匹克产权的保护等就是例证。

二、国际体育组织的国际人格

1981年9月17日，瑞士联邦议会通过了一个确认国际奥委会的国际人格地位的法令，该法令中瑞士联邦议会明确承认国际奥委会在全球体育运动中的重要性，瑞士法保护国际奥委会所享有的权利和自由。因此，考虑到这个国际机构所从事活动的全球性以及特殊性，瑞士联邦议会同意赋予国际奥委会享有特殊的法律地位。由此可以明显看出，国际奥委会的职能是从事全球性的体育活动，因此应享有国际人格。

尽管如此，根据国际法，位于瑞士洛桑的国际奥委会并不是一个具有国际公法主体资格的国际组织，因为它不具备国际公法规定的国际组织的基础。作为国际法主体，首先要能够享有国际权利和承担国际义务，并有能力通过提起国际求偿来维护它的权利。国际奥委会是以非政府实体的名义在瑞士注册的永久组织，并且因其所从事的国际体育活动而在税收和劳动法方面享有特殊地位，但是这些并不足以赋予其国际公法意义上的法律主体地位。国际奥委会是在1894年巴黎和会上成立的，其目的是推进奥林匹克运动的发展，并且其成员包括个人，因此它不符合国际法主体的条件。尤其是，国际奥委会是一个非政府组织，其目的是非商业性的，并且是由民间个人或者非政府组织而非国家成立的。

国际奥委会的活动主要是在国际层面上进行的，具有很大程度的国际性。尽管如此，《奥林匹克宪章》的某些规则和奥林匹克运动的某些惯常做法也只能被认为是体育运动领域的国际惯例，国家不能以国内立法来改变国际体育运动中的某些规则或者惯常做法。《奥林匹克宪章》指出，国际奥委会是奥林匹克运动的最高权力机构；国际奥委会对所有涉及奥运会的问题拥有最终裁决权。

当然，国际法律人格的典型特点也包括与其他国际法人（international person）譬如国家发展国际关系以及遵守国际法律义务的能力，毫无疑问国际奥委会符合这个标准。譬如美国法院在1980年的德弗兰茨（Defrantz）案中确认了国际奥委会的国际人格。法院判决指出，美国国会有必要知道一个国家的奥委会是根据国际奥委会的有关规定而成立的，其必须遵守国际奥委会的规则；各国奥委会的权力和职权来自国际奥委会，国际奥委会是奥运会的独家所有者。[1]

另外，国际奥委会作为原告到有关主权国家的法院寻求救济以及作为被告的事实也表明其具有国际人格，如美国法院于1987年裁定的SFAA案[2]承认国际奥委会的国际法律地位。此类裁决表明，国际奥委会的地位和《奥林匹克宪章》的效力在美国得到了承认和尊重。除了美国法院系统，国际奥委会的国际人格还得到了其他美国政府机构的支持。譬如，美国司法部曾经发表声明支持国际奥委会的决定，并认为美国在举办类似奥运会的国际体育比赛时要尊重管理这些比赛的国际体育组织的决定，这与美国的外交政策有很大的利害关系。在举办1980年奥运会的问题上，美国承诺要尊重国际奥委会的决定，其根据是美国“承认国际奥委会和奥运会

〔1〕 *Defrantz v. USOC*, 492 F. Supp. 1181 (D. D. C. 1980).
〔2〕 *S. F. Arts &Athletics, Inc. v. USOC*, 483 U. S. 522 (1987).

的民间性质”。[1]

联合国方面，针对 1980 年西方国家抵制莫斯科奥运会的事实，国际奥委会于 1982 年要求联合国承认其具有“国际法律人格”的性质的声明，其目的是保护奥运会免受国家抵制的影响，联合国应避免发生任何可能有损奥林匹克运动的行为。该声明的主要目的之一就是明确声明，《奥林匹克宪章》的条款以及国际奥委会通过的规则具有国际法规范的性质。联合国对国际奥委会起草的宣言的确认行为将会认可《奥林匹克宪章》的国际法性质，以及承认作为非政府组织的国际奥委会具有创造国际法规则的权力。[2]

因此，可以讲，国际奥委会具有国际人格，享有国际法人的地位，但不是国际法意义上的国际法主体。其他国际体育组织也具有类似的性质。

三、国际体育组织规则的法律性质

各国际体育组织根据自己的规章或章程从事有关的体育管理或其他行为。《奥林匹克宪章》第 1. 1 条规定，在国际奥委会的最高权力和领导之下，奥林匹克运动吸纳了同意遵守《奥林匹克宪章》的组织、运动员和其他当事人。国际奥委会根据《奥林匹克宪章》制定自己的规则，问题是，《奥林匹克宪章》的规则是否具有国际法规则的性质，或者仅仅是由国际奥委会自由裁量的规范。需要明确的是，参加奥运会是自愿的，因此参加奥运会的国家和个人应要遵守国际奥委会制定的有关规则和条例，违反就要受到相应的处罚。不过，国际奥委会自身并不能强迫国家来遵守其规定。《奥林匹克宪章》体现的是一种国际惯例，因此在某种程度上具有习惯国际法的效果。因此，《奥林匹克宪章》的强制力也得到了有关国家和国际法的承认。

所有参加奥林匹克运动的组织和个人都要承认国际奥委会的最高地位，遵守其规制约束并接受其管辖。尽管国际奥委会是一个非政府组织，但规范奥林匹克运动的国际奥委会规则并不享有习惯国际法的地位。国际奥委会的有关规则已经被承认为国际习惯，譬如 1975 年欧洲《赫尔辛基协议》指出，《奥林匹克宪章》的规则和条例是习惯国际法规范。其规定，参与体育运动的国家应当在现有的国际规则、条

---

〔1〕 James G. Goettel, *Is the International Olympic Committee Amenable to Suit in a United States Court?*, 7 Fordham International Law Journal 61 (1983).

〔2〕 James A. R. Nafziger, *Nonaggressive Sanctions in the International Sports Arena*, 15 Case Western Reserve Journal of International Law 329 (1983).

例和实践的基础上促进彼此之间的交流和信息互换，包括所有类型的体育运动会和体育比赛。尽管该协议不具有法律上的约束力，但是其规定具有道义上的强制执行力，是指导签约国制定和遵守相关行为标准的准则。随后的问题是，如果因此而认为《奥林匹克宪章》具有习惯国际法的作用，那么国际奥委会就应当被认为具有制定和执行这些规则的必要的国际人格。关键是，国际奥委会虽然具备国际人格，但其并不是国际法主体。

以国际单项体育联合会为例，在某一单项体育运动项目中享有最高权力的国际单项体育联合会对从事本体育运动项目的所有人和任何事都拥有管辖权，换句话说，国际单项体育联合会的内部规则在效力上优于有关运动员所在国的国内法，这是后者必须首先遵守的义务。但能不能因此就认为，国际单项体育联合会的规则和有关条例构成了对各国法院具有约束力的国际法。在这方面，1981 年，英国法官丹宁在雷埃尔诉霍尔德（Reel v. Holder）案判决中指出，他们不关注国际法或者主权问题，他们关注的仅是国际田联有关规则的解释问题。英国法院似乎是不愿承认国际、洲际和各国的体育组织具有政府或者准政府组织的法律地位，也不承认它们在诉讼或者执行财产方面享有主权或者类似主权的豁免权。[1]

对于各国内部的体育组织来讲，它们是国际体育组织的代表和成员，因此无论是从期望还是从合同的角度来讲，它们都要遵守有关国际体育组织的规则，否则就有可能会受到国际体育组织的处罚制裁，包括暂时中止或者取消会员资格。这对任何国家的体育协会都是一种非常严肃的威慑方法和处罚措施，因为其下属的运动员也同时被剥夺了参加国际比赛的资格。

由此可见，国际奥委会是奥林匹克运动的最高权力机构，是可以永久存在并拥有法人地位的非政府组织。所有参加奥林匹克运动的组织和个人都要承认国际奥委会的最高地位，遵守其规则约束并接受其管辖。《奥林匹克宪章》是国际奥委会权力的法律根据，包括该宪章在内的规范奥林匹克运动的国际奥委会规则已经被承认为国际习惯，但不能因此就认为规范奥林匹克运动的《奥林匹克宪章》等国际体育规则应当享有习惯国际法的地位。另外需要明确的是，虽然包括国际奥委会在内的国际体育组织所制定的规则在某种程度上具有创造习惯国际法的效力，但其适用范围仅限于国际体育关系（见本章参考案例一）。

---

〔1〕 *Reel v. Holder* [1981] 3 All ER 321.

第二节 国际体育组织的自治与善治

国际体育运动之所以能够在近百年的时间内快速发展，根本原因就是国际体育组织一直倡导自己内部的自治权，排斥任何外来的干涉，甚至国家司法机关的介入。而晚近国际体育组织治理发展最为典型的体育组织就是国际足联以及国际奥委会，本部分内容也就以这两个国际组织为主要研究对象。

一、自治权

体育组织传统上一直认为自己应当是自治的，尤其是国际体育组织，其一般是通过自己制定相关规则进行自我管理的组织，是一种封闭的、独立的、有自己的"游戏规则"并且在很大程度上不受主权国家干涉的国际非政府组织。但是由于体育运动商业化的结果，体育组织治理或多或少地会出现一些问题，譬如 2002 年盐湖城冬奥会申办丑闻，以及 2015 年国际足联腐败丑闻等。[1] 因此，体育组织的善治又成为体育界和政界共同讨论的话题，而其焦点仍然是体育组织的自治权问题。

以国际奥委会和国际足联为例，大多数国际体育组织都是根据《瑞士民法典》成立的实体，因此要遵守瑞士法律的相关规定，譬如成立社团所需要的最低要求包括要制定有自己的章程或规则，有一个主要目标和经济来源。另外，因为足球运动的特殊性，尤其是国际足联下属的欧足联也在瑞士，这两个机构的自治权和相关活动也要受到瑞士法院甚至欧盟法院的审查。譬如，欧盟法院 1995 年判决的博斯曼案[2]使公众在很大程度上意识到了欧盟法律对体育运动的影响，其所导致的转会制度和国籍条款尤其是足球规则的相应改变在体育运动领域引起了很大的变化。这种对体育自治的干涉成了媒体激烈讨论的焦点。因为该判决，国际足联和欧足联先后修改了国际足球运动员转会规则，取消了合同期满后转会支付转会费的规则。从体育治理的视角来看，博斯曼案打破了原有的体育组织内部的分层级治理结构，处于国际体育运动"金字塔"式结构最底端的球员出于追求自己利益的需求，根据欧

---

[1] 任海：《论国际奥委会的改革》，载《体育科学》2008 年第 7 期；黄世席：《国际足联善治的法律解读》，载《体育科学》2016 年第 1 期。

[2] *Case C－415/93 Union Royale Belge des Sociétés de Football Association and others v. Bosman and others*, Judgment of the Court of 15 December 1995, European Court Reports 1995 I－04921, ECLI identifier：ECLI：EU：C：1995：463.

盟法律的规定推翻了俱乐部、国家足协、洲际足联甚至是国际足联的规则，促使本国足球、国际足球联赛乃至全球足球秩序市场发生变革。该判决表明，国际体育组织的内部规则和条例不得有违相关国家和地区的强制性法律规定，但同时也说明，国家政府适度的干涉会敦促体育组织进一步改善治理问题。

至于国际足联，由于国际足球运动商业化的发展，国际足联的财政不仅实现了完全的自给自足，而且在赛事转播权销售、世界杯主办权以及市场营销方面一直处于卖方市场的地位，导致一些会员暗中兜售自己手中的“权力”。国际足联近几年丑闻不断，一些国际足联执委非法利用权力遭到了禁赛处罚（譬如前亚足联主席哈曼贿选丑闻案[1]），甚至遭到一些国家的刑事通缉和逮捕（譬如2015年5月底美国和瑞士逮捕数名国际足联贪腐高官[2]）。类似情形对国际足联的治理提出了进一步挑战，要求国际足联公开以及完善相关规则和增加透明度的呼声日渐高涨。另外，过度商业化也导致职业足球领域出现了一些顶级俱乐部和“大腕”球员，以及相应的俱乐部联盟和职业球员联盟，这些力量集合在一起无疑会增加其在足球治理中的地位，譬如欧洲的俱乐部联盟和国际职业球员工会就建立了与欧足联进行对话和协商的机制。

与国际奥委会类似，国际足联“金字塔式”的结构和权力等级对其自治权也有一定的影响。国际足联下属的洲际足联和各国家或地区足协可以制定自己的章程和适用于本地区的规则条例，但不得有违国际足联章程和相关规定，并且应当就选举等问题向国际足联报告，因此这种自治权的行使受到了限制。尽管如此，国际足联处于“塔尖”的地位表明其所采取的立场和治理手段将会影响下属的任何洲际足联或国家足协的政策制定和决策过程，这是毫无疑问的。譬如，国际足联对其下属某足协的禁赛处罚将导致其他的足协不能与被处罚者进行足球交流活动。

二、善治

进入21世纪以来，“善治”成为众多国家和国际体育组织关注的焦点和工作的目标之一，并被应用在国际体育组织的管理事务中。国际奥委会于2008年公布了《奥林匹克和体育运动善治的基本原则》，2013年11月的奥林匹克大会通过了《善

---

[1] CAS 2011/A/2625 Mohamed Bin Hammam v. FIFA, award of 19 July 2012.

[2] Rebecca R. Ruiz, Matt Apuzzo and Sam Borden, *FIFA Corruption: Top Officials Arrested in Pre - Dawn Raid at Zurich Hotel*, New York Times (Dec. 3, 2015), https://www.nytimes.com/2015/12/03/sports/fifa - scandal - arrests - in - switzerland.html.

治基本通则》，认为善治是奥林匹克主义的一部分，所有奥林匹克成员都应当遵守透明度、合理选举以及上诉机制等基本原则。因为体育运动的国际化和全球化的原因，国际体育运动中的重大治理和善治问题吸引了各国学者的极大关注。目前，体育治理和体育善治研究主要是由欧洲学者主导，其他大洲的学者多处于边缘位置，原因是国际体育组织是欧洲国家保障全球政治秩序中的领先地位的重要构成部分，这些国家投入了大量的资金鼓励进行相关研究，以维护国际体育组织的地位。因此，体育善治之研究不仅仅是学术层面的，更是全球体育话语权分配和体育新秩序变革的过程。[1]

国际奥委会通过的一些有关国际体育治理或善治的文件，原则上也适用于其他国际组织，国际足联也不例外。从体育运动中可以归纳出善治的主要原则是自治（在法律规定的范围内），民主（譬如明确和透明的选举程序），规则制定过程的透明，平等以及公正等。由上所述可以看出，体育善治应当被认为是最终导致有关体育组织获得自治的一种方法，自治被认为是善治的结果，是体育组织应当具备的。另外，体育善治还包括体育组织能够发布其自治和管辖权的规则，有权决定自己的内部事务。CAS 受理的有关体育治理的争端也大多涉及前述问题。

国际体育组织的善治与一般意义上的善治有着密切的联系。中国学者俞可平在其著作中提出："善治就是使公共利益最大化的社会管理过程和管理活动。善治的本质特征，就在于它是政府与公民对公共生活的合作管理。"[2] 该定义表明，善治首先是一项合作管理或治理活动；其主体是相互合作的政府与非政府；并且治理的状态是"最佳"的，因此这种治理可以被称为"善治"。该定义主要是从政府善治的角度进行阐述的，善治的基本要素包括合法性、法治、透明性、责任性、参与、稳定以及公正等方面，尤其是其中的合法性、透明性、责任以及公正等可以同样适用于具有公共管理职能的体育组织，因此体育组织的善治原则上也应当包括上述要素。

不过，善治是一个典型的外来词汇。善治源于发达国家并很快得到了国际社会的公认。善治的"正式"定义主要来自世界银行、国际货币基金组织、联合国（特别是联合国开发计划署）、经合组织以及其他组织。在国际发展组织对治理的研究中，世界银行在其 1992 年题为《治理与发展》的报告中引入了这一概念，指出善

〔1〕任慧涛：《善治：奥林匹克运动及全球体育秩序新起点？——从任海教授〈国际奥委会演进的历史逻辑〉谈起》，载《天津体育学院学报》2014 年第 6 期。

〔2〕俞可平：《论国家治理现代化》，社会科学文献出版社 2014 年版，第 59 页。

治是健全经济政策的重要补充，对于创造和维持促进强劲和公平发展的环境至关重要，并且善治由公共部门管理的能力和效率、问责制、发展法律框架以及信息和透明度等要素组成。[1] 另外，联合国亚太经济社会委员会在其发布的《什么是善治?》中，对于善治提出了八项标准，分别为共同参与、法治、透明度、及时回应、达成共识、平等和包容、实效和效率、问责制。[2] 该世界银行、联合国亚太经社委员会以及前述中国学者指出的善治的若干基本要素的主要内容基本上是一致的，即都强调法治、问责机制以及透明度等方面的内容，而且其中某些内容是相互联系的，譬如法治就涉及制定规则的公众参与问题，立法和司法的透明度、问责机制和反腐败，以及实现公正和社会正义等内容。最重要的是，法治是经人类社会历史证明最为有效的社会治理方式，要避免有法无治。[3] 善治不能优于法治，而是法治才是最大的善治。[4] 鉴于此，对于国际体育组织善治的法律分析也就具有了一定的理论意义。

具体到国际体育运动中，考虑到国际体育运动所具有的特殊特点，譬如国际化、职业化、商业化以及组织结构的“金字塔”特点，可以认为国际体育运动中的善治主要涉及自治权、透明、问责制以及法治化（主要是争端的合理解决）等内容。之所以强调自治权问题，是因为善治和自治有着密切的联系，它们是两位一体的。无论是传统的体育治理还是进一步的善治要求，都与国内外体育组织一直要求的自治权有很大的联系，而这种自治权又与治理现代化所要求的善治有密切联系。

善治的一个基本要求就是透明，其意味着公众可以根据其所了解的内容而对相关部门的活动进行监督和批评，其直接关系到管理者决策的科学化和民主化，关系到社会公众的有序参与和对管理者的有效制约，也关系到管理者自身的廉洁。而从体育运动的角度来讲，此类透明也与体育组织制定自己规则和决策时的自治权有着密切的联系。譬如，若干年前媒体广泛报道的由美国律师加西亚负责的 2018 年和 2022 年世界杯贿选调查报告，其在将有关报告提交国际足联后就呼吁国际足联为增加透明度而将报告公开，并且引用国际奥委会公布 2002 年盐湖城冬奥会申报丑闻为例，强调透明对于国际体育运动的作用。[5]

---

〔1〕 See World Bank, *Governance and Development*, Washington, D. C., 1992.

〔2〕 See ESCAP, *What is Good Governance?*, UNESCAP (2 May 2024), https://www.unescap.org/sites/default/files/good-governance.pdf.

〔3〕 王利明：《法治：良法与善治》，载《中国人民大学学报》2015 年第 2 期。

〔4〕 周安平：《善治与法治关系的辨析——对当下认识误区的厘清》，载《法商研究》2015 年第 4 期。

〔5〕 See Stephan Uersfeld, *FIFA Publishes Secret Garcia Report, Which Detailed Corruption in World Cup Bids*, ESPN News (June. 27, 2017), https://www.espn.com/soccer/story/_/id/40126485/european-soccer-league-weekend-news-results-highlights-storylines-stats.

另外，晚近数年，国际体育组织的管理机构时常因腐败或管理不善而备受指责，而善治最为直接的要求就是提高管理者自身的廉洁和管理效率。譬如，国际足联将2022年世界杯主办权授予气候、人权以及足球设施都不完美的卡塔尔就遭到了一些人的质疑，被认为是不合逻辑的。尽管国际足联晚近的治理改革有一定程度的积极影响，但是其仍然缺乏一种强健、民主和透明的决策制定制度。[1] 体育治理方面的权力高度集中且缺乏有效的监督机制尤其是司法介入的制度，可能导致重大实务决策会被相关利益团体利用规则漏洞或者私人关系来实现团体利益，最终损害作为名义上的非营利组织的国际体育组织的公共利益及其声望。

第三节　国际奥委会治理的法律问题

国际奥委会是奥运会的独家所有者，并对有关奥运会的一切问题拥有最终的决定权。不过，考虑到奥运会上屡次出现的裁判问题以及对环境的潜在负面影响等，国际奥委会的领导权以及其对奥运会的控制产生了一些问题。譬如，尽管国际奥委会对于在奥运会期间产生的争议拥有最终的决定权，但是根据《奥林匹克宪章》的规定，每一个体育运动项目的“技术控制和裁量问题”的最终决定权在于该项目所属的国际单项体育联合会。国际单项体育联合会是管理全球范围的某一单项体育运动的非政府组织，接纳各国内部负责该体育运动项目的全国性体育协会为其会员。国际奥委会承认，每一国际单项体育联合会都对其所管辖的体育运动拥有独立自治的行政管理权力，每个单项体育联合会都有权制定自己的裁判和评分标准，包括选拔裁判和不断完善比赛评判的各项制度。但是，对于国际单项体育联合会的管理和裁判过程中的失职行为，《奥林匹克宪章》中并没有作出规定，因此国际奥委会也没有监督的权力。

一、国际奥委会的治理问题

和国际足联类似，国际奥委会在其运作和经营管理过程中也会出现一些治理上的漏洞或者丑闻。1999年，许多国际奥委会的委员承认多年来一直接受“奥运会申

---

[1] Arnout Geeraert, *Football is War: the EU's Limits and Opportunities to Control FIFA*, 1 (2) Global Affairs 139 (2015).

办城市的免费旅行、昂贵礼物”等，美国国会表示其不信任时任国际奥委会主席萨马兰奇，公开威胁要对其采取法律行动，包括“撤销国际奥委会的免税待遇、加强反腐败立法以及禁止美国公司赞助奥运会”。[1]

从组织管理角度来看，参加奥运会的国际单项体育联合会项目都是由各单项体育联合会负责选送裁判并进行现场评判，国际奥委会原则上不涉足各个单项的赛事裁判工作。也即，国际奥委会很少涉足国际单项体育联合会内部的裁判和打分问题，类似的问题由各单项体育联合会自己解决。因此，各国际单项体育联合会基本上都是自我监督，这种自治权也是无条件的，也就容易在国际单项体育联合会内部出现类似腐败、贿赂或者胁迫行为。而最近的一些例证显示，各国家奥委会倾向于支持本国的受裁判打分影响较大的运动员通过仲裁途径解决有关的争议。为了保障自己的运动员免受国际单项体育联合会内部可能存在的腐败影响以及避免国际奥委会的涉足，各国奥委会之间也是被迫彼此对抗和竞争，因为参加奥运会的名额和奖牌数额毕竟是有限的。这些现象也进一步增加了公众对国际奥委会的怀疑态度。

针对盐湖城花滑裁判丑闻这个明显的腐败和操纵行为，[2] 国际奥委会指出，希望国际花样滑冰联盟改革其裁判评分制度。然而，观众和媒体认为，只是公众的呼吁才迫使国际奥委会涉足该争议，这个明显的错误不应当仅仅是个例外，国际奥委会涉足该争议并不仅是因为腐败导致了该丑闻的出现，而是由于该丑闻导致奥运会的公共形象大大受损。另外，这一丑闻还促使国际滑联废弃了过去旧的评分系统，引入了新的评分系统，以尽可能减少裁判在评分时的主观因素。尽管如此，盐湖城花滑裁判丑闻还是导致公众对未来奥运会的公正性产生怀疑。国际奥委会介入花滑丑闻是史无前例的，其不可能平稳地解决基于裁判和评分问题而产生的争议。然而，该介入确实有必要，其结果促使国际花样滑冰联盟改革裁判评分制度就是例证。

二、不干涉裁判裁决

在国际奥运会的管理历史上，不干涉裁判裁决一直是个长期存在的惯例问题，并多次被 CAS 仲裁裁决所维护。面对国际单项体育联合会在奥运会上不断出现的腐败现象，公众对国际奥委会的能力提出了批评。因为国际奥委会不仅不能解决若干体育运动争议，其自满的态度还激化了这些争议。

---

[1] Jeff Glasser, *Reformed Olympics but Congress is Wary*, U. S. News & World Report, 1999, p. 30.

[2] 任海：《论国际奥委会的改革》，载《体育科学》2008 年第 7 期。

2004年雅典奥运会期间，男子200米仰泳和马术比赛中都出现了引起公众质疑的裁判问题，但是最令人关注的还是男子全能体操比赛时出现的评分问题。在男子全能体操比赛中，韩国队的铜牌获得者梁某（Yang Tae Young）由于裁判计分错误而被剥夺获得冠军的机会，首位美国选手保某赢得奥林匹克男子全能体操项目的金牌。韩国队对裁判给梁某打出的难度级别分提出抗议后，国际体操联合会重新分析了男子全能比赛，决定暂时取消三名相关技术官员的裁判资格以待进一步调查。国际体操联合会证实了裁判的错误，这位体操选手双杠的常规动作的起评分给的是9.9分而不是10分。如果裁判对梁某在双杠上的技术难度分给出了正确的评分，那么他最后的总成绩比他的美国对手高出0.051分。尽管如此，国际体操联合会还是认为，保某仍将保留他的金牌，国际体联的规则不允许对裁判的计分提出反对意见，必须接受裁判的分数排名最后结果，并且不能更改。

韩国奥委会对国际体联的裁决不服，向CAS雅典奥运会特别仲裁庭提出了申诉，但保某和USOC拒绝交出金牌。CAS认为，根据国际体联规则，韩国代表团并没有及时提出申诉。由于梁某在双杠上的正确评分并不自动意味着其可以赢得最后的比赛，因此美国人获得的奖牌不应当交回，并对国际体联要求保某交回金牌的做法提出了批评。[1] CAS的裁决表明，尽管有关的国际单项体育联合会（国际体联）有过错，但相关国家的奥委会还是竭力维护本国运动员的权益（见本章参考案例二）。

三、各国奥委会的争论

国际奥委会不涉足有关争议的做法促使各国家奥委会在有关争议中全力维护本国运动员的权益。很明显，任何激烈的争议都会导致国家之间关系出现微妙的情形，而且对现行裁判制度的不满也有可能会威胁到奥运会的顺利举行和奥林匹克运动的健康发展。即使知道在大多数情况下比赛的结果不会被后来的外界裁定所干扰，有些奥委会仍然会坚持提起申诉，这不仅是为了维护本国运动员的利益不受侵害，同时也是为了促进国际奥林匹克运动的健康发展，保证奥林匹克运动有一个公正良好的比赛环境。

雅典奥运会男子全能体操比赛结束后，在USOC和韩国奥委会以及若干美国政要之间引起了激烈的争论。直接对USOC进行监督的美国众议院司法委员会主席指

---

〔1〕 CAS 2004/A/704 Yang Tae Young & KOC v. FIG, award of 21 October 2004.

出，USOC 必须把其力量集中在为保某进行辩护，有关部门要不惜一切代价保护保某和他的金牌。[1] 在 CAS 作出裁决前，USOC 和韩国奥委会也专门就此问题进行了几次会谈，并且都带来许多律师出庭支持自己的队员。由此可见，该争议明显具有了政治性质，这种因为奥运会问题而产生的争议很有可能导致有关国家产生政治上的冲突（见本章参考案例二）。

尽管美国国会参议员和 USOC 的支持有些是在幕后进行的，但韩国奥委会同样无条件地对本国的运动员给予了支持。然而，国家奥委会对本国运动员的支持不但不利于有关争议的解决，反而会进一步激化有关的争议。可以这样认为，如果奥运会上的裁判和评分问题得不到顺利解决，对未来的奥运会发展可能是一个潜在的威胁。

无论如何，现代奥运会的裁判和评分问题引起的争议导致了对奥运会公正性的怀疑。借助现代化的科技手段，运动员、教练、各国奥委会以及观众对裁判问题的强烈反映很快就能够传播到全球各地。如果不能够及时消除这种对奥运会的不信任，将会影响奥运会的健康发展。

四、CAS 的态度

CAS 原则上不得对国际体育赛事中的裁判争议享有管辖权，除非有重大证据表明存在仲裁员腐败或其他有违公正程序的行为。以雅典奥运会期间受理的梁某/保某金牌争议案为例，CAS 在受理该争议的两个月后才作出最终的裁决，这种拖延使公众对其是否适合解决奥运会期间发生的争议产生了疑问。由于各种各样的原因，CAS 并不总是能够“迅速地”作出仲裁裁决。而且，对于因为奥运会期间产生的体育争议所引起的敏感政治问题，CAS 也不能提供一个立即解决的方法。CAS 关于仲裁解决体育争议的规则也意味着其并不是解决奥运会争议的最适当场所。尽管如此，由于国际奥委会的努力以及制定单独的《奥运会仲裁规则》和设立奥运会特别仲裁机构，还是有许多奥运会争议被提交到 CAS 进行仲裁。而且，根据有关规则规定，当事人在将有关奥运会争议提交奥运会特别仲裁机构仲裁之前，必须用尽有关国际体育组织的内部救济途径。另外，CAS 所提供的仲裁服务对于当事人来讲也不是完全免费的，根据《体育仲裁规则》R64 条规定，其不但要在仲裁开始前缴纳 1000 瑞

---

[1] 昱伽：《“建议”越帮越忙 两枚金牌平息“哈姆事件”?》，载新浪网，http：//sports. sina. com. cn/o/2004 - 09 - 29/11521174137. shtml。

郎的不可撤销的办公费用，而且必须承担与争议有关的“律师代理、专家、证人以及翻译”的费用。[1] 因此，无论是对单个的运动员还是运动员所在国的体育组织代表而言，出席 CAS 举行的听证会以及进行答辩都是一个巨额的开支。

为了消除对奥运会公正性的怀疑，至少也应降低到最低的程度，国际奥委会必须采取积极有效的措施。面对外界对国际奥委会内部有关委员的腐败指责，国际奥委会迅速改革了其组织机构和议事程序，这表明其是有能力处理这些腐败问题的。而国际奥委会对盐湖城花滑裁判丑闻的介入也表明为了维护奥运会的公正和名声，其可以直接采取某些有效的行动，而不是仅建议国际花样滑冰联盟修改有关的裁判和评分标准，这种介入行为能够促使国际花样滑冰联盟对其内部的裁判和评分制度进行及时的改革。由此看来，如果国际奥委会能够及时介入有关的裁判腐败行为，将会对未来奥运会的顺利举行和健康发展产生很大的影响。问题是，在不影响国际单项体育联合会的自治权的情况下，国际奥委会应当如何介入以及介入的幅度问题，也即确定介入的标准。

在裁判方面，由于国际单项体育联合会的行为不能避免在裁判中产生腐败的现象，国际奥委会可以制定一个选择裁判的基本标准；明确规定比赛项目的技术规则，要使运动员、教练和有关的裁判都易于理解；具体项目的评分标准要有透明度，要让参加奥运会的当事人都能明确和及时了解到有关比赛的具体分数；等等。还有就是，考虑到得到裁判不公正待遇的当事人上诉到 CAS 也可能无法获得有利的判决，国际奥委会可以考虑设立一个内部的奥运会审查监督机构，对所有有关奥运会的问题行使监督权。不管怎样，奥运会的顺利举行需要国际奥委会来控制和处理裁判和评分丑闻，国际奥委会必须改善奥运会的大环境，唯有如此，才能在奥运会参加者和观众中间营造出信任和公正的氛围。

参考案例

一、国际奥委会在国内法中的法律地位

案例来源：Defrantz v. USOC, 492 F. Supp 1181 (1980); Martin v. International Olympic Committee, 740 F. 2d 670, 673 (9th Cir. 1984); San Francisco Arts & Athlet-

[1] See Despina Mavromati and Matthieu Reeb, *The Code of the Court of Arbitration for Sport: Commentary, Cases and Materials*, Kluwer Law International, 2015, p. 617 – 636.

ics, Inc. v. U. S. Olympic Committee & IOC, 483 U. S. 522 (1987).

国际奥委会作为原告到有关主权国家的法院寻求救济以及作为被告的事实表明其具有国际人格。譬如德弗兰茨案，因为苏联入侵阿富汗，美国决定抵制 1980 年的莫斯科奥运会，有些运动员不服而将 USOC 诉至法院。法院判决，在与国际奥委会的关系方面，USOC 的权力根据是 1978 年《美国业余体育法》。该法既没有规定也没有授予 USOC 法律上的权力，相反却承认国际奥委会的权威性。该判决指出，美国国会有必要知道一个国家的奥委会是根据国际奥委会的有关规定而成立的，其必须遵守国际奥委会的规则。各国奥委会的权力和职权来自国际奥委会，国际奥委会是奥运会的独家所有者。

1984 年美国洛杉矶奥运会组织者设立有男子 5000 米和 10000 米比赛项目，但没有在女子项目上设立这两个比赛项目，来自 27 个国家的 82 名女性运动员和 2 个田径组织起诉，要求 1984 年洛杉矶奥运会组织者设立女子 5000 米和 10000 米比赛项目（Martin 案）。原告认为没有在女子项目中列入这两项长距离比赛是一种性别歧视，因此，根据美国宪法第五修正案和第十四修正案规定，这一行为违反了性别平等法。美国联邦第九巡回上诉法院在拒绝当事人的临时救济请求后，作出了有利于国际奥委会的判决。判决指出，国际奥委会有权力制定和补充《奥林匹克宪章》的规则。在运用国家立法改变奥运会的设项方面，法院必须谨慎小心。奥运会的组织和运作根据是《奥林匹克宪章》这个国际性的协议，这是整个世界的奥运会参与者都必须遵守的一个约定。该判决拒绝以国内法来代替国际奥委会的决定（不设立女子 5000 米和 10000 米比赛项目）表明，国际奥委会对奥运会问题的决定权得到了国际遵守和尊重，也因此承认国际奥委会具有独立的国际法律人格，以《奥林匹克宪章》的形式存在的国际奥委会规则也因此具有习惯法的效力。

1987 年，美国最高法院就洛杉矶同性恋组织（SFAA）与 USOC 之间的争议作出的判决中进一步明确要尊重国际奥委会的法律人格。法院认为，《美国业余体育法》授权 USOC 独家使用“Olympic”的权利，该术语并不是一个通用术语，有权获得商业标记保护。尤为重要的是，法院认为国际奥委会是一个有强大影响力的国际实体。该判决表明，美国司法系统承认和尊重国际奥委会和 USOC 的地位。因此，合理的推断是，美国最高法院判决未经授权不得使用“Olympic”字样，也就意味着禁止其他有违《奥林匹克宪章》以及其他国际奥委会规则的行为。以上判决表明，国际奥委会的地位和《奥林匹克宪章》的效力在美国得到了承认和尊重。

二、2004年雅典奥运会梁某案

案例来源：CAS 2004/A/704 Yang Tae Young & KOC v. FIG, award of 21 October 2004.

在2004年8月18日举行的雅典奥运会男子体操全能比赛中，美国人保某在出现失误的情况下奇迹般地后来居上夺冠，为美国赢得历史上第一枚男子个人全能奥运会金牌，梁某最终仅得到铜牌。不过3天后，国际体联调查得出，在决赛时由于三名技术官员的失误，打错了韩国选手梁某双杠的起评分，将10分起评的动作算成了9.9分起评，从而导致保某夺冠，而梁某仅得到铜牌。而如果加上这次误扣的0.1分，原本获得铜牌的梁某应该夺冠，所以原本属于韩国选手梁某的男子体操全能金牌旁落到了美国人保某的手中。

根据惯例，运动员如果质疑比赛的起评分，可在规定时间内提出申诉；梁某提出申诉的时间已经过期，这一理由也得到了国际体操联合会的认可。在国际体联出面调停未果的情况下，韩国奥委会和梁某终于将此事上诉至CAS特别仲裁庭。因为临近奥运会闭幕，特别仲裁庭将该争议转到了洛桑的CAS解决。仲裁庭经过对争议的分析认为，事后发现的失误，无论当事人是否承认，不应成为改变比赛结果的依据。而且还指出，梁某的上诉来得太晚了，他应该在比赛现场提出上诉，仲裁庭对于他现在才上诉无能为力。因此仲裁庭裁决驳回韩国体操运动员梁某的申诉，雅典奥运会男子个人全能金牌依然属于美国人保某。该争议的结果表明，得出一个完善评判规则的方法以及让裁判和各国代表团完全脱离关系是维护比赛结果公正性的基本要求。同时，除非比赛裁判有受贿或故意误判等明显不公正的情况，仲裁庭原则上不会对比赛现场裁判的结果进行改判，国际体育组织也不会对此予以干涉。

第三章　国际体育运动中的国籍问题

随着体育与经济全球化的发展，运动员在全球范围内的流动加剧，体育运动员取得双重国籍（nationality）以及改变国籍的情形时有发生，而且在近年来有愈演愈烈的趋势。原则上，国籍问题为传统国际公法和国际私法加以研究的范围，前者主要是从国籍的取得和丧失的角度来探讨国籍问题，而后者则主要是从国内法以及国际条约等方面来分析如何解决国籍积极冲突以及消极冲突。故国内有关国际公法和国际私法的教材几乎都把国籍问题列为其内容之一，只不过两者研究国籍问题的角度不同。

对于国际体育运动而言，由于体育运动的特殊性以及运动员代表某国参加国际比赛的特殊要求，国籍问题也显现出其越来越突出的重要性，主要表现在各国有关国籍法的规定不一致，双重国籍的运动员越来越多，不同的国际单项体育运动联合会对参与本组织主办的比赛的运动员的国籍要求可能也不一致，这样一来具有双重或者多重国籍的运动员究竟应代表哪一个国家参加国际性比赛的问题也成为有关国家争议的焦点，对于比较著名的运动员来讲更是如此。究其原因还是因为对于国际性运动员来讲，其所具有的体育运动国籍（sporting nationality）是由《奥林匹克宪章》以及有关各单项体育运动联合会的规章加以规定的，具有不同于传统国籍意义上的含义。因此，对于国际体育运动中的国籍问题，本章将对国际法视角下的国籍问题、体育运动国籍的含义以及解决原则、CAS 裁决国籍争议的案例分析以及我国有关的体育运动国籍规则进行探讨。

第一节　国际法视角下的国籍问题

国籍是指一个人作为特定国家的成员而隶属于这个国家的一种法律上的身

份。[1] 或者说，国籍是一个人属于某个国家的公民（citizen）或者国民（national）的法律资格，是一个人同某一特定国家的固定的法律联系，也是国家行使外交保护权利的法律根据。无论从国际还是国内来讲，国籍都是确定一个人与其所属的国家之间的权利和义务关系的重要连接因素，譬如根据国际法可以对具有本国国籍的人实行外交保护；根据国内法一个具有本国国籍的人有服兵役的义务，享有选举和被选举的权利等。国籍法原则上是属于一国国内法的范畴，国家有权决定取得、变更或者消灭国籍的方式和条件，只是各国国籍立法的原则可能有所不同。但不管怎样，各国国籍立法一般都应遵守如下原则：每个人都享有拥有国籍的权利；国籍自由原则；各国在制定国籍立法方面享有主权原则；尽量避免无国籍以及双重或者多重国籍的国籍单一原则；国籍必有原则；不得随意剥夺一个人的国籍；等等。

一、国籍的取得

国籍是法律概念，是个人权利及义务与国家联系的纽带，1997 年《欧洲国籍公约》第 2 条指出，“国籍”是指一个人与某国的法律隶属关系而非种族根源。根据国际法基本理论，国家有权对拥有该国国籍的人给予外交保护。而根据国内法，履行兵役义务及选举或被选举为国家官员的权利也以拥有该国国籍为必要前提。但是，在国际上（国际文件）并没有形成一个标准化清单来列明与国籍相关联的所有权利和义务，主权国家可以自主决定哪些权利及义务与国籍相关。

从国际法的意义上来讲，通常情况下国籍指的是法律意义上的国籍，也即根据有关国家的国内法规定而取得该国的国籍。恰如《世界人权宣言》第 15 条所指出的那样：“人人有权享有国籍。任何人的国籍不得任意剥夺，亦不得否认其改变国籍的权利。”由于各国关于国籍立法的原则不同，因此在国籍问题上就会产生国籍的消极冲突（无国籍）和积极冲突（双重或者多重国籍）现象，也就有必要制定有关的国际条约，同时也说明国家在制定有关国籍的国内法时必须考虑国外有关法律以及国际条约的有关规定。

以国籍的取得为例，国籍的取得是指一个取得某一国家的国民或公民的法律资格，其主要有出生和加入两种方式。一个人由于出生而取得一国国籍，这是最主要的一种取得国籍的方式，只是各国国籍立法的原则有所不同，包括血统原则（即以父母的国籍来确定一个人的国籍）、出生地原则（即一个人出生在哪国，就取得哪

[1] 李浩培：《国籍问题的比较研究》，商务印书馆 1979 年版，第 5 页。

个国家的国籍，而不问其父母的国籍）和混合原则（即血统关系和出生地都是决定国籍的依据，但在采取这一原则时，有的以血统原则为主，出生地原则为辅，而有的则平衡地兼采两种原则）三种情况。另一种是因加入而取得国籍，也称为归化（nationalization），指一个人由于加入某国国籍而取得该国国籍，主要包括自愿申请入籍、婚姻入籍、收养入籍、交换领土入籍等形式。在一个人的出生地不是其父母亲的国籍国的情况下，如果该人的出生地实行出生地主义而其父母所在国实行血统主义，该人就有可能是双重国籍。还有，在国外工作多年的劳工也有可能获得工作所在地的国籍而同时又保留其本国的国籍，譬如很多南美球员因为在欧洲生活和工作多年获得了欧盟某国的国籍，其中的许多人同时也保有原来的国籍。

二、国籍、公民和国民

在谈到国籍的含义时，有必要区分“国籍”与“公民”两者之间的不同含义。国籍指的是一个人（国民）与某一特定国家的法律联系，主要是从法律的角度来讲的；而公民则主要是从政治的角度来看待的，公民身份则意味着一个人可以参与其所属国宪法规定的各种活动，在实践中公民权和国籍的权利通常是重合的。但是，并不是每一个拥有某一特定国家国籍的国民都可以享有该国法律规定的全部公民权，如未成年人拥有某个国家的国籍，但是其还不能行使公民权。然而，问题的另一面是，不具有某个国家国籍的国民可能在该国宪法规定的范围内享有某种程度的公民权。在某些国家，不具有本国国籍的人在某些条件下可以参加地方政府的选举。在对具体词语的理解上，可以以美英两国的有关法律为例。美国1952年的《移民和国籍法》（The Immigration and Nationality Act）规定了美国公民的含义，但是该法也规定，美属萨摩亚群岛上的居民的地位是不具有美国公民权的国民（noncitizen national）。[1] 英国政府于2006年颁布了《移民、庇护和国籍法》，根据该法规定的公民权名为“英国公民”，其他的名词用语还有“英国海外属地公民”“在英国有住所的英国国民”等。也即，一国的国内法可以对具有该国国籍的人在政治地位上加以区分，两者在国际法上是无关紧要的；因为凡具有一国国籍的人，都是该国家的国民，不论他在那个国家是否是公民，在国际上同样受他的国籍国保护。[2]

---

〔1〕 Deanna Salem, *Birthright Citizenship and the Plight of American Samoa*, 56 UIC Law Review 783 (2023).

〔2〕 周鲠生：《国际法》（上册），商务印书馆1981年版，第249页。

三、国籍主权原则

国籍主权原则是指国际法确认各主权国家有权依据其国家利益、政治意图与特定需要，制定有关国籍之法律与行政规定，故国籍具有国内法之性质。国籍主权原则表明国籍的取得或者丧失完全是一国主权管辖范围内的事情，各个国家有制定国籍法的权利，也即在国籍问题上各国拥有主权原则。一个自然人是否具有某一国之国籍，原则上应依该国法决定，这个决定自然人国籍的法律原则已经为现代世界各国之国际条约、国内立法、判例和学界所承认。譬如，1930 年《关于国籍法冲突的若干问题的公约》第 1 条规定，"每一国家依照其本国法律决定谁是它的国民。此项法律如符合于国际公约、国际惯例以及一般承认关于国籍的法律原则，其他国家应予承认。" 1997 年的《欧洲国籍公约》第 3 条也作了类似的规定。然而国籍主权性原则并非没有若干限制与例外，一般认为国籍主权性原则不能违反国际公约、国际习惯或公认之法律原则，前述《关于国籍法冲突的若干问题的公约》第 1 条便是如此规定。

譬如，关于入籍问题，根据我国《国籍法》第 7 条规定："外国人或无国籍人，愿意遵守中国宪法和法律，并具有下列条件之一的，可以经申请批准加入中国国籍：一、中国人的近亲属；二、定居在中国的；三、有其他正当理由。" 由此看来，如若加入中国国籍，需要满足上述三个条件之一，这是我国国籍主权原则的体现之一。但是，由于条文规定较为笼统，导致实践中外籍人士难以依赖该条文申请入籍，这也间接使加入中国国籍的难度大大增加。

第二节　体育运动国籍的含义及其改变原因

从体育运动的角度来讲，国籍是一个运动员代表某国参加国际比赛所必须具备的最基本的条件，一个人是否能够代表某国参加国际体育比赛取决于其是否具有该国的国籍。国籍是运动员与有关国家进行联系的主要连接因素，不具有一国国籍的运动员没有资格代表该国参加国际比赛。要求某运动员在参加国际比赛前必须具有某国国籍的目的是使该运动员与其所代表的国家之间能够有真正的联系，因此取得一国的国籍也就变得非常重要，而且国籍也是这种重要联结的证明。至于如何理解这种联结，国际法院于 1955 年在诺特鲍姆（*Nottebohm*）案中的判决也许具有一定的说服力。法院在判决中指出："根据各国实践、仲裁和司法判决以及学说上的意见，国籍是一个法律上的纽带，其基础是关于联结的社会事实，关于生存、利益和情绪的真正联系，以及权利和义务相互性的存在。"[1] 尽管该判决经常被引用作为解释国籍含义的一种参考，但其实际针对的是所谓的通过外交保护请求确认国籍的问题，并不涉及有效取得国籍的一般原则，也不涉及入籍或者归化的有效性问题。

由于各国关于国籍的立法原则不同，也就产生了国籍冲突。国籍冲突包括国籍的积极冲突和消极冲突，其解决方法也因国籍冲突的不同而异。国籍积极冲突的解决分两种情况处理，当事人所具有两个或两个以上的国籍中有一个是内国国籍时，国际间通行的办法是以内国国籍为优先；当事人所具有的两个或两个以上国籍都是外国国籍时，解决的方法有以下几种，即以当事人最后取得的国籍为准、以当事人住所地或者经常居所地国家的国籍为优先以及以与当事人有最密切联系的国家的国籍为优先。至于国籍消极冲突的解决，国际上解决的办法通常是以当事人住所所在地国籍为准，如无住所或不能确定住所，则以居所所在地国籍为准。

一、体育运动国籍的含义

在个人身上发生的国籍冲突当然也会发生在参加国际性体育比赛的运动员身上，而之所以会发生涉及运动员的国籍冲突，首先要考虑的是取得和丧失国籍的根据以及有关国家对杰出运动员的扶持政策等因素。重要的是要理解，有关国家对血统主义/出生地主义的选择本身就意味着运动员获得成功的机会在不同国家之间是不平等的。采取出生地主义与血统主义相结合原则的国家通常能够找出许多代表本国参加国际比赛的运动员，而那些实行单一的血统主义的国家情况可能会相反，由于出生范围上的限制，它们可能找不到足够多的优秀运动员代表本国参赛。但事实是，如果有关国家不实行出生地主义或者对血统主义作出某些例外规定，通常情况下都会对入籍问题作出某些补充性的规定。尤其是在对待杰出运动员入籍的问题上，可能有些附加条件是不可接受的，譬如对想入籍的运动员强制性规定不同的居住期限，这会导致有关国家之间的法律或者政策上的冲突，也就可能会造成一种不公平的现象。

由于国籍问题主要是由各国国内法加以规定的，因此对于运动员而言，也许最

---

[1] See *Nottebohm* (*Liechtenstein v. Guatemala*), Internatioanl Court of Justice, Second Phase, Judgment of 6 April 1955, p. 23.

不公平的竞争就是不同国家对待运动员迅速入籍的问题有不同规定。对于这种基于入籍标准的不同规定所产生的问题，其解决通常都要满足一定的条件，并且在入籍运动员代表新国家参加国际比赛前这些条件都必须得以实现，至少能够表明该运动员与请求入籍的国家之间存在真正的联系，而最经常用的就是额外居住期限或工作年限的要求。

运动员因为代表哪一国参加有关体育比赛而引起的国籍争议在现代国际体育运动中出现的频率越来越高，主要是由全球化尤其是某些体育运动普及的国际化而引起的。同时，现代科技的发展使得国际体育交流越来越频繁，以至于在当前运动员能够频繁出国参加比赛或者参加其他国家的职业联赛。由于国际间体育比赛竞争越来越激烈，其结果是有关国家的奥委会或者体育协会为了自己国家的利益而竞相采取一切手段来吸引其他国家的知名运动员来代表自己的国家参赛，包括给予本国国籍以及其他优厚待遇，而这种运动员的流向大多是发展中国家的知名运动员到发达国家或富裕的海湾石油国家去从事体育运动。

不过需要注意的是，从参加体育运动的角度来讲，如果把国籍作为参加国际体育比赛的参赛资格的基本要求，无国籍人和难民的参赛资格问题就应当引起特别的关注。根据1951年《关于难民地位的公约》第12条第1款以及1954年《关于无国籍人地位的公约》第12条第1款的规定，无国籍人和难民有权利代表其居住地国家参加国际比赛。至于难民运动员，2016年里约奥运会开始允许难民运动员以个人身份参赛，这些运动员不代表任何特定的国家或地区，此举是为了提高人们对难民问题的认识，表明难民群体也是人类社会组成部分。难民运动员参加奥运会可以展示人类的韧性和卓越潜力，给全世界流离失所的人们传递希望。但产生的问题是，允许难民运动员打破国际奥委会长期坚持的“体育国籍”身份而与联合国的“政治国籍”保持一致性，将会产生奥运会参赛选手的国家身份认同危机，[1] 也对运动员国籍条款的规定带来挑战。

二、运动员改变国籍的原因分析

运动员取得一国的国籍有两种情况，一种是在保有原来国籍的同时根据入籍国的有关法律规定获得新的国籍，这种情况通常都是有关国家法律承认公民可以拥有双重国籍或者多重国籍，许多南美和非洲的足球运动员同时也拥有欧洲某国的国籍

〔1〕 王润斌、肖丽斌：《奥运会难民代表队参赛的合法性辨析》，载《体育学刊》2019年第4期。

就是典型的代表；另一种是在有关国家尤其是原来的国籍国不承认双重国籍的情况下放弃原来的国籍而入籍新的国家，中国的某些运动员加入外国国籍而形成的“海外兵团”多属于这一种情况。不管有关运动员取得国籍的目的是想获得双重或者多重国籍还是在放弃一国国籍的同时国家又入籍某国，从体育运动的角度来讲，运动员在运动生涯还没有结束之前取得双重国籍或者改变国籍的目的主要是基于以下几种考虑：

（一）代表新的国家参加国际比赛

也许，对于绝大多数想获得双重国籍或者改变国籍的现役运动员来讲，能够代表新的国家参加国际比赛并取得较好的成绩是入籍的最主要目的，当然也包括获取工作职位、求学机会以及更高报酬之类的其他因素，后者可能只是次要的原因。主要的原因在于，有些国家在某些体育运动项目的排名处于世界前列（譬如巴西和阿根廷的足球、非洲某些国家的长跑以及中国的乒乓球等），在某些运动项目上有许多排名位于世界顶尖水平的运动员，但因为参加国际比赛的名额限制，对于其中的某些运动员来讲，其有可能得不到代表本国参加国际比赛的机会。为了获取参加国际比赛的机会并借以改变自己的人生，获取一个新的国家的国籍并代表该国参加国际比赛无疑是一种较好的选择。譬如，有些原籍巴西和阿根廷的足球球员在欧洲工作了若干年后就有可能获得工作地国的国籍，由于巴西和阿根廷高水平足球运动员太多，能够入选国家队的毕竟有限。在这种情况下，能够代表欧洲某个国家参加国际比赛甚至世界杯就可以弥补不能入选巴西或者阿根廷国家队的遗憾。

而在美国，那些获得诸如奥运会等大型国际体育比赛的冠军的运动员可以很迅速地获得美国绿卡和加入美国国籍，也即“快速入籍”。相应地，国会可以通过特别立法以废除通常在美国居住 5 年才能获得公民权的时间限制。譬如，在 2005 年，美国总统签署了国会通过的一个特别法案，允许一个来自加拿大的世界级滑雪运动员迅速入籍成为美国国民，该运动员及时参加了美国 2006 年冬奥会代表团，并在冬奥会冰舞项目上和其伙伴获得了银牌。[1]

（二）工作便利

尽管当前平等权已经成为一项基本的人权，但是在不违反基本人权的前提下有

---

〔1〕 James A. R. Nafziger, *The Future of International Sports Law*, 42 Willamette Law Review 861 (2006).

些国家还是给予本国国籍和外国国籍的自然人不同的待遇，或者对在本国所属的某经济共同体内工作、但不具有该共同体成员国国籍的劳工给予不同于成员国国民的待遇。在这种情况下，某些运动员为了消除工作上可能存在的障碍以及为自己进一步的工作提供便利，在不违背原国籍国法律的基础上就有可能会加入新的国籍。譬如很多国籍原属于南美洲或非洲国家的人由于父辈或者祖辈的原因可以申请欧洲国家的国籍，从而为自己在欧洲从事职业体育提供便利，但并不是为了进入某支国家队。

也有纯粹出于追求高薪工作而放弃原有国籍的情况。虽然在这方面也有工作上的一定原因，但是因为高额工资的诱惑而转换国籍的情况多发生在发达国家利用高工资吸引不发达国家的运动员尤其是田径运动员身上，于是越来越多的体育天才为了经济利益从贫穷国家转投富裕国家。譬如在中东石油富国巴林和卡塔尔发生的运动员国籍变换事件就引起广泛争议。也许，国际体育组织不希望看到运动员只是因为高工资的诱惑而转变国籍并代表另一个国家比赛。至少从道德的角度讲，这一现象应该避免（见本章参考案例一）。

（三）参加世界级比赛的夙愿

有些具有双重国籍或者多重国籍的运动员，其所获得的双重或者多重国籍并不是自己选择的，而是由于父母的原因，这其中主要的是由于移民。譬如 2022 年世界杯，出生于法国但从没有参加法国国家队的后卫艾默里克·拉波特（Aymeric Laporte）由于拥有西班牙和法国的双重国籍而选择加入西班牙国家队参赛；出生于西班牙但拥有西班牙和加纳双重国籍的前锋伊尼亚基·威廉斯（Iñaki Williams）选择代表加纳参加了 2022 年世界杯。事实上，由于国际足联于 2020 年修改了转换国籍代表国家队参加国际比赛的条件，即从原来的只要代表原国家队参赛就不得转换体育运动国籍的规定，改为只允许代表原球队参加三场比赛（包括友谊赛）的条件，导致包括前述威廉斯在内的 5 个双重国籍球员选择代表加纳国家队参赛。

（四）婚姻家庭的考虑

几乎所有国家的法律都对婚姻与入籍的问题有所规定，也即一国国民在与具有外国国籍的国民结婚时可以改变自己的国籍，如可以放弃自己原来的国籍而获得配偶方的国籍；可以在其本国法律允许的情况下保有自己国籍的同时获得配偶方的国籍。婚姻对入籍的影响有时是无条件的，有时可能附加一定的条件，如居住期限等的限制。这方面的例子也有很多，如国际象棋女子世界冠军诸宸最初代表中国参赛，为了家庭的原因，其在和一个卡塔尔籍运动员结婚几年后就加入了该国国籍，并代表该国参加了多哈亚运会，不过她的所有世界冠军头衔都是在婚前获得的。可以讲，诸宸取得卡塔尔国籍的目的主要是和家人团聚，代表该国参加国际比赛只能算是次要原因。

（五）运动员或其家庭的怀旧情结

进入21世纪之后，出生于非洲、南美洲甚至东欧的一些足球运动员，选择为父母亲的家乡效力的欧洲球员不胜枚举。相比以往欧洲球队中非洲球员集中的现象，如今在非洲球队中也出现了出生于欧洲的球员大量回流的现象。譬如2022年卡塔尔世界杯上，共有137名球员代表非出生地协会参赛。在喀麦隆队中，有8名球员出生在法国，而在摩洛哥队中，有14人出生在其他国家，位居32队之首。国际足联的一项数据显示，参加本届世界杯的5支非洲队伍（摩洛哥队、突尼斯队、塞内加尔队、加纳队和喀麦隆队）球员中，42%为非本土出生，远超其他大洲，而2018年俄罗斯世界杯时这一数字为29%。这些球员大都是移民的后代，父辈希望孩子通过足球改善生活状况，而欧洲浓郁的足球氛围和完备的训练体系让这些年轻人实现了这一愿望。对非洲的球队而言，这些在欧洲长大的球员成长于成熟的青训系统，并能够在竞争激烈的欧洲联赛中站稳脚跟，无疑是一笔巨大的财富。球员流动，让足球发展更趋平衡。[1] 即使在东道主卡塔尔国家队中，也有很多外籍球员的归化案例（见本章参考案例一）。当然，这也对双重国籍球员的资格问题提出了更多的挑战。

运动员选择双重国籍或者改变国籍的原因有很多种，以上只是几种主要的原因。也许，应当鼓励的是为工作、移民、婚姻等原因而引起的入籍，因为这是合情合理的并且不是暂时性的行为；对于开出高额工资吸引其他国家的运动员的做法还是不要提倡的好，因为这种运动员通常连对方国家的语言和文化都不了解，甚至在不清楚自己的职业前景的情况下就随意更改了国籍，把自己当成商品出售，带有更多的投机性。

此外，还有一个比较突出的原因是国际体育赛场尤其是参加奥运会能够给运动员带来具有巨大的商业价值，并已经得到了相关体育组织规则的许可。譬如，2019年国际奥委会对《奥林匹克宪章》第40条第4款进行了修改，规定参加奥运会的

---

〔1〕 参见陈晨曦：《球员流动，让足球发展更趋平衡》，载《人民日报》2022年11月25日，第12版。

运动员、代表队工作人员和其他代表队工作人员，可以按照国际奥委会执行委员会确定的原则，在奥运会期间将其姓名、照片或者体育赛事用于广告宣传。这意味着，奥运期间运动员的个人赞助曝光不再严加限制，从一个侧面揭示了体育的商业化趋势。除了获取商业价值，个人曝光还能帮助其所代表的国家赢得全世界的关注，增加所代表国家的奖牌总数、提高国家的国际声望、激发民族自豪感、提高公众的参与度、展现国家魅力吸引高层次人士。这些因素也进一步促使国家积极地将优秀的、顶尖的运动员吸纳进自己的国家，形成一种良性循环。[1]

三、解决体育运动国籍冲突的规则

国际体育组织对于双重国籍或者改变国籍后的运动员能否代表新国家参加国际比赛的问题都有规定，主要体现在《奥林匹克宪章》以及有关国际单项体育运动联合会的章程或者条例里面，这里以国际奥委会和国际足联这两个最重要的国际体育组织的有关规定为例。

（一）国际奥委会

《奥林匹克宪章》第 40 条规定的参赛资格问题，以及第 41 条的运动员国籍问题是与本部分论题有关的条款。根据第 40 条的规定，运动员要想具备参加奥运会的资格，必须遵守《奥林匹克宪章》、WADC 等规则，以及经国际奥委会批准的有关国际单项体育联合会的规则，并且由其国家奥委会报名。而根据第 41 条（运动员国籍）规定，参加奥林匹克运动会的任何运动员都必须是选拔其参赛的国家奥委会所在国家的国民；涉及如何确定运动员在奥林匹克运动会中所代表国家的一切争端，应由国际奥委会执行委员会决定。

第 41 条规则的附则指出，凡同时是两个国家或两个以上国家国民的运动员，可以代表其中任何一个国家参赛，由本人选择。然而，该运动员在奥林匹克运动会、洲际或地区的运动会或在获得有关国际单项体育联合会主办的世界锦标赛或地区锦标赛中已代表过一个国家后，不得再代表另一国家参赛，除非其符合下述与改变国籍或取得新国籍有关的条件，即已代表过一个国家参加前述赛事并已改变自己国籍或者取得新国籍的运动员，必须在改变国籍或取得新国籍 3 年后方可代表新的国家

---

[1] 黄世席、李杰：《职业运动员国籍转换的特点与规制——对 2022 年北京冬奥会的思考》，载《天津体育学院学报》2021 年第 2 期。

参加奥林匹克运动会，这一期限在取得有关国家奥委会和国际单项体育联合会同意以及得到国际奥委会执行委员会批准后，可以缩短甚至取消。同时，在任何运动员有资格参加奥运会的情况下，无论是代表自己以外的另一个国家参赛，还是可以选择代表哪个国家参赛，国际奥委会执行委员会都可以就任何运动员的国籍、公民身份、住所或居住地所引起的问题，包括任何等待期的长短，作出所有一般性或个人性质的决定。该条附则强调了国际奥委会执委会在运动员参赛资格问题上的最终决定权，并且这种权利原则上有很大的伸缩空间。

（二）国际足联

国际足联在 2022 年版的《国际足联章程适用规则》第Ⅲ部分（代表球队的参赛资格）中修改了相关的球员国籍和参赛资格规则。原则上，国际足联承认，任何持有永久国籍的人，只要不依赖于某个国家的住所，就有资格代表该协会所属的国家队参赛。同时，拥有某国国籍和获得某国国籍的资格是有差别的，球员可以依据一国法律，自动获取国籍（例如自出生时起）或通过入籍程序持有一国国籍。而且，除第 9 条（更改协会）规定的一些例外规定外，已经代表某一国家足协参加任一种类或级别的官方比赛的球员，无权代表另一足协参加国际比赛。具体来讲：

第一，具有两个以上国籍的足球运动员，除了要具有相关足协所在国的国籍，还要具备下列条件之一才能代表该国足协参加国际比赛：出生在相关足协所在地区；其生物学的父亲或母亲出生在相关足协所在地区；其祖父母出生在相关足协所在地区；在相关足协所在地区至少生活了 5 年。尽管如此，在征得国际足联委员会的同意下，相关国籍所属的足协可以就“生活 5 年”的要求达成协议，以完全删除或修改以规定更长的时限。

第二，获得新国籍的球员如果想代表新的足协参加国际比赛，除了要满足本人、其生物学父母亲以及祖父母出生在相关足协所在地区的条件之一，或者满足下列条件之一：对于那些在 10 岁之前移居到相关足协所在国的球员，他们必须在该国居住至少 3 年；对于 10 岁以上 18 岁以下的球员至少是 5 年；对于 18 岁以后搬迁到新国家的球员，在该地区居住至少满 5 年。

第三，关于无国籍球员，其是指不具有任何国家国籍并且根据其住所地的国内法永远不可能取得该国国籍的球员。由于明显的原因，许多无国籍的人是难民，并生活在他们无法通过正常法律制度成为公民的国家。新规则规定，这些没有能力获得公民身份的无国籍人士只要在其居住的国家居住至少 5 年，并且可以证明其搬到该协会所属领土的目的不是参加其代表队，就有资格为该国效力。这个问题表面上看着似乎很遥远，不过无国籍影响着世界各地数百万人。不过对那些根据本国法律赋予每一个在本国领土上出生的人具有本国国籍身份的国家而言，该条规定似乎影响不大。

第四，对于那些加入某国家队后想改变国籍的球员，只有在满足以下条件的情况下才可以转会：有关球员在任何级别的正式比赛（国际 A 级比赛除外）中代表该足协出场参赛，并在首次参加正式比赛时拥有其希望代表的足协的国籍；有关球员在任何级别的正式比赛（国际 A 级比赛除外）中代表该足协出场参赛，在首次参加正式比赛时不具有其希望代表的足协的国籍，但是还没有达到 21 周岁。对于参加国际 A 级赛事的球员的国籍转换，国际足联作了更加详细的规定（见本章参考案例二）。

第三节　体育国籍冲突的解决

鉴于绝大多数国际体育组织要求参加本组织主办的国际体育赛事的运动员或运动队成员要属于自己下述的某国国家或地区的相关体育协会会员以及具有其国籍的要求，运动员参加国际体育赛事的参赛资格争端以及参加某项国际赛事后为某些特殊目的而更换体育运动国籍以代表新协会再次参加国际体育赛事的资格争端屡见不鲜。鉴于国际奥林匹克范围内的国际单项体育组织以及某些非奥林匹克运动的国际单项体育联合会（譬如世界国际象棋联合会）都把 CAS 作为处理自己内部裁决后的上诉机构，CAS 成立后已经受理了若干涉及运动员参赛国籍问题的争议，其中不仅有参加奥运会引起的问题，还有参加国际单项体育协会主办的比赛而引起的国籍争议的解决问题。本部分以 CAS 处理的此类争端进行分析，借此明确解决体育运动国籍争端冲突的主要原则。

一、双重国籍争议

每个国家都有权决定自己的国籍政策，任何其他的国家都不能对这种权力提出异议。《奥林匹克宪章》承认个人可以拥有双重或者多重国籍。在拥有双重国籍的情况下，运动员可以自己选择其打算效力的国家奥委会。一旦这种选择确定之后可以允许通过参加某些体育比赛而作公开的或者暗示的变更。如果一个具有双重国籍的运动员没有代表其中任何一国参加比赛，他有自由选择其中任何一国的权利。

以国际奥委会处理的拥有美国护照和美国自由邦波多黎各出生证的棒球运动员C案的争议为例，在这两个地区棒球协会都邀请其加入本地区棒球队之后，C向美国棒球队写信指出他有权选择参加比赛所代表的国家，并称愿意参加美国棒球队以及代表美国参加包括世界锦标赛在内的棒球比赛。波多黎各棒球协会主席向国际棒球联合会（IBA）提起申诉，指出C曾经参加过波多黎各棒球队并且签署了一份愿意代表波多黎各参加任何国际性比赛的合同。C本人也向国际棒联解释说他从来没有得到波多黎各棒球协会召唤代表国家队参加国际比赛的机会，并重申他有选择代表哪一国家参加比赛的权利。在争议提交CAS后，CAS裁定，每个国家都有权力制定自己的国籍规则，任何其他国家不得对此提出异议。具体到本争议而言，对于波多黎各来讲C是一个波多黎各国民，对于美国来讲C也是一个美国国民，因此他具有双重国民身份。《奥林匹克宪章》承认个人可以拥有双重或者多重国籍。仲裁庭认为，从某种程度上来讲“国籍”和“国民身份”是颇为类似的，一方通常会被另一方加以表述；而且没有必要为了解决争议的目的而对其加以区别，即使有也只是“政治”国民和“体育”国民的区别。在出现某运动员具有双重国籍的情况下，选择其要代表的国家奥委会是该运动员自己选择的事情，而且一旦这种选择确定之后可以允许通过参加某些体育比赛而作公开的或者暗示的变更。为了两国的利益，C在1994年既没有代表波多黎各参加任何比赛，也没有代表美国参赛，因此他有选择其中任何一国参加比赛的权利，而他选择代表美国棒球协会参加比赛，根据《奥林匹克宪章》第46条（附则1）以及国际棒协有关参赛资格的规定C是可以作出这种选择的，故CAS裁定驳回申请人的请求。[1]

需要明确的是，拥有某一体育运动项目的体育运动国籍的概念只能用于体育目的。根据有关国家的法律，一个运动员可以取得一个或多个法律上的国籍，但其只能取得一个体育运动国籍。若运动员还没有取得一国的法律国籍，则也不能取得该国的体育运动国籍。虽然某运动员可能会因为出生而取得出生地国籍、父亲国国籍、母亲国国籍、宗主国国籍（由于出生地是殖民地或附属国而取得）和法律规定的其他特殊情况而取得国籍等，但某项具体的体育运动国籍的确定问题还应当根据相关国际体育组织的内部规范予以确定。

以CAS受理的拥有出生地美国国籍和双亲之一德国国籍的篮球运动员W为例，

〔1〕 Matthieu Reeb ed., *Digest of CAS Awards (1986 - 1998)*, Editions Stæmpfli SA, 1998, p. 53 - 64.

23 岁之前他一直在美国参加篮球比赛，后到德国参加俱乐部比赛，国际篮协认为其具有美国篮球国籍，德国篮协不满而提起争端诉求。CAS 确认，W 的篮球国籍属于美国还是德国的问题应当根据当时适用的国际篮联的相关规则进行确定。当时的国际篮联相关规则规定，如果一个球员根据相关规定取得了多个国家的国籍，则其篮球国籍应认定为出生地国籍，或在没有出生地国籍的情况下，按照相关顺序取得别国国籍。但在该球员放弃或失去该国国籍，或向国际篮联申请注册改变篮球国籍，或在其 19 岁或 19 岁之后一直在其拥有多个法律国籍的任何一个国家打球的情况下，应当认定其已选择该国为篮球国籍，除非其已经与国际篮联签有国籍选择协议。CAS 裁定，W 应当被认定为拥有其出生地即美国的篮球国籍，除非他在 19 岁或 19 岁之后一直在其拥有多个法律国籍的其他国家打球。只有拥有多个国籍的球员选择其篮球国籍而不是出生地国籍的时候该条规定才是有意义的。本案中，尽管根据相关规定 W 出生在美国而且其被认定已经具备了美国篮球国籍，但基于以上对于相关规则的解释，不能认为 W 已经选择取得了美国篮球国籍。由于 W 在 19 岁之后在其第二国籍国德国打球，因此应当被认定为已选择该国作为篮球国籍。CAS 的结论是，国际篮联应认定 W 为德国球员，理由是 W 在 19 岁后选择了德国国籍，因此驳回了申请人的请求。[1]

二、转换国籍引发的参赛资格争端

这里涉及的主要问题是，转换国籍后，原国籍国不承认双重国籍的情况下，有关运动员就不再具备代表原国籍国相关体育协会参加国际比赛的资格。绝大多数国际体育组织都规定，参加本协会主办的体育赛事的运动员必须是相关协会所属地区的国民。譬如《奥林匹克宪章》规定，参加奥运会的任何运动员都必须是为其报名的国家（地区）奥委会所在国（地区）的国民。原则上“国民”的含义应当包括拥有本国国籍的运动员，其法律含义要比国籍更广，也即某些不具有本国国籍但是拥有本国国民身份的运动员也有资格代表本国参赛。

譬如最初国籍为瑞典的冰球运动员 S 因为入籍而成为美国公民，根据瑞典法律，他获得了外国国籍从而自动丧失了瑞典国籍。S 代表瑞典队参加了冬季奥运会冰球比赛的三场比赛，在准备四分之一决赛时，有人指出 S 不是瑞典运动员。国际冰联取消了 S 参加奥运会的资格，S 和瑞典奥委会向 CAS 提起了仲裁请求，要求取消国

---

〔1〕 Matthieu Reeb ed., *Digest of CAS Awards (1986 - 1998)*, Editions Stæmpfli SA, 1998, p. 317 - 322.

际冰联所作裁决的第一部分。仲裁庭指出，在参赛资格方面，无论是根据国际冰联规定的“每个运动员都必须通过其个人护照证明其是其所代表的球队所属国家的公民”，以及“参加奥运会的运动员必须由国际冰联通过并由国际奥委会允许后才具备参加奥运会的参赛资格”，还是《奥林匹克宪章》规定的奥运会上的运动员必须是为其报名参加奥运会的国家奥委会所在地区的国民，这些都表明，S 如果代表瑞典参加奥运会就必须具备瑞典国籍。但事实上，其并不知道在加入美国国籍后已经根据瑞典法律丧失了瑞典国籍，而且 S 既没有填写也没有签署报名表上有关国籍问题的声明，因此在参赛资格方面，S 本人以及瑞典奥委会是有疏忽的，瑞典奥委会应当特别关注像 S 这样一个在国外生活并工作多年的运动员是否符合国际冰联的参赛资格要求。仲裁庭同时指出，不管该运动员的行为是否出于善意，他不具有参赛资格是一个客观事实。这不是一个双重国籍问题，而是一个一国的运动员为其他国家效力的问题，毫无疑问这是一个不具备参赛资格的情况，该运动员必须被禁赛。既然根据《奥林匹克宪章》以及有关的《国际冰联规则》的规定 S 明显不具备参赛资格，那么 S 和瑞典奥委会的上诉要求就没有根据，国际冰球联合会的裁决是合理的。[1]

类似的争端还有悉尼奥运会期间的跳水运动员 M 案。该案案情是，古巴出生的跳水运动员 M 在 1991 年代表古巴参加了泛美运动会，1992 年从古巴跳水队退役，1994 年与加拿大籍妇女结婚并到加拿大定居，并享受加拿大的社会福利。1996 年 M 加入加拿大跳水协会并在 1997 年第一次参加加拿大国内跳水比赛，1999 年成为加拿大公民，但是 M 仍然持有古巴护照并经常返回古巴。M 代表加拿大参加 2000 年奥运会，但在悉尼遭到了国际奥委会的反对，遂向 CAS 悉尼奥运会特别仲裁机构提起了仲裁。有关事实是，M 进入加拿大设立永久定居地是合法的，也的确在 1999 年获得了加拿大的公民身份，唯一的问题就是其是否在悉尼奥运会召开前 3 年就获得了加拿大国籍，如果答案是“否”，问题就是古巴奥委会是否放弃了国际奥委会要求的 3 年的时间期限。仲裁庭重申，国际法和国内法在“国籍”和“公民”之间有明显的区别。根据国际法以及某些国家的国内法的规定，“公民身份”和“国民身份（国籍）”是有明显区别的。可以这样描述这种情况，即所有的公民都是国民但是并非所有的国民都是公民。也就是说，在一个人同某一特定国家的联系中，关键的部分有可能是不用考虑他是否是该国的公民，但是该人有可能成为该国的国民。

[1] Matthieu Reeb ed., *Digest of CAS Awards (1986 - 1998)*, Editions Stæmpfli SA, 1998, p. 435 - 443.

而从加拿大国内法的角度来讲，到加拿大移民定居的人必然具有国民的身份，但这并不能因此就认为在M取得加拿大公民身份之前就已经取得了国民身份。很明显，在申请人的国籍问题上，他不具备代表加拿大参加奥运会的资格，除非得到古巴奥委会和国际泳联（FINA）同意以及得到国际奥委会执行委员会的批准。仲裁庭指出，在某运动员代表另一国家参加奥运会前，其原来所属国家的奥委会是否放弃《奥林匹克宪章》要求改变国籍3年以上期限的规定是其自由裁量的事情，除非有明显的证据表明其自由裁量权的行使是滥用或者恶意的，否则CAS不会对国家奥委会的这种权力进行审查。国际奥委会也不能应当事人的要求去调查为什么某国家奥委会拒绝放弃这种3年期限的要求。但是如果某国奥委会的拒绝行为使得某运动员不能参加有关的运动会，国际奥委会就可以采取某些行动。尽管如此，运动员也没有权利要求对国家奥委会的这种行为的合法性来进行调查。基于此，CAS不能对古巴奥委会的拒绝行为加以审查，因此也就没有必要再去审查古巴奥委会所作出的有关决定的有效性了。尽管其最后一次代表古巴参加比赛已经过去了9年，但这不是能否代表古巴参加比赛的问题，而是一个他是否愿意代表古巴参赛的问题。因此CAS认为在古巴奥委会不愿意放弃的情况下，M就不能代表加拿大参加比赛，故驳回其申请。[1]

三、难民/无国籍人的参赛资格

国际奥委会在2015年第70届联合国大会上宣布将组建难民代表队，欢迎那些无法代表自己国家或地区参加奥运会的难民中的高水平运动员以个人身份前来参加奥运会，国际奥委会已组建难民代表队分别参加了里约奥运会和东京奥运会，并将继续选拔难民运动员参加2024年巴黎奥运会。难民代表队人选由国际奥委会指定，选择的标准包括运动水平，经联合国难民署确认的难民身份，候选人的个人状况以及选手的个人经历等。组建难民代表团的目的是让国际社会更好地了解难民危机的严重性，并传递一个信息，即难民群体也是人类社会组成部分。当奥运难民选手获得奖牌时，赛场上升起的不会是选手的原籍国或当前所居的庇护国的国旗，而是将升起奥运会会旗，奏响奥运会会歌。有些运动员经过奥运会后，已经获得其居住地的国籍，获准正在履行加入居住地国籍的程序。与拥有原有国籍但是被迫流浪在外而不能代表原籍国参加国际赛事的难民相比，无国籍人的法律地位和参赛资格更需

---

〔1〕 CAS ad hoc Division（O. G. Sydney）00/008 Arturo Miranda v IOC, award of 13 September 2000.

要得到保护。譬如，前述国际足联的有关国籍条款明确指出，不管相关运动员是否具有某个足协所在地区的国民身份，只要满足特定的条件（譬如居住期限的要求），就有资格参加相关足协的代表队，不能因为没有国籍或没有成为国民就剥夺其参赛的基本权利。

在古巴 P 案中，P 于 1992 年代表古巴参加奥运会，1993 年出逃美国，1995 年获得美国绿卡，代表美国参加 1997 年至 1999 年国际比赛，并于 1999 年获得美国国籍。USOC 准备将 P 纳入悉尼奥运代表团，但被国际奥委会拒绝，原因是 P 自 1999 年成为美国公民的时候距离悉尼奥运会仅有一年时间，同时古巴奥委会拒绝减少 3 年的期限，因此没有参赛资格。USOC 和美国皮艇协会将该裁定上诉到 CAS 悉尼特别仲裁机构申请仲裁，但被裁决驳回。在 P 的体育运动国籍问题的认定上，USOC 认为美国法中的“美国国民”指的是美国的公民或者“那些尽管不是美国国民但是永远忠诚于美国的人”，因此美国法承认存在“不是美国公民的国民”这样的一种可能性，也承认不是美国公民的国民的法律地位，其结果是在 P 成为美国公民之前他已经成为一个美国国民，在悉尼奥运会开幕之前这个时间已远远超过了 3 年。同时，那些既不是美国国民也不是美国公民的人出生的时候事实上具有的都是外国国籍，他们通过入籍中止了其所具有的外国人身份，同时拥有了美国国民和公民的地位。仲裁庭认为，申请人没有能够根据《奥林匹克宪章》、国际法或者美国法提供证据证明 P 在 1997 年 9 月以前获得美国国籍，因此驳回了 USOC 的申请请求。[1]

随后，P 本人又根据新的证明另行提出了仲裁申请。P 提出了无国籍抗辩，即自 1993 年时起他就成为一个无国籍人，即使他没有获得美国国民的地位，但在他成为无国籍人的时候就应当认为其所具有的国籍就已经发生了变化，因此在悉尼奥运会之前他成为美国国民的时间已经超过了 3 年。P 提供的古巴法律的意见证明，1993 年他出走之日起古巴政府的确剥夺了他的公民权。在没有相反证据的情况下，仲裁庭把该意见作为裁定 P 自 1993 年起就被剥夺了基本的公民权的依据。仲裁庭在查阅了当事人引用的权威文件，尤其是有关的条约、联合国通过的一个决议以及联合国秘书处的惯常做法后指出，根据国际公法，无国籍的定义被认为包括法律上的无国籍和事实上的无国籍，因此《奥林匹克宪章》第 46 条可以被广义地解释为包括事实上的无国籍。类似地，该条中的“已经改变了其国籍”被认为不仅包括从一

---

[1] CA ad hoc Division (O. G. Sydney) 00/001 United States Olympic Committee (USOC) and USA Canoe/Kayak v. IOC, award of 13 September 2000.

个国籍转换为另一个国籍，而且同样包括从一个国籍变为没有国籍也即无国籍。因此，仲裁庭认为，从《奥林匹克宪章》第46条来看，P自1993年起就已经改变了其国籍，因为当时他已经成为事实上的无国籍人。相应地，古巴奥委会的同意对于他参加比赛不是必需的，他有资格参加悉尼奥运会。鉴于对体育运动国籍的认定可以参考国际法中有关国籍和无国籍的规定，[1] 仲裁庭最后推翻了国际奥委会的决定，承认了P的仲裁请求。

该案裁决作出后，前述的M案当事人再一次提起仲裁申请，希望能够通过“无国籍”的抗辩获得参赛资格。CAS认为，根据国际法以及某些国家的国内法的规定，“公民身份”和“国民身份”是有明显区别的，在一个人同某一特定国家的联系中，关键的部分有可能是不用考虑他是否是该国的公民，但是该人有可能成为该国的国民。M是否是一个“无国籍人”要根据《奥林匹克宪章》、所适用的规则、一般法律原则以及仲裁庭认为合理的法规尤其是P案裁决里面引用的国际法的有关原则来加以裁定。具体到M而言，CAS认为他从来就没有成为无国籍人。因为M案和P案争议有着基本的不同，P在墨西哥离开古巴代表团并随后到达美国的时候并没有得到古巴政府的授权许可，他是一个叛国者，因而失去了基本的权利。而M不是一个叛国者，他是以一个退役的运动员的身份离开古巴的，他与古巴的关系一直很友好，并曾经回去过几次。如果M被剥夺了基本的民事权利，譬如基本的旅行自由和私有财产权，就可以从理论上把其看作一个无国籍人，但事实是他有旅游自由，他可以处理自己在古巴的财产。事实上，在M选择定居的国家，国籍的归化是要经过一定的过程和相当长的等待期的。不管怎样，M能否代表加拿大参加比赛要取决于古巴奥委会的同意，因此CAS别无选择而只得驳回当事人的申请，也即M不具备代表加拿大参加悉尼奥运会的资格。[2]

四、体育运动国籍争端解决之经验

由于各种各样的原因，体育运动中改变国籍的情况越来越多。国与国之间有关入籍的法律规则也有很大的不同，其结果在对待运动员的方式上也有所不同。这种日渐增多的问题也给国际体育组织带来了困惑，促使它们针对不同的情况来作出不同的回答。但是不管怎样，在解决有关国籍问题的时候，除了要遵守有关国际体育

---

[1] CAS ad hoc Division (O. G. Sydney) 00/005 Angel Perez v. IOC, award of 19 September 2000.

[2] CAS ad hoc Division (O. G. Sydney) 00/008, Arturo Miranda v. IOC, award of 24 September 2000.

组织的规则外，还必须遵守有关国家的国内法、国际法以及一般法律原则中有关国籍问题的规定。

运动员国籍冲突的产生，除了各国有关国籍取得和丧失的法律规定不同之外，还有就是国际奥委会和有关国际体育组织对参加国际性比赛的运动员代表有关国家的参赛资格的规定不一致。当然，运动员转换国籍的理由有许多，无论是基于纯粹的体育上的原因、经济上的问题还是婚姻家庭方面的考虑，首先要遵守有关入籍国的国内法，同时要考虑到有关体育组织的规定，否则即使转换了国籍也不能获得参加国际比赛的资格，那么从体育运动的角度来讲，这种入籍也就没有什么实质上的意义了。

针对运动员的入籍问题，国际体育组织自身应对采取某些措施。譬如，协调或者统一涉及体育运动国籍的有关条款，或者在对每一单项体育运动进行具体限制的基础上制定一个共同的都应当遵守的相关规则，这当然需要国际体育界和法学界同仁的共同努力。尤其是，在针对诸如奥运会、世界杯足球赛等大型运动会的运动员参赛资格问题上作出更加灵活的规定，让更多的高水平运动员在按照有关国家的法律规定入籍后能够参加比赛。毕竟国际体育比赛是高水平运动员之间的竞争，观众想欣赏的是高水平的体育运动竞技对抗而不是一边倒的表演性的比赛。

五、中国运动员归化的相关规定及借鉴

当前，中国在奥运会以及许多国际大型体育运动会上不断登上领奖台的事实表明，中国的很多体育项目都具有很强的竞技水平，也具有很强的运动员人才储备，世界水平的运动员层出不穷，其结果是导致运动员之间的竞争压力过大，很多有潜力的运动员无法代表国家参加国际大赛，丧失了进一步提高竞技能力的机会，还使得很多刚过运动能力高峰期的运动员不得不提前退役，告别体育生涯，因此有很多运动员为了延长自己的体育运动寿命而加入其他国家国籍，代表他国参加国际比赛，但招来了国民的不理解。这首先需要了解我国国籍法的有关规定。

我国《国籍法》共有 18 条规定，规定了中华人民共和国国籍的取得以及丧失的条件，并从原则上否认了双重国籍的存在。具体来讲，父母双方或一方为中国公民并定居在外国，本人出生时即具有外国国籍的，不具有中国国籍（第一条）；父母无国籍或国籍不明，定居在中国，本人出生在中国，具有中国国籍（第六条）；外国人或无国籍人，如果是中国人的近亲属，或定居在中国的，或有其他正当理由愿意遵守中国宪法和法律，可以经申请批准加入中国国籍（第七条）；申请加入中

国国籍获得批准的，即取得中国国籍；被批准加入中国国籍的，不得再保留外国国籍（第八条）；定居外国的中国公民，自愿加入或取得外国国籍的，即自动丧失中国国籍（第九条）；曾有过中国国籍的外国人，具有正当理由，可以申请恢复中国国籍；被批准恢复中国国籍的，不得再保留外国国籍（第十三条）；等等。从这些规定可以看出，我国《国籍法》原则上不承认双重国籍，并试图消除无国籍状态，这也就意味着许多运动员在国内得不到进一步发展的机会的时候往往都是选择到国外发展，并最终加入当地的国籍，进而在国际比赛中和中国的运动员对抗，也就出现了大量的“海外兵团”。[1]

“海外兵团”现象的出现固然有体制上的原因，但是从国籍法的角度来讲，如果有关的立法允许双重国籍现象，就可以在一定程度上避免这种问题的出现。中国有关国籍的立法是20世纪80年代的产物，是在特定的历史条件下（改革开放刚刚开始）以及为维护传统的国籍政策而制定的，在当时确实起到了一定的作用，避免了双重国籍问题的大量出现。但问题是，随着对外交流的发展，出国留学、工作、探亲等而在国外定居的国人越来越多，尤其是对那些熟悉国际文化并掌握一定技能的技术移民来讲，不承认双重国籍的原则也就意味着他们一旦加入了有关国家的国籍，也就丧失了中国国籍和继续为国服务效力的机会。而且由于国籍的限制，他们不能自由方便地来到中国，不能享有和国人同等的待遇，这种情况对于我国的对外交流以及发展实属不利，因此，适当修改有关双重国籍的立法应当是可取的，可以在一定程度上承认双重国籍。

另外，近些年的一个焦点之一就是拥有中国血统的海外华人以“近亲属”的身份加入中国国籍而代表中国队参赛的问题。关于近亲属的具体范围，我国多部法律的规定不尽一致。1988年最高人民法院《关于贯彻执行〈中华人民共和国民法通则〉若干问题的意见（试行）》第12条规定，“民法通则中规定的近亲属，包括配偶、父母、子女、兄弟姐妹、祖父母、外祖父母、孙子女、外孙子女”。可见，此处的近亲属涵盖了三代以内直系血亲外加兄弟姐妹，外延比较广泛。与该法律对近亲属范围的界定相比，行政法领域中的近亲属范围更为宽广，将具有扶养、赡养关系的亲属也纳入近亲属的范围内，2000年《最高人民法院关于执行〈中华人民共和国行政诉讼法〉若干问题的解释》第11条规定，“行政诉讼法第二十四条规定的

---

〔1〕譬如乒乓球运动员何智丽（日本）、韦晴光（日本）、高军（美国）、黄文冠（加拿大）、李佳薇（新加坡）、李春丽（新西兰），羽毛球运动员谭文玲（意大利）、皮红艳（法国）、姚洁（荷兰），竞走运动员陈跃玲（美国），击剑选手栾菊杰（加拿大），体操运动员李东华（瑞士）等。

‘近亲属’，包括配偶、父母、子女、兄弟姐妹、祖父母、外祖父母、孙子女、外孙子女和其他具有扶养、赡养关系的亲属”。与二者相比，《刑法》领域的近亲属范围则最为狭窄，将孙子女和外孙子女排除在外，《刑事诉讼法》第108条第6项规定，“近亲属是指夫、妻、父、母、子、女、同胞兄弟姐妹”。显然，这三部法律的规定有较大差异，实际上，在一些商事法律中，还将子女的配偶和兄弟姐妹的配偶也囊括在近亲属之内。故此，《国籍法》第7条第1项的规定有明显的模糊性，不能够为当事人提供明确的法律指引。例如前NBA球员林某，他的祖父母辈迁往美国，父母辈是美国公民，林某是第二代华裔，如果依据刑法领域的近亲属范围，他显然不符合第7条第1项之规定，因为他的祖父母辈才是中国公民，如从那一代起算，近亲属之范围只能涵盖到他的父母。假如再过10年、20年，华裔的第4代、第5代普遍成长起来，那么即使依据民法或行政法也无法达到第7条第1项的入籍要求，为此，国籍法应当对此予以明确规定。

关于定居在中国这一项入籍条件则更为笼统，怎样才算定居在中国并没有具体规定，因此，这一条件对于想要入籍的运动员来说很难满足。关于定居在中国能否满足外国人在中国获得永久居留权的条件，需要明确的是，获得永久居留权与加入取得国籍是两种不同的制度，这两种制度的存在目的与法律效果截然不同。《外国人在中国永久居留审批管理办法》第2条规定，“外国人在中国永久居留是指外国人在中国居留期限不受限制”。实际上，中国在2004年开始实行的绿卡制度主要是吸引外资，规定的绿卡获得条件也更多从商业层面出发，而国籍的法律意义远不止于此，运动员取得中国国籍后出现在国际赛场中将代表着中国，同时享有中国《宪法》赋予中国公民的法律权利及法律义务。因此，法律关于二者获得条件的规定并不能通用。例如，北京首钢男篮冠军功勋队队员马某在2016年获得了中国的永久居留权资格，然而我们依旧不能因此认定马某符合《国籍法》第7条第2项“定居在中国”这一条件。

基于体育运动国籍的理解，我国将来修改国籍法时，在双重国籍的问题上可以顺应国外有关国家的国籍立法现状以及国际交往形势作出一些变通的处理，允许国民在某些特殊的情况下可以拥有双重国籍，当然，具有双重国籍的条件应该严格加以限制。就运动员等拥有一定技术的国民的国籍给予例外规定，允许在运动员加入其他国家国籍后，依然保留中国国籍。以便那些在我国国家队中已经没有位置的运动员，在符合主要国际体育组织规定的条件下，可以代表竞技水平相对较弱的国家参加国际比赛，继续他们的职业生涯，并使他们依然具有中国国籍，而不致招来不理解。当然，这种例外规定不能够理解为对其他出国人员的歧视，而应当是一种在特殊情况下的特殊做法。

世界上有很多国家尤其是欧洲、美洲和非洲的国家都承认双重国籍，但如果允许运动员代表任何其具有国籍的国家参加比赛，将导致国际体育竞赛的混乱，不符合国家之间体育竞赛的精髓。一个运动员原则上只能代表一个国家参加比赛，虽然一个运动员可以拥有多个国籍，但是该运动员只能具有一个运动国籍，只能代表一个国家参加国际赛事。即便如此，承认体育运动员的双重国籍还是有很多优点的，双重国籍的运动员可以选择其代表的国家，能够增加运动员为国家队效力的机会，同时还能使体育竞技水平较弱的国家吸引优秀的双重国籍运动员代表国家参加比赛，以提高该国的体育竞技水平。承认运动员的双重国籍还能使运动员基于某些原因而改变其代表的国家以后，还能够保留原来的国籍，而不致招致不理解的指责。

总之，运动员有权根据相关国家的国内法选择成为该国的国民或公民，而选择体育运动国籍或改变隶属协会的关系会影响运动员的法律地位，即运动员的人身权利会因为批准或不批准改变运动国籍或隶属关系而受到或多或少的影响。

参考案例

一、2022 年国际足联世界杯东道国卡塔尔国家队的球员归化

案例来源：Moses King，FIFA World Cup：How Qatar built its national football team，PULSE（November 16，2022），https：//www. pulse. ug/sports/football/fifa – world – cup – how – qatar – built – its – national – football – team/38lp9tj.

2022 年 11 月 20 日，卡塔尔世界杯拉开帷幕，卡塔尔实现了其举办世界杯和体育外交的梦想。令人难以置信的是，就在大约十年前，这个中东国家还在为如此规模的赛事从零开始组建国家队。作为东道主，他们将保证首次参加世界杯，同时还需要一支不会在世界杯上让他们尴尬的有能力的球队。为此，卡塔尔采取了如下措施：

首先，激进的归化过程。在世界杯正式申办之前，卡塔尔就已经开始了积极的入籍程序，为可能书写其足球烙印的潜在人才提供公民身份。2004 年，卡塔尔手握巨额资金，在短短一周内试图让三名巴西足球运动员 A、D 和 L 入籍。此举激怒了国际足联，以至于该世界足球机构决定修改其规则，并补充说，符合资格的球员必

须是在该国居住不少于10年才能归化为该国的公民。

其次，设立精英学院。在国际足联否决了卡塔尔激进的入籍计划后，王室成立了精英学院项目，用金钱可以买到的最好的技术和资源来训练卡塔尔运动员。不久之后，作为学院足球项目的一个分支，2005年“精英学院足球梦想”项目启动，在撒哈拉以南非洲地区、拉丁美洲和东南亚等建立了一些营地，以发掘隐藏在世界上最偏远的村庄和前哨基地的青年足球人才，向球员颁发奖学金，让他们在卡塔尔学习，从而打破了国际足联10年居住权的规定。随着卡塔尔在2019年举起阿拉伯杯，这些努力得到回报。

2020年阿拉伯杯上，卡塔尔队在入选的23名球员中包括17名归化球员，包括来自苏丹（7名球员）、埃及（1名球员）、伊拉克（2名球员）、巴林（1名球员）、也门（2名球员）、加纳（1名球员）和佛得角（1名球员）的球员出现在组成卡塔尔选拔的球员名单。

二、厄瓜多尔足球运动员案

案例来源：TAS 2022/A/9175 Federación Peruana de Fútbol c. Federación Ecuatoriana de Fútbol & FIFA，TAS 2022/A/9176 Federación de Fútbol de Chile c. Federación Ecuatoriana de Fútbol，Byron Castillo Segura & FIFA，award，17 April 2023.

2022年11月8日，CAS就秘鲁足协（Peruvian Football Federation，FPF）和智利足协（Chilean Football Federation，FFC）与厄瓜多尔足协（Ecuadorian Football Federation，FEF）、足球运动员B和国际足联之间的争端作出了裁定。CAS仲裁庭部分维持上诉并撤销国际足联上诉委员会2022年9月15日的决定，在新的裁决中，CAS裁定，厄瓜多尔足协因使用包含虚假信息的文件违反FIFA《道德准则》第21条而承担责任。

争议尤其涉及球员B是否有资格参加2021年9月至2022年3月举行的2022年卡塔尔世界杯厄瓜多尔国家队的预选赛。B代表厄瓜多尔队出战了世预赛，但有资料显示B其实是哥伦比亚人，没有资格代表厄瓜多尔出战。2022年5月，智利足协向国际足联提出申诉，指控证实B的厄瓜多尔国籍的文件可能是伪造的，同时声称该球员没有资格代表厄瓜多尔参加2021年9月至2022年3月的2022年卡塔尔国际足联世界杯比赛。国际足联纪律委员会启动诉讼程序，并于2022年6月10日发布决定，驳回对厄瓜多尔足协的所有指控并结束诉讼程序。秘鲁和智利足球协会就此决定向国际足联上诉委员会提出上诉，国际足联上诉委员会驳回上诉，并维持一审判决。2022年9月28日，智利足协和秘鲁足协就被质疑的决定向CAS提出上诉，该上诉由CAS合并受理。CAS仲裁庭于2022年11月4日至5日举行了听证会。听证会后，仲裁庭裁定：

厄瓜多尔足协没有违反FIFA《道德准则》第22条，因为该球员有资格参加2022年卡塔尔世界杯预赛。由于国家协会球员的国籍由国内法律确定（受时间限制，以防改变体育国籍，但这里不是这种情况），考虑到厄瓜多尔当局承认B是厄瓜多尔人，B有资格在2022年卡塔尔世界杯预赛中为厄瓜多尔效力。

厄瓜多尔足协因使用包含虚假信息的文件而违反了FIFA《道德准则》第21条。对于造假的情况，国际足联规则没有提到参考国内法的问题。因此，国际足联无须按照厄瓜多尔司法当局就球员护照伪造作出的任何裁定来认定该文件属于第21条下的伪造文件。在本案中，虽然球员B的厄瓜多尔护照确实是真实的，但其中提供的一些信息是错误的。特别是，由于球员实际上于1995年6月25日出生在哥伦比亚图马科（Tumaco），因此仲裁庭认为球员的出生日期和出生地点不正确。因此，仲裁庭认为厄瓜多尔足协应当对根据FIFA《道德准则》第21条第2款规定实施的伪造行为承担责任，即使厄瓜多尔足协不是伪造文件的制造者，而只是使用者。

对上述违规行为的适当处罚是，厄瓜多尔在国际足联的下一届世界杯预赛中被扣3分；在收到裁决后30天内向国际足联支付100,000瑞士法郎的罚款。仲裁庭认为没有违反参赛资格规则的情况发生，并且存在一系列情有可原的情况，其中包括厄瓜多尔足协开始对球员进行纪律处分，但被厄瓜多尔司法机构的决定中止。考虑到该球员有资格参加国际足联世界杯，仲裁庭决定不应该在目前的国际足联世界杯预赛中扣3分，而是在下一届比赛中扣分。

需要指出的是，制裁与FIFA《道德准则》中规定的制裁明显不同。CAS仲裁庭决定适用第21.2条的实质内容，因为厄瓜多尔足协对此类违规行为负有责任。然而，CAS专家组并未适用规定的处罚即“处以罚款和至少禁赛六场比赛或至少12个月的特定期限”。CAS裁定对参加2026年世界杯预选赛的厄瓜多尔实施罚款和扣3分的处罚，被认为是对厄瓜多尔足协故意违规的更严厉制裁。此外，涉及比赛场次或特定时间段的处罚通常适用于自然人，因此将其适用于协会似乎是不合理的。

尽管如此，不可否认的是，B在2019年承认相关文件是伪造的，而且厄瓜多尔足协完全了解这一承认。然而，在这种背景下，厄瓜多尔足协仍然允许B随后参加了厄瓜多尔的预选赛，并在厄瓜多尔获得卡塔尔2022年资格赛中发挥了重要作用。

尽管CAS裁决与国际足联早先的决定相矛盾，也许是因为国籍争端，厄瓜多尔足协没有让B入选26人大名单，而且其原因据说是为了避免他参加比赛受到任何“不公平的制裁”。

第四章　国际体育运动中的人权和法律问题

人权是指一个人作为人所应当享有的基本权利。作为权利的最一般形式，人权是人类的一种天赋的、基本的和不可剥夺的权利。18 世纪末期，资产阶级启蒙思想家为了反对中世纪的封建贵族、神权和僧侣的特权而率先提出人权概念。200 多年来，人权大体经历了一个由政治口号到革命纲领、宪法性规范、国际性文件，最后到国际人权法的发展过程，其理论基础是人道主义。人权不仅在不同国家和其人民之间确立了一个行为准则，而且能对国际事务的实施控制发挥作用。就人权而言，由于人类固有的尊严以及其身体条件的正当要求，其目的是保护所有人与生俱来的权利。

体育可以被理解为个人或团体遵守特殊规则所进行的体育活动。它起源于娱乐或者是消遣活动，但其国际性已经拓宽了国际体育运动的范围，并发展成为一个具有相互交叉和得到充分发展的国际体育运动。体育运动中的人权，尤其是国际奥林匹克运动中的人权问题，长期以来一直是一个被忽略的问题。但是不同国家和民族之间团结友爱和相互理解的奥林匹克精神对世界上的青年和未成年人的巨大影响力以及国际体育运动的跨国性使得国际体育运动与人权有了交集，而这些问题也是国际人权法应当解决的事项之一。在这方面，联合国和国际奥委会（本章中简称 IOC）进行了合作，使国际奥林匹克运动中的人权得到了相当程度的发展。目前的情况是，涉及人权因素的体育运动规范在不同方面发生了很大发展并且得到了许多人的支持，并促使国际体育运动发展成为国际关系的重要组成部分。力主平等主义的国际体育运动也是一个引导人们相互尊重其权利和义务的有效媒介，因此应承认体育和人权之间的这种互补性。

最初的人权定义关注公民的公民权利和政治权利，随后是经济、社会和文化权利的要求。除此之外，一般而言还有一些具体的专门为保护诸如违反种族灭绝、种族隔离、种族歧视以及对妇女、难民、劳工和儿童的权利加以保护的国际文件。目前，诸如引起全球关注的和平、发展、环境以及人类共同继承遗产权等新兴人权已经得到了承认。在这些问题上，联合国也通过了一系列国际公约、宣言、议定书等国际性文件。简而言之，世界上人权的发展是一个不断增加的过程，并且这种发展在冷战结束和东欧国家民主政府的顺利转变后变得更加明确了。而且，这些人权问题也因为国际体育运动的促进而得到不同程度的发展。

第一节　关于人权与体育运动的基本国际文件

需要指出的是，作为人权的体育权已经得到了联合国和IOC的承认。[1] 考虑到人们对体育运动的巨大的经济和精神投资，期望体育运动成为一种社会关注的焦点是正常的。众所周知，获得安逸和体育运动的权利要归功于工业大革命以及其导致的开始保护工人享有的包括消遣娱乐权在内的权利的相应变化。联合国成立后，包括体育运动在内的文化活动首先得到了《世界人权宣言》的确认。譬如《世界人权宣言》第27条第1款规定："人人有权自由参加社会的文化生活，享受艺术，并分享科学进步及其产生的福利。"除有关人权的基本文件外，联合国专门机构也制定了有关的人权规则。许多年来，联合国教科文组织（UNESCO）带头对《世界人权宣言》第27条所涉及的参加文化生活的权利给予具体的解释，并通过了指导政府进行活动的一系列原则的《国际文化合作原则宣言》（1966年），以及《体育运动国际宪章》（1978年），后者第1条指出"从事体育训练和体育运动是一项基本的人权"。同时，联合国教科文组织成立政府间体育运动委员会，负责对体育运动进行指导工作。

一、国际法文件

这里的国际法文件主要是由联合国及其相关机构提供的国际法性质的文件，以及不具有国际法的约束力但是却具有习惯国际法性质的相关宣言等。

（一）《世界人权宣言》

人类争取人权的斗争始终是在不断进行的。在某些国家，言论自由、思想自由、

---

[1] 参见徐翔：《体育权：一项新兴人权的衍生与发展》，载《体育学刊》2020年第4期。

表达自由、集会自由和结社自由仍然处在争议之中。而在其他地方，适当生活水准权、健康权、教育和文化权仍然是人民竭力追求的目标。换句话说，所有人都享有某项基本的权利和自由，而规定这些权利和自由的基本文件就是1948年的《世界人权宣言》，其对社会生活的各个方面作了规定，包括工作、教育和体育运动等，并鼓励为某些群体制定特殊的国际公约予以保护，譬如妇女、儿童和少数族群人。

作为第二次世界大战反对法西斯主义的胜利成就，1948年联合国大会通过的《世界人权宣言》几乎得到了所有国家的签署批准。宣言规定的基本权利包括法律面前人人平等；思想、表达、集会和结社自由；禁止歧视、任意逮捕和不公平审判；工作、休闲和闲暇的权利；以及适当生活水准、教育、健康和文化生活的权利等。宣言所规定的人权并不是普遍的人权价值体现，而应是政府部门通过国际协商决定给予所有人的权利。不过因为其法律性质是“宣言”，不具有国际公约的法定约束力，所以其效力以及作用也遭到了某些人的批评，但是其规定的基本权利和自由已经成为世界各国人民据以保护自己权利的依据和标准。可以说，《世界人权宣言》是一个使各国产生法律义务的规范性文件，因此原则上对所有国家都具有约束力，尽管其规定能否在某种程度上被承认为具有习惯国际法的效力仍然存有争议。

（二）《经济、社会及文化权利国际公约》与《公民权利和政治权利国际公约》

联合国于1966年公布了《经济、社会及文化权利国际公约》与《公民权利和政治权利国际公约》，这两个公约和《世界人权宣言》一起被称为国际人权宪章，是国际人权法中最重要的渊源。公约以《世界人权宣言》为基础，但在内容上又有所发展，譬如删除了《世界人权宣言》中引起各国争议的条款：第17条“人人得有单独的财产所有权”、第28条“人人有权要求一种社会的和国际的秩序”；根据时代发展增加了宣言中未涉及的一些内容，如从法律上禁止“任何鼓吹战争的宣传”“任何鼓吹民族、种族或宗教仇恨的主张”等。其中最重要的是，确认“所有民族均享有自决权”以及“自由处置他们的天然财富和资源”的主权权利。这两个公约的签订，反映了一大批新兴的第三世界民族独立国家加入联合国后，人权的观念和内容的重大变化和发展。公约将《世界人权宣言》中规定的权利，以及一些新兴的诸如民族自决权等权利，以法律形式固定成为具有约束力的国际条约，各缔约国承担法律上的权利和义务，对国际政治和国际法产生了广泛影响。

（三）《体育运动国际宪章》

UNESCO 于 1978 年通过了《体育运动国际宪章》，其明确规定从事体育运动是一项人权。《体育运动国际宪章》所规定的体育运动的权利内容包括，任何人都有权保持自由发展身体的、知识的、道德方面的能力，保障所有人都能从事体育活动；参加体育运动是所有人的一项基本权利；体育运动是全面教育体制内一种必要的终身教育因素；体育运动纲领必须满足个人和社会的需要；体育运动的教学、训练和管理应由合格的人员担任；为进行体育运动必须有适当的设备和器材；要考虑到体育运动所体现的重要社会意义、人道目的和道德准则；以及促进积极的大众宣传等。

（四）《反对体育领域种族隔离的国际宣言》

国际体育领域反对种族隔离的行为也促进了体育运动人权的发展。在 20 世纪 60 年代和 70 年代，为了反对南非白人政权推行的种族隔离政策，以联合国为首的国际社会开始对南非实施制裁，其中也包括在体育运动领域不得与南非体育界进行交流和比赛的规定。IOC 也根据联合国的呼吁把南非奥委会驱除出奥林匹克大家庭，并对当时与南非体育界进行联系的组织实施体育制裁，为最终消除南非的种族隔离政策作出了贡献。当然，体育运动中的平等对待、公平竞争和全民体育也使得体育运动员和官员们不能对南非政府所实施的种族歧视视而不见。

1973 年 11 月 30 日，联合国大会通过《禁止并惩治种族隔离罪行国际公约》，以国际条约的形式确认种族隔离是国际法上的罪行。针对南非政府在体育运动方面的歧视政策，联合国大会于 1977 年 12 月通过了《反对体育领域种族隔离的国际宣言》。[1] 宣言保证在体育领域彻底消除种族隔离；各国应采取一切适当行动，以求彻底终止同任何实行种族隔离的国家的体育接触，使国际和区域体育团体拒绝或者开除实行种族隔离的任何国家；各国应公开宣布并表示彻底反对体育领域的种族隔离，促使国人严格遵守体育领域无歧视的奥林匹克原则；对参与种族隔离国家举办的体育活动的相关当事人实施制裁并拒绝给予签证或者入境许可；要求各国积极支持运动员和体育管理人员反对体育领域的种族隔离；国际、区域和国家体育团体应坚持奥林匹克原则并同种族主义的种族隔离体育团体停止一切体育接触；国家体育

---

〔1〕 联合国大会第 32/105 号决议：《南非政府的种族隔离政策》（附件 M：反对体育领域种族隔离的国际宣言）（A/RES/32/105M，1977 年 12 月 14 日第 102 次全体会议）。

团体对于按照联合国决议和《奥林匹克宪章》拒绝参加同种族隔离国家在一起的体育活动的附属团体不应加以财政的或其他的惩罚；国家体育团体应采取适当行动，规劝它们的国际协会不准种族隔离的体育团体成为其会员或者参加任何国际活动，等等。

由于该宣言的性质只是无约束力的声明，因此对有关国家只具有道义上的约束力。不过该宣言的作用还是不能低估，毕竟其促使联合国在1985年通过了《反对体育领域种族隔离国际公约》。

（五）《反对体育领域种族隔离国际公约》

1982年，联合国大会通过一项决议指出，联合国对南非的目标是，彻底消灭种族隔离并建立民主社会，使全体南非人民不分种族、肤色、性别和宗教信仰，都享有平等而充分的人权和基本自由，并自由参与决定他们自己的命运。[1] 就体育运动而言，在《反对体育领域种族隔离的国际宣言》基础上，1985年12月联合国又通过了《反对体育领域种族隔离国际公约》，1988年该公约生效。根据公约规定，各缔约国强烈谴责种族隔离，并承诺立即以一切适当手段推行消除体育领域一切形式的种族隔离行径的政策；各缔约国不得准许同实行种族隔离的国家进行体育接触，并应采取适当行动，确保其体育机构、体育队和运动员个人不进行这种接触；各缔约国应采取一切可能的措施，阻止同实行种族隔离的国家进行体育接触，并应保证制定切实有效的办法，使这种措施获得遵守；各缔约国应拒绝提供财政或其他协助使其体育机构、体育队和运动员个人能够参加在实行族种隔离的国家举行的体育活动，或同在种族隔离基础上选拔的体育队或运动员个人进行体育活动；各缔约国对代表实行种族隔离的国家的体育机构代表、体育队和运动员个人应拒绝给予签证和（或）入境许可；各缔约国应采取一切适当行动，务使国际和区域体育机构将实行种族隔离的国家开除；各缔约国应尽最大努力确保奥林匹克的不歧视原则和本公约各项规定获得普遍遵守，等等。

二、国际体育组织文件

国际体育组织文件中最重要的就是《奥林匹克宪章》。《奥林匹克宪章》明确指

---

〔1〕 联合国大会1982年第37/69号决议：《南非政府的种族隔离政策》（A/RES/37/69，1982年12月9日第97次全体会议），第23段。

出，体育运动是人权的一方面。《奥林匹克宪章》基本原则之 4 规定："从事体育运动是一项人权。每个人都有根据自己的需要进行体育运动的可能性。"另外，宪章第 2 条规定，奥林匹克运动的目的在于通过教育青年按照奥林匹克精神及其价值从事体育运动，以促进建立一个和平和更加美好的世界。由此可以看出，作为政府间国际组织的联合国和作为非政府国际组织的 IOC 都承认从事体育运动的权利是一项人权，体育权作为一项人权已经得到了国际社会的公认。

除了《反对体育领域种族隔离国际公约》和两个人权公约外，其他的宣言、宪章等都是不具有法定约束力但具有体育习惯法效力的宪章性文件。尽管如此，这些与体育运动相关的国际性人权文件还是强有力地推动了各国政府和体育组织采取积极的行动以保障人们享有一般性的体育运动权利，这是一种应履行的道义上的义务。

三、国际体育运动中的自由、平等和不歧视

自由和平等是公民、政治、经济、社会和文化权利的基础，可以说是一切人权的根本。平等是正义的基础，包括国际人权宪章在内的联合国的条约和决议体系以及奥林匹克运动的规范都强调平等的重要性。平等和不歧视是互相联系并且互补的，代表的是公认的同一问题的两个方面，同时在平等之中也包含了不歧视的意思。一旦平等原则被承认和确认，基于性别、种族、信仰或任何其他考虑来歧视另一个人或一群人将会是荒谬的。但是事实上，对平等原则的反应是违反该原则的情形要多于遵守该原则的情形，相应地是不歧视政策没有得到认真地实施。

在国际人权法中，首先是第二次世界大战后的《联合国宪章》第 55 条对自由作了规定。根据该条规定，联合国应促进全体人类之人权及基本自由之普遍尊重与遵守，不分种族、性别、语言或宗教。该条是关于人权的一般性规定，规定得比较抽象。按照宪章的规定，尊重人权和尊重基本自由已经成为会员国的义务。其后《世界人权宣言》第 1 条中规定："人人生而自由；在尊严和权利上一律平等。"这一条是宣言的基础概念。第 2 条中规定了享受人权和基本自由的平等原则，即"不分种族、肤色、性别、语言、宗教、政治或其他见解、国籍或社会出身、财产、出生或其他身分"都应同样享受宣言所载之一切权利与自由。另外，不得因一人所隶属国家之政治、司法或国际地位之不同而有所区别，而不管该地区是否系独立、托管、非自治或受有其他主权上之限制。除了这些条款之外，也有其他条款强调国家法律控制之下的平等权。第 7 条宣称"人人在法律上悉属平等，且应一体享受法律之平等保护。人人有权享受平等保护，以防止违反本宣言之任何歧视及煽动此种歧

视之任何行为。”另外，《经济、社会及文化权利国际公约》第 3 条规定：“本盟约缔约国承允确保本盟约所载一切经济社会文化权利之享受，男女权利一律平等。”《公民权利和政治权利国际公约》第 26 条则规定：“人人在法律上一律平等，且应受法律平等保护，无所歧视。在此方面，法律应禁止任何歧视，并保证人人享受平等而有效之法律保护，以防因种族、肤色、性别、语言、宗教、政见或其他主张、民族本源或社会阶级、财产、出生或其他身份而生之歧视。”因此，自由、平等和不歧视已经作为一项基本的人权而得到了主要国际人权法文件的承认。

《奥林匹克宪章》在几个方面也规定了个人和集体的自由和平等，并且，如果把《奥林匹克宪章》和《联合国宪章》作比较就会发现，两个组织都在探求指导和颂扬平等的道德原则。《奥林匹克宪章》第 1 条第 1 款规定，奥林匹克运动的参加者仅包括那些“同意遵守《奥林匹克宪章》”的组织、运动员和其他人。当然，国内体育协会如果自愿也可以成为奥林匹克运动的一部分。通常情况下事实即是如此，因为许多自然人和体育团体都是奥林匹克运动的间接成员。

来自平等原则的不歧视概念把人类的固有价值摆在了最前方。就像联合国《消除一切形式种族歧视国际公约》第 1 条指出的那样，歧视指的是排除某些人享有人类社会基本的和普遍享有的权利。歧视使得一个人不能从事某个职位，使得他的全部能力不能得到充分的施展。歧视通常根基于种族、肤色、性别和信仰等特点，但是新的歧视原因也一直在不断出现。在上述的歧视根据中，种族歧视是最盛行的，在第二次世界大战后更是如此。以南非为例，众所周知，南非政府在二战后数十年实施的种族隔离政策一直是国际社会关注的焦点。这种法定的种族隔离政策实施的结果是占少数的白人统治了占大多数的黑人，并延伸到了该国所有的社会、政治和经济阶层。不管当时联合国的反应是多么剧烈，但是南非政府仍继续实行种族隔离政策。联合国别无选择而只有对该国采取惩罚性的措施来抑制这种影响不好的现象，因为该政策不但是对国际社会的一种“无视”，而且事实上对人类社会的和平与和谐构成了一种危险。由于意识到了该问题的重要性，联合国大会先后通过了《消除一切形式种族歧视宣言》《消除一切形式种族歧视国际公约》以及《禁止并惩治种族隔离罪行国际公约》等文件。另外，它还对南非政府实施了禁运措施。在 20 世纪 90 年代废除南非种族隔离政策取得重大进展时，联合国和国际社会又为南非民主政府的顺利过渡发挥了作用。

根据这些宣言和决议，国际体育界为实施联合国的倡议而采取了行动。针对南非，在 1959 年的 IOC 罗马会议上，苏联委员指责南非奥委会“在制止种族隔离方面毫无作为”，并提出了一项反对南非参加奥运会的提案。1963 年，IOC 于联邦德国召开的第 60 届会议上要求南非奥运会公开并以实际行动反对在体育运动和体育比赛中的所有种族歧视行为。第二年，由于这一要求没有得到南非的回应，南非被取消了参加 1964 年东京奥运会的资格。1967 年，IOC 派遣的调查委员会专门到南非进行调查，指出南非政府执行种族隔离政策的态度强硬，反对种族隔离政策的南非奥委会在政府面前无所作为。只要可能，南非政府就会通过立法在体育中实行限制政策。IOC 收回南非国家参加墨西哥奥运会的申请并未使其他非洲国家满意，他们不断动议要求将南非逐出奥林匹克世界。1970 年，IOC 在阿姆斯特丹举行的第 70 次会议上取消了南非的成员资格，与该决议一致的是各国际单项体育联合会协会和 IOC 协会也取消了南非在各有关组织的成员资格。因此，南非运动员完全被拒绝参加有 IOC 组织的比赛。20 世纪 90 年代初期种族隔离政策的废除使南非重新回到了国际体育运动场上，并且在 1992 年南非又恢复了国际单项体育联合会协会和 IOC 的成员资格。

与自由、平等和不歧视联系比较密切的还有要求公正裁判的权利。《世界人权宣言》第 8 条和第 10 条和《公民权利和政治权利国际公约》第 14 条都对公正裁判权作了规定。就像《世界人权宣言》以及《公民权利和政治权利国际公约》规定的那样，《奥林匹克宪章》也规定了一项高于其他的人权，即要求公正裁判的权利。《奥林匹克宪章》（2021）第 61 条规定，所有的在奥运会期间发生的或者与奥运会有关的任何争端都应当提交 CAS，由其根据体育仲裁规则行使专属管辖权。正是该理念引导着 IOC 开始了设立 CAS 的活动，并且把 IOC 和国际单项体育联合会置于其管辖范围之内。

基于以上事实，我们可以说，奥林匹克运动为运动员提供平等参与的机会，拓宽了人权概念的范畴，也促进了体育运动中人权的发展和实现。

第二节　国际体育运动与性别平等权

国际人权法中的平等原则也应当包括性别平等，主要是男女平等问题。但是无论从理论还是实践中，女性享有的人权一直是有限的。尽管从数量上讲几乎占世界人口的一半的女性并不是少数，然而因为文化传统、宗教教导以及风俗习惯等原因，她们还不能享有和男性同等的权利。严格说来，和男性相比，女性的地位在很多国家被降到了次位，女性常常在法律上和事实上受到不平等待遇（譬如一些阿拉伯国家女性的待遇）。为了纠正这种不平衡现象，国际社会已经在努力保证女性享有更多的权利。

争取女性的平等权利是联合国的基本原则。《联合国宪章》《世界人权宣言》都对男女平等作了规定。为了改善女性的地位，联合国宣布 1975 年至 1985 年为联合国女性十年。在 1975 年，联合国大会通过了《消除对妇女一切形式歧视公约》。并根据公约第 17 条的规定正式成立了消除对妇女歧视委员会。1993 年维也纳世界人权会议以后，人们希望所有国家都承认和接受女性人权的普遍性和不可分割性，期待着更多的国家批准《消除对妇女一切形式歧视公约》，然而在消除对女性歧视、实现男女平等方面依然任重而道远。1994 年在北京召开的世界妇女大会试图集合关于提高女性地位的必要性的国内和国际方面的观点，而在莫斯科、哥本哈根、内罗毕和北京举行的地球首脑会议则评价、重申实现女性的权利的问题。

女性全面参与体育运动已经经历了一个多世纪的斗争，尽管如此，较之于男性而言，女性参加体育运动的人数和获得奖牌的公平机会都相对较少。而在很多国家，通过诸如政治行动、法院判决以及女性自己的行为，女性已经获得了参与体育运动的同等权利，这与其接受高等教育、从事职业以及进入社会生活的其他领域是同步进行的。

一、体育运动中性别歧视与平等的发展过程

众所周知，占世界人口一半左右的女性在社会中的地位远没有其所占的人口比例那么重要，在体育运动中也是如此。在奥林匹克运动的发展历史过程中，性别歧视曾经一度盛行。在古代奥运会上，女性和奴隶一样是不允许参加的。虽然现代奥运会的创始人、法国的顾拜旦在对待女性参加奥运会的问题上始终持保守态度，他一向主张应该恪守古希腊奥运会禁止女性参加体育运动的原则，但他并不反对女性观看奥运会比赛，也无法阻止男女平等的时代潮流。从 1900 年女性首次登上巴黎奥运赛场至今，女运动员人数、女子参赛项目数、女性体育管理者人数逐渐增加，运动成绩大幅度提高。女性体育在奥运会上获得了前所未有的发展，其意义已超出了竞技比赛的范畴。

尽管 1900 年在巴黎举行的第二届奥运会向女性敞开了大门，但是最初敞开大门只是象征性的，只有网球和高尔夫球两个体育项目允许女运动员参加。1924 年巴黎奥运会期间，IOC 第 23 届会议终于使女性参赛权获得正式承认。但性别歧视并未就

此了结，田径运动直到 1928 年第九届奥运会才对女性开放。甚至在 1954 年，IOC 还在实施性别歧视，即投票决定将女性参加的比赛限制在“特别适合于女性比赛的项目”。[1]

而在竞赛项目方面，在 1928 年女性首次被允许参加奥运会的主要项目田径比赛之前，女性运动员还不能参加田径比赛。譬如，1900 年奥运会女子项目是网球和高尔夫；1904 年美国圣路易斯奥运会女子项目仅有一项射箭；1908 年伦敦奥运会时女子参加的项目只有网球、射箭和花样滑冰；1912 年斯德哥尔摩奥运会女子项目有游泳（含跳水）和网球。其后，尽管女子比赛项目在不断发展，并且在 1960 年奥运会上取得了一定的进步（如田径增加女子 800 米，击剑增加了女子团体等），但是对女性的歧视仍然存在。以女性参加马拉松比赛为例，经过漫长的斗争，直到 1984 年，女子马拉松项目才首次进入奥运会，这是一次颇具象征意义的胜利。

如同古代奥运会一样，现代奥运会也没有为女性提供同等的参加比赛的机会。在 1984 年洛杉矶奥运会之前，女性运动员向法院起诉，要求在 1984 年奥运会上增加女子 5000 米和 10000 米比赛，原告是来自 27 个国家的 82 位女性运动员，被告是 IOC、国际田联、USOC 和洛杉矶奥组委。加州地方法院认为，无论是在参赛运动员的数目还是在比赛项目的总数方面男女之间都是没有平等可言的，故从传统角度来讲奥运会是对女性进行歧视的。尽管有证据表明 IOC 在选择男女参赛项目方面有歧视现象，但法院还是拒绝了原告要求增加女子 5000 米和 10000 米比赛项目的要求，其根据是“奥运会参赛项目的最终决定权取决于 IOC”。[2]

体育运动的性别歧视还体现在，不但女性参加的比赛项目和获得的奖牌数量少于男性，而且有些比赛项目只设有男子比赛而无女子比赛。譬如女子拳击直到现在还没有出现在奥运会赛场上，冬季项目中的高山跳台滑雪也只有男性可以参加。不过从奥运会比赛项目的历史发展过程中也可以看出，IOC 也在尽力实现男女比赛项目设置上的平等，不断增加女性比赛项目的种类和数量，譬如 2004 年雅典奥运会增设女子摔跤，2008 年奥运会的新增项目包括女子 3000 米障碍、女子花剑和女子佩剑团体赛。需要注意的是，由于一些女子运动项目的普及率较低，因此奥运会参赛者或者参赛队的数量也就较少，无形中对于该体育运动项目的发展也是一种伤害。譬如 2004 年第 28 届雅典奥运会规定男子 16 个队、每队 18 名运动员，女子 8 个队、

---

〔1〕 James A. R. Nafziger, *International Sports Law*, Transnational Publishes, Inc. , 1988, at 20.
〔2〕 Martin v. IOC, 740 F. 2d 670, 673 – 74 (9th Cir. 1984).

每队 16 名运动员参加比赛；2006 年都灵冬季奥运会冰球比赛男子有 12 支队，女子只有 8 支队。

如果对最近几届奥运会的参赛项目进行具体分析，也会看出在参赛运动员的数目和参赛项目的种类方面男女之间也是不平等的。譬如 2008 年北京奥运会的参赛项目是 302 个，其中包括 165 个男子项目、127 个女子项目和 10 个男女混合项目。与雅典奥运会相比，女子项目增加两个。而在女性运动员的参赛数目方面，东京奥运会女性运动员占到参赛总数的 48.7%，2022 年北京冬奥会女性占 45%。不过，2024 年巴黎奥运会至少在男女运动员参赛数目方面打破了这种男女不平等的历史，成为历史上第一届在比赛场上实现性别数量均等的奥运会。这一重要成就的取得，得益于 IOC 领导的大量举措，以及与 2024 年巴黎奥运会组委会、国际单项体育联合会、各国奥委会和广播公司等奥林匹克运动利益攸关方的合作支持。[1] 可以说，奥林匹克运动在性别平等方面取得了长足的进步。

另外，在奥运会上，尽管女选手的人数和所占比重越来越大，女子比赛项目亦越来越多，但是真正的平等并没有实现，因为不难发现，女性虽然参与了奥运会，却未能在奥林匹克运动的决策上有多少地位和权力。从另一个方面来讲，奥运会从一开始就是一个男性主导的运动会。但奥林匹克运动发展了增强女性在现代体育运动中的作用的方法，实现该目标的方法分两步走，即除了在体育运动训练中增加女性运动员的比例，还要让更多的女性走向体育运动的管理岗位。因此，女性需要的是更直接的权力也即在奥林匹克运动中担当领导者和决策者的权力，只有这样才能在奥运会中实现真正的女性权益，与男人一道，为改变国际体育的总体形象、向着"更高、更快、更强，更团结"而努力。IOC 对此亦有所认识。1996 年 10 月在瑞士洛桑召开了世界妇女和体育运动大会，决议呼吁 IOC、国际单项体育运动联合会、国家奥委会应当在其政策、规划和发展中考虑到性别平等，并且应当认识到女性的特殊需要以使她们能够充分积极地参加体育运动。与体育运动有关的女性应得到职业和个人发展的平等机会，而不管她们是否是运动员、教练员还是管理人员。[2] IOC 在它成立的 80 多年中，无一名女性委员。而在 1999 年末，IOC 113 名成员中已有 14 名女委员，完成了 10% 的目标，其中美国女性德弗兰茨（Anita L. Defrantz）

[1] IOC News, Paris 2024: The first Games to achieve full gender parity, Olympics (08 March 2023), https://olympics.com/en/news/paris-2024-first-games-to-achieve-full-gender-parity.

[2] Katia Mascagni, World conference on women and sport, Olympic Rev., Dec.-Jan., 1996-1997, Vol. XXVI, No. 12.

还当选了IOC的副主席。[1] 到2020年，IOC执委中女性占比33.3%，女性委员达到了50%，[2] 在性别平等方面取得了很大进步。女性参与决策层的高级管理对于从根本上改变女性在体育运动中的地位有着决定性的意义，同时对奥林匹克运动的思想、制度、组织等结构体系也会产生重要的影响。进一步追求性别平等化将是奥林匹克运动的一个发展趋势，但仍有许多未了事情要做，因为占统治地位的文化风俗和法令的规定，在发展中国家女性参加比赛的比例不是令人满意的。因此，为了鼓励更多的女性参加奥运会，奥林匹克运动已将更多的女性运动项目纳入未来的运动会之中。

在过去数十年里，女性体育活动有了巨大的变化。无论是参加体育运动的人数、运动项目或是运动成绩，同过去相比都有了很大发展和提高。但是，我们还应该注意到，体育组织的主要领导、管理人员、运动队的主教练等职位主要由男性担任，女性依然很少；[3] 女子运动很难争取到像男子运动那样数量巨大的社会赞助，男女运动员同样赛事获得的奖金可能差额巨大；大众传媒对女性运动员的报道更多集中于负面消息，而不是她们的成就和努力拼搏精神等。这一切都表明体育中的性别平等还只是一种理想。

二、调整女性与体育运动的国际法之发展

在反对歧视女性的问题上，联合国及其有关机构做了很多的工作。1948年《世界人权宣言》第1条规定："人人生而自由，在尊严和权利上一律平等。他们赋有理性和良心，并应以兄弟关系的精神相对待。"1952年的《保护妇女权利国际公约》使联合国感到有必要在国际范围内消除性别歧视，而在20世纪50年代也有一些人权公约和人权组织呼吁保护女性的平等权。不幸的是，IOC正是在当时作出了女性参加奥运会的项目只能限制在"女性专门适合于女性的比赛项目"的决定。以女子田径比赛为例，1928年以来将女子短跑比赛限制在200米的禁止性规则延续了32年，终于在1960年的奥运会上设立了女子800米跑比赛。[4]

1966年联合国妇女地位委员会起草《消除对妇女歧视宣言》之前，并没有把性别歧视作为一个重要的问题来加以对待。尤其是，该宣言要求成员国在其国内成立

---

[1] 张昕：《女性与奥林匹克运动》，载《大连大学学报》2001年第5期。

[2] IOC News, Paris 2024: The first Games to achieve full gender parity, Olympics (08 March 2023), https://olympics.com/en/news/paris-2024-first-games-to-achieve-full-gender-parity.

[3] 2020年东京夏季奥运会，女性教练占比13%；2022年北京冬季奥运会，女性教练只占10%。

[4] Martin v. IOC, 740 F. 2d 670, 681 (9th Cir. 1984).

反对性别歧视的委员会，保证男女平等享有一切经济、社会、文化、公民和政治权利。1967 年 11 月联合国大会通过了《消除对妇女歧视宣言》的第 2263（32）号决议，鼓励适用基本的人权标准来解决性别歧视问题，要求成员国建立完善该宣言的国家报告制度。这是第一个以妇女为主体阐明女性各方面人权的国际性文件，当时正是 1967 年 4 月凯瑟琳·斯韦泽（Kathrine v. Switzer）参加波士顿马拉松赛几个月之后，其是参加比赛的唯一女性，而其时波士顿马拉松还只是一个仅限男性参加的活动。

随着《消除对妇女歧视宣言》的通过，根据其精神，联合国妇女地位委员会也在极力推动国际范围内的性别平等。联合国大会于 1972 年 12 月通过的第 3010 号决议宣布 1975 年为国际妇女年，其目的是推动男女平等并确保女性充分参与全面发展的努力，尤其要强调女性在国家、区域和国际的层面上对于经济、社会和文化发展方面所担负的职责和重要发展任务。而在当时，1972 年慕尼黑奥运会上才首次将女子 1500 米跑比赛列入奥运会项目中。

1976 年，联合国妇女地位委员会起草了《消除对妇女一切形式歧视公约》。经过讨论和修改，联合国大会 1979 年 12 月 28 日第 34/180 号决议通过了《消除对妇女一切形式歧视公约》。尽管如此，国际奥委会好像对联合国的行动还是不为所动，其表现就是 1980 年莫斯科奥运会上女子田径距离最长的项目仍然是 1500 米。

在 1979 年《消除对妇女一切形式歧视公约》制定之前，在有关性别平等的诸多国际公约和文件中，似乎没有一个文件提到体育运动中的平等问题。也许早期女性运动的重点主要是消除社会中的性别歧视而不是推动性别平等，更多的是消除因为性别而对女性实施的暴力问题，以及针对女性而实施的更加严重的类似奴役行为。随着女性运动的发展，以联合国妇女地位委员会为主的团体从事性别平等的工作重点开始转向更广的反歧视范围，包括教育、劳动、健康、政治和社会生活的许多方面都涉及性别平等问题，这也包括享有平等参与体育运动活动的权利和机会。[1]

根据《消除对妇女一切形式歧视公约》第 10 条（g）款规定，缔约各国应采取一切适当措施以消除对女性的歧视，以保证女性在教育方面享有与男性平等的权利，特别是在男女平等的基础上保证“积极参加体育运动的相同机会”。截至 2024 年 5 月，已经有 189 个国家批准了该公约。根据条约法的有关规定，这些批准该条约的

---

〔1〕 Chantalle Forgues, *A Global Hurdle: The Implementation of an International Nondiscrimination Norm Protecting Women from Gender Discrimination in International Sports*, 18 Boston University International Law Journal 247 (2000).

国家就有义务遵守并执行该条约的各项条款，包括第 10 条（g）款，也即这些国家有义务为女性提供平等的参与体育运动的机会（对该条款提出保留除外）。

尽管如此，应当承认的是，国际体育运动中的性别平等仍然是一个亟须继续为之奋斗的问题。至少对于那些签署批准《消除对妇女一切形式歧视公约》的国家来讲，根据有关条约法的规定，确保女性享有和男性同等的参加体育运动的机会是其应尽的义务。问题是，《消除对妇女一切形式歧视公约》并没有对其执行问题作出任何规定，其条款规定也较为宽泛，因此执行起来也较为困难。可喜的是，联合国专门为执行公约成立了“消除对妇女一切形式歧视委员会”，任何个人、团体或者政府都可以就公约条款包括第 10 条（g）款的执行问题向该委员会提出申诉，委员会有权提出建议或者恰当的解决方法来消除成员国国内对女性的歧视行为。

1993 年维也纳世界人权会议特别关注实现人权中的性别不平等问题。会议明确承认，女性权利即人权，女性的人权是普遍人权的不可分割的部分，构成了联合国人权活动的必要组成部分，它包括直接或间接与女性有关的人权手段的改进。尽管自 1995 年北京第四次妇女问题世界会议以来取得了进步，但歧视女性现象仍在各个区域和社会中存在，系统和公然侵犯女性人权的问题也在法律和实践中屡见不鲜（见本章参考案例一）。

总之，在国际体育组织的积极推动下，参与奥林匹克运动等国际赛事的女运动员人数、女子项目数不断增加，国际竞技体坛已出现了性别平等化趋势。经过多年的艰苦努力，女性终于在这些国际体育组织和国际体育管理机构中有了一定的地位。女性体育运动的发展得益于经济与社会的发展所提供的更多的机会、女性解放运动对女性社会形象的改变、女性体育的法律保障等多方面的因素。女性体育运动的道路还很漫长，在还没有完全实现男女平等的今天，女性还需要靠自身的努力来证明自己在体育方面的创造才能和参与体育赛事的平等机会。无论如何，国际体育运动中女性参与的权利得到了越来越多的保障，但在女性运动员参与体育运动过程中的自身权利保障还需要继续努力（见本章参考案例一）。

第三节　弱势群体参与国际体育运动的权利

平等是人权的基础。基于该概念可以得出，所有的人都享有国际人权宪章所规定的权利。然而实际上该主张并没有得到严格意义上的遵守，因为人类中的弱势群体不能了解或实现他们的全部权利，譬如儿童、残疾人、难民、老年人、儿童等因各种各样的原因面临着某些无能力去做的事情，包括对参与国际体育运动的无能为力。可喜的是，冷战后联合国人权法律文件的起草工作重点转向了对弱势群体的权利保障，强化对国际人权法律文件所关注的或各种文件所需要保护的特殊群体的权利保障机制。目前在联合国人权组织以及 IOC 的努力下，这些弱势群体参与国际体育运动的权利得到了一定程度的改善，尽管这些改善还可能是不完全的，在某种程度上还不能真正体现完全平等。

一、儿童从事国际体育运动的权利

儿童从小的方面来说是每个家庭的希望，从大的方面来说是国家乃至整个民族的未来。他们能否健康成长直接关系到每个家庭的幸福，甚至会影响社会的安定与发展。所以，必须关心儿童的身心，使其健康成长，并且为其提供良好的条件和社会环境，这是国家和整个社会应当承担的责任和履行的义务。由于儿童运动员的生理、心理和智力都处在发展、变化的时期，他们还不够成熟，只能依赖学校、教练、父母或老师的帮助，因此处于弱势地位。因此为了充分实现他们的权利，他们需要得到关注和保护。

儿童进行体育运动是与生俱来的需要，并且事实上他们多是自发地进行体育运动。体育运动对于增加儿童神经肌肉之间的协调和身体的力量以及教授其社会中的组织行为规范具有至关重要的作用。奥林匹克运动已经意识到了这一点，并且还制定了自己的规划以及与有关的体育联合会进行合作以充分实现儿童的权利。此外，它还和联合国机构以及其他组织联合采取行动以防止诸如影响儿童的药物滥用、贫穷以及行为不良等行为。譬如 IOC 已和联合国儿童基金会以及国际劳工组织签署了合作协定，前一协定的目的是培养儿童的生存保护和发展，后一协定中的规定则是社会正义、人类尊严以及消除童工推动的结果。

虽然一系列国际人权公约，如《世界人权宣言》《经济、社会及文化权利国际公约》《公民权利和政治权利国际公约》《公民权利和政治权利国际公约任择议定书》《儿童权利公约》等对其权利作了相应规定，并且大多国内立法也将其予以承认，但是由于儿童权利理论起步较晚，以及各种政治、经济、文化因素的影响，使得人们曾一度忽视了儿童运动员的人权。只把他们视为受其控制的简单个体，并出现以各种理由借口对其权利进行侵犯的情形。一些人也认为体育运动使某些形式的暴力合法化；还有服用兴奋剂及其对健康造成的危险等问题，如此等等，严重侵犯了儿童运动员的健康权、教育权、隐私权等权利。所有这些严重问题不得不引起对儿童运动员权利保护的重视，需要面对现实采取有效措施以加强对儿童运动员权利的保护。同时，国际体育运动尤其是奥运会中的儿童运动员的人权保护也迫在眉睫，而体育精神的倡导与教育有助于儿童运动员的人权保护。

当讨论儿童权利和竞技性体育运动时，重要的是要承认，《奥林匹克宪章》清楚表达了基本人权原则，其同时又加强了《儿童权利公约》中规定的儿童权利。基于这些共同点，《奥林匹克宪章》极力促进和保护儿童权利；同样，《儿童权利公约》有加强奥运会价值观的潜力。体育运动将帮助儿童和成年人更关心人权问题。但对于 IOC 和国际单项体育联合会等最高层次的体育组织来讲，只有其管理者遵守和促进《奥林匹克宪章》的基本原则，这些基本原则才能塑造儿童运动员的体育精神。

从儿童权利角度而言，《奥林匹克宪章》明确宣布了有关儿童运动员的价值观。当《奥林匹克宪章》阐明奥林匹克的宗旨是使体育运动为人的和谐发展服务，以促进建立一个维护人的尊严的和平社会（基本原则 2），其与《儿童权利公约》拥有共同的最终目标，后者以保证儿童充分协调发展和固有尊严为目标（第 37 条 c 项）。奥林匹克主义进一步追求“促进和平”，正如《儿童权利公约》规定政府承担以下义务，即“培养儿童本着各国人民、族裔、民族和宗教群体以及原为土著居民的人之间谅解、和平、宽容、男女平等和友好的精神，在自由社会中过有责任感的生活”（第 29 条第 1 款 d 项）是类似的。《奥林匹克宪章》也宣称，从事体育运动是一项没有任何歧视、具有奥林匹克精神的人权，奥林匹克精神是相互理解、友谊、团结和公平竞争。不受歧视是人权体系的基石，其和《儿童权利公约》总的基本原则（第 2 条），构成了奥运会价值观的核心。

这些基本原则对体育运动来说至关重要，同时《奥林匹克宪章》也包括了促进和保护儿童运动员人权的其他几个方面的重要价值观：禁止暴力，反兴奋剂，禁止危害运动员健康，反对任何政治或经济上的运动员虐待，以及为运动员提供社会和就业前途。《儿童权利公约》中载入的人权又有助于下述 IOC 目标的实现，包括保护免受各种暴力的权利（第 19 条）；获得最高标准健康的权利（第 24 条）；免受各种形式的政治或经济剥削的权利（第 32、36 条）；受教育的权利和社会参与权（第 28、29、39 条）等。奥林匹克精神价值观和儿童权利利益的趋同性以及后者的法律特性将是在体育运动中实施人权的所特有的优势。然而这又是自相矛盾的，奥林匹克运动很少提及其自身的人权价值观。

尽管《奥林匹克宪章》包含了目前全球范围内体育界的道德价值观，但是至少到目前为止，奥运会道德价值观还未有效促进儿童权利的实现，IOC 很少将《奥林匹克宪章》价值观作为评判尺度，奥运会没有给儿童运动员提供正确有力的道德引导。

二、残疾人的体育权利

直到 20 世纪 70 年代早期，残疾人（disabled persons）问题才得到了国际社会的关注，1971 年联合国大会通过了《智力迟钝者权利宣言》，确认智力迟钝者所享有的权利在可能的范围内与其他人相同。但是残疾人问题却因为国际社会的生态失调而显得更加突出了，至少数亿人正在遭受残疾带来的痛苦和不便。联合国大会意识到了该问题的严重性而于 1975 年通过了《残疾人权利宣言》，把残疾人定义为——任何由于先天性或非先天性的身体或精神缺陷而不能保证自己可以取得正常的个人生活和（或）社会生活上一切或部分必需品的人，这种称呼，因疾废人，是对人的否定。[1] 为了引起国际社会的关注，联合国又成立了一个托管基金以资助残疾人的活动。联合国大会为社会上的残疾人的普遍发展、消除残疾状态以及其易受伤害性而于 1982 年通过了一个规定指导方针的世界行动纲领。

2006 年，联合国大会通过的《残疾人权利公约》将残疾人（persons with disabilities）解读为“包括肢体、精神、智力或感官有长期损伤的人，这些损伤与各种障碍相互作用，可能阻碍残疾人在与他人平等的基础上充分和切实地参与社会。”残疾人称呼的变化，反映的是意义上的重大区别，标志着国际社会对残疾人关注的焦点由残疾人个体的生理损伤转向阻碍残疾人与社会产生良性互动的关系上，从而将“残疾人”由一种固化的类型转化为可变的状态。新残疾观从根本上改变了残疾人与体育的关系，使体育对残疾人有了新的意义，同时使残疾人成为体育发展的新动力。[2]

对体育运动中的残疾人权利的发展和承认也是一个演变的过程。尽管首次残疾人奥运会于 1960 年罗马奥运会之后召开，但当时主要是脊椎残疾运动员参加，而今天的残疾人奥林匹克运动则包括所有类型的身体残疾运动员。现代残疾人奥运会真正开始于 20 世纪 80 年代，是由医学方法到一个体育运动途径的转变。自 1989 年现

---

〔1〕 任海：《新残疾观视域中的残疾人体育》，载《体育学研究》2022 年第 2 期。
〔2〕 任海：《新残疾观视域中的残疾人体育》，载《体育学研究》2022 年第 2 期。

代残疾人奥委会创立之始，到2022年国家残奥会的会员数已经发展到184个，因为国内的、地区间的以及国际间的残疾人体育联合会的成立和提出了明确的目标，残疾人的权利得到了越来越多的承认。国际残疾人奥委会和奥林匹克运动建立了工作关系，并且后者通过资助承认它的管理权甚至拨款举办残疾人运动会。如果越来越多的观众和新闻媒体对残疾人运动会感兴趣，那么残疾人的运动水平、得到赞助的机会以及残疾运动员获得的奖金会逐渐增加。残疾运动员在过去被认为是病人而不是社会的精英，而现在残疾运动员成了社会上青年人学习的典范。

目前的问题是，残疾人除了参加各种专门的残疾人运动会之外，能否和身体健康的运动员一起参加一般性的国际体育比赛是一个需要加以解决的问题。某些国际体育组织在这方面已经有了很好的示范，譬如2005年5月的世界乒乓球锦标赛就有一些残疾人运动员参赛，南非参赛运动员和美国运动员申请参加奥运会的案例表明，在残疾人参加健全人体育赛事的问题上已经取得了一些进展（见本章参考案例二）。

三、难民的体育运动权利

难民问题是一个历史悠久的世界性问题，但难民问题进入国际社会和国际法领域是20世纪20年代的事情。因为产生难民的原因多而复杂，不仅涉及有关国家的历史、政治、社会制度、宗教政策等问题，而且还涉及难民所在国、难民产生国与第三国之间的相互关系，以及联合国难民署与前述有关国家之间的关系等，此类难民问题的复杂性也为国际难民的保护带来一定的困难。1950年12月，联合国大会通过决议，成立向难民提供国际法律保护和物质援助的联合国难民事务署，随后通过了关于难民的两个文件即1951年《关于难民地位的公约》和1967年《关于难民地位的议定书》，确定了对待难民的标准，规定了难民的地位和他们应享有的权利和义务，包括他们的法律地位、就业以及福利等。

随着时间的推移，国际社会保护难民的范围在不断扩大。后来，那些因战争、内乱、饥荒、环境恶化而流离失所的人，尽管没有离开原来所属的国家，也取得了类似难民的待遇，这些人也能得到难民署的帮助和援助。由于难民需要国际性保护，加上解决难民问题需要涉及人员、资金、粮食、运输工具、卫生、教育、劳动就业等各个方面，所以联合国系统的许多组织都参加了这项工作。除难民署外，粮农组织、卫生组织、儿童基金会、教科文组织、劳工组织、世界银行、农业发展基金会等也常常参与其中。在具体项目的实施中，难民署发挥了中坚作用，除了对联合国内部组织进行协调，难民署还同其他组织，诸如国际红十字会和许多非政府组织进行密切联合，共同开展难民的救援工作。

IOC对难民以及无家可归者给予了人道主义关注。IOC对遭受战争破坏的包括波黑塞地区、安哥拉和卢旺达地区在内的难民提供了粮食。另外，由于意识到难民和无家可归者所带来的问题的严重性，尤其是他们其中的大多数是妇女、儿童和老年人，1998年，IOC和联合国难民署共同签署了一个合作项目。为支持IOC的人道主义动议，工业化国家的奥林匹克委员会应向其选择的某个国家或地区的一个或几个难民营提供资助以及体育运动设备。IOC在亚洲、非洲和中美洲已经实施了好几个项目：IOC和联合国高级难民署向尼泊尔的布塔尼斯难民营提供了资金和设备使该地区的年轻人能够获得将来足以维持生活和社会活动的能力，同时修建了运动场和提供了运动服装以增加他们参加体育活动的机会；在加纳，IOC为多民族用的难民营提供了体育运动的基础设施和设备；其后在肯尼亚，大量从苏丹南部逃出的难民所在的卡库马难民营得到了可以购买体育运动设备和建造体育场馆的资金。另外，自1999年3月起，IOC和联合国高级难民署以及科索沃附近国家的奥委会合作商谈对科索沃境内的难民提供体育运动方面的资助。联合国难民署和IOC的合作，在体育运动方面为难民作出了一定的贡献，有助于难民的体育运动权利的实现。

为支持离开其原籍国或长期居住地的难民参加体育运动，IOC执委会于2016年宣布允许选拔难民代表队参加夏季和冬季奥委会，有10名难民运动员参加了里约奥运会，到2020年东京奥运会时难民代表团增加到29名运动员，2024年巴黎奥运会这个特殊的名单增加到36人。问题是，《奥林匹克宪章》明文规定参赛运动员必须代表一个国家，允许难民运动员参赛，意味着执行委员会将其解释为运动员可以不代表任何国家或地区参加奥运会，其解释明显超越《奥林匹克宪章》赋予其的解释权限，破坏了《奥林匹克宪章》的可预测性，也侵犯了属于IOC大会的修改宪章的权利。[1] 尽管如此，IOC借此希望向全世界的难民传达希望的信息，也向国际社会发出了“难民群体也是人类社会的组成部分”的信息，因为难民可以像任何人一样使用其才能和毅力为社会服务，包括参与体育运动。

---

〔1〕 于亮：《〈奥林匹克宪章〉的解释权和修改权之辨——以里约奥运会难民代表队的参赛为例》，载《体育学刊》2018年第6期。

第四节　国际体育运动与新兴人权

国际人权问题是第二次世界大战后发展最快的国际政治与国际法问题之一。战后20世纪60年代和70年代，许多被压迫民族在非殖民化运动中成为独立国家。这些国家为争取民族独立和主权平等所做出的不懈努力对国际人权的发展产生了巨大影响，出现了一些新的人权观点，这些人权主要包括发展权、国际和平与安全权、环境权、食物权以及人类共同继承财产权，等等，它是促进和保障所有个人基本人权的重要前提。这类人权的权利主体不仅是个人，更重要的是由个人组成的集体（包括民族、国家和整个人类社会），因此此类权利的实现更需要整个国际社会的协调与合作。

一、发展权

发展权作为所有个人和全体人类应该享有的自主促进其经济、社会、文化和政治全面发展并享受这一发展成果的人权，最初是由塞内加尔第一任最高法院院长、联合国人权委员会委员凯巴·姆巴耶（Keba Mbaye）于1970年正式提出的。[1] 发展作为一项人权也得到了联合国等更多国际组织的肯定。联合国大会为了使发展权的研究和保护工作更加全面系统地展开，于1979年11月通过了一项决议，明确强调发展权利是一项人权，平等的发展机会既是各个国家的特权，也是各国国内个人的特权。从20世纪80年代起，尽管面临着对发展权基本原理存有诸多分歧与严重冲突的严峻形势，但其主流则转移到如何获取、实现和保障发展权的问题上。1986年《发展权利宣言》的通过，标志着这一转化的开始。该宣言指出“发展权利是一项不可剥夺的人权”，但《发展权利宣言》仅仅是一个宣言，而不是条约，因此其法律约束力是有限的。冷战之后，随着国际格局的多极化，在1993年6月召开的世界人权大会上，发展中国家迫使发达国家作出让步，使其承认发展权是一项不可剥夺的基本人权。

IOC和奥林匹克大家庭内的体育组织在有关发展权方面做了很多工作，这也使所有人都享有从奥林匹克运动产生的物质和精神财富中获益的权利。《奥林匹克宪

---

〔1〕［南斯拉夫］米兰·布拉伊奇：《国际发展法原则》，中国对外翻译出版公司1989年版，第364页。

章》有多条关于奥林匹克团结、合作和友爱的条款。第5条对给予国家奥委会以帮助并且对IOC主席负责的奥林匹克团结基金会作了规定，其行动考虑到了居于奥林匹克运动中心位置的发展原则，即发展体育运动知识，改进运动员的技术水平，培训管理人员，与各个IOC专门委员会合作，鼓励组织体育比赛，促进南北之间的双边合作，以及说服政府部门和国际组织把体育运动纳入其正式发展资助项目。在体育运动领域，发展中国家的水平往往是中等的，并且通常都面临着资金的短缺。缺乏资金首先限制了体育运动基础设施的添置，导致缺少包括特殊体育运动设备在内的训练设备或者是仅仅只能维持现有的设备；缺少资金也意味着体育运动的组织和管理通常效率低下，而且由于获得国内外公司赞助的困难，政府缺少资金的状况则可能进一步恶化。低水平的发展也影响到可以从事的体育运动教育项目，因为经济的限制使人们可以得到的体育教育机会是有限的。因此可以理解的是，在发展中国家长大的年轻人既不可能具有也不可能尝试去了解体育运动所带来的社会价值和社会利益，正是在这种背景下为了帮助发展中国家而成立了奥林匹克团结基金会。IOC主席创立了在青年体育运动领域对发展中国家进行技术援助的国际论坛，并推动成立了国际奥林匹克发展论坛，呼吁各国把体育运动纳入其官方发展资助项目，同时寻求世界银行、国际复兴开发银行以及联合国发展规划署的帮助来承认发展体育运动的重要性。

发展的目的是消除贫困。贫困的含义比较广，并且贫困问题包括许多人权问题，尤其是生存权、工作权以及适当生活标准的权利。1996年，联合国开发计划署与IOC协议通过使用各自专家和联络网用十年的时间努力发展消除贫困的活动以及公共意识来实施联合国消除贫困年活动，此类象征性的合作仅仅是奥林匹克团结含义的一部分。

二、和平权

在第二次世界大战废墟上建立的联合国强调国际关系正常化和保持永久和平的重要性。《联合国宪章》规定的主要宗旨是维持国际和平与安全、发展国际间的友好关系以及尊重人权和基本自由。当世界充满了各种各样的冲突，以及诸如需要发展、削减武器和建立和平等全球关注的事项混合在一起时，就迫切需要一个人权性质意义上的和平概念。《世界人权宣言》第3条规定人人有权享有生命、自由和人身安全，《公民权利和政治权利国际公约》第6条进一步阐述了这个问题，联合国还通过了《人民享有和平权利宣言》，庄严宣布全球人民均有享受和平的神圣权利，维护各国人民享有和平的权利和促进实现这种权利是每个国家的根本义务；同时呼吁各国和各国际组织在国家和国际一级均采取适当措施，尽最大力量协助实现人民享有和平权利，等等。[1]

奥林匹克运动一直把维持和平作为其神圣的目标。《奥林匹克宪章》第1条规定，奥林匹克运动的目的是“通过体育运动在增进相互了解和加强友谊的精神方面教育青年，从而有助于建立一个更加美好的和平的世界”。IOC最重要的事情是在其能力范围内支持联合国和其他政治组织所从事的和平行动。国际体育运动已经跨越了国界，体育运动推动了人类的团结，体育运动是和平的一种形式，但从事体育运动并不等同于为和平而工作。为了达到这个目的，联合国也使用了体育运动这个工具。联合国甚至帮助IOC在奥林匹克休战期间对举办第14届冬季奥运会的萨拉热窝进行了访问。联合国大会根据萨马兰奇主席的建议在1993年通过了两个决议，其中一个把1994年定为体育运动和奥林匹克理想国际年，另一个名为“通过体育运动和奥林匹克理想建设一个和平和更加美好的世界”的决议要求其成员国遵守奥林匹克休战的精神，敦促联合国成员国根据IOC的要求自奥运会开幕前的七天到奥运会闭幕后的第七天遵守奥林匹克休战的规定，要求成员国应单独或集体地采取积极行动以遵守奥林匹克休战，并且应根据联合国宪章规定的宗旨和原则和平解决所有的国际争端。为了促进实施奥林匹克休战的内容，决议呼吁所有的成员国要与IOC进行合作。决议还要求联合国秘书长推动在联合国成员国中实施奥林匹克休战，把国际社会关注的焦点吸引到促进国际理解、维持和平和友谊的休战问题上，并且为了实现该目标应和IOC进行合作。当时联合国秘书长邀请时任IOC主席、各国的青年和体育部部长以及对体育运动负责的机构到联合国来探讨这个问题，这在IOC的历史上、在奥林匹克运动过程中以及对联合国而言都是第一次，一个在联合国内没有发言权的非政府组织及其代表受到联合国大会185个成员国的特别关注。

2000年9月，在纽约召开的有150多个国家政府首脑参加的联合国千年峰会上通过了一项呼吁尊重奥林匹克休战的宣言，即“为了支持IOC努力通过体育运动和奥林匹克精神促进人类和平和相互理解，我们敦促联合国会员国不管在现在还是在未来都应当单独或联合尊重奥林匹克休战的精神”。该宣言是奥林匹克运动的外交上的胜利，也代表国际社会历史性地承认了IOC。

三、环境权

事实上，环境权作为一项人权已为一系列国内和国际法文件所肯定。《斯德哥

[1] 联合国大会第39/11号决议：《人民有和平权利宣言》(1984年11月12日)。

尔摩人类环境会议宣言》第1条规定，人类有在一种具有尊严和健康的环境中自由、平等和充足的生活的基本权利，并且负有保护和改善这一代和将来世世代代的环境的庄严责任。同时，环境权还出现在世界环境和发展委员会的报告（即《我们的共同未来》）中，该报告建议，作为环境保护和可持续发展之中的一项法律原则，所有人有权享有适于其健康和幸福的环境。还值得注意的是，尽管目前环境权在国际人权法上还未准确提出，但作为一项正在形成的权利，在关于人权的两个国际公约和世界人权宣言中可以找到此项权利的要素。[1]

在联合国方面，1972年联合国人权会议后成立的联合国环境规划署（United Nations Environment Programme，UNEP）在与环境有关的各种活动方面起着中心的作用，正是在这次会议上经济发展和环境之间的关系首次得到了承认，并且该行为推动了联合国于1987年建立了联合国环境和发展委员会。1992年被称为地球峰会的巴西里约热内卢环境和发展大会通过的21条议程规定了在所有领域的可持续发展的基础以及全球行动的范围。

对环境的关注是体育运动和文化的不可分割的一部分。为了使运动员能够自由地从事体育运动，保护环境和自然资源是一个非常重要的活动，并且应当是在使环境得到可持续发展的情况下进行体育运动。奥林匹克运动方面有关环境问题的政策大体上基于《奥林匹克宪章》中规定的它对社会所承担的义务。《奥林匹克宪章》确保奥运会应在对环境问题负责的条件下举办，并且鼓励奥林匹克运动应作为对环境问题负责的示范，采取体现这种关注的相关措施，教育所有的与奥林匹克运动有关的人意识到可持续发展的重要性。IOC设立了一个有关环境问题的专门委员会。相应地，为了全人类和全人类的繁荣，它试图把我们的地球保护成为一个宜人的家园。可以说奥林匹克运动试图在人类和环境之间创立一个合作的关系。由于意识到这个对环境的承诺是高于一切的，奥林匹克运动决定把环境问题作为除体育运动和文化之外的奥林匹克主义的第三支柱。相应地，《奥林匹克宪章》适用的范围包含了更广的环境问题。另外，在巴塞罗那举行的1992年第25届奥运会上，为了与里约热内卢决议的精神行动一致，IOC要求其所有的成员签署《地球誓言》。需要注意的是，这个环境策略首次在1994年利勒哈默尔冬季奥运会上得到了正式执行，并且对环境问题的关注将会应用到随后举行的所有奥运会。此外，IOC和联合国环境

[1] 例如，《世界人权宣言》第3条（生命权）；第22条（经济、社会及文化权利）；第22条（适于健康及幸福的生活标准）；等等。该权利的其他要素，载《经济、社会及文化权利国际公约》第12条。参见吕忠梅：《再论公民环境权》，载《法学研究》2000年第6期。

规划署共同组织了第一次世界体育运动和环境大会，签署了一个共同采取行动保护环境的合作协定。而第27届奥运会首次把环境保护作为组织工作的主要内容，提倡绿色奥运。而到晚近，由于气候变化以及可持续发展的影响，大型体育赛事对环境的负面影响越来越突出，IOC等体育组织不能再把自己限于仅仅只是国际环境保护的利益相关者的角色，而应当升级为负有社会责任的工商业经营者和可持续发展的全球伙伴。

四、身体健康权

身体健康权可以被认为是最重要的基本人权之一，它是一个基本的人权并且是社会发展的主要组成部分。《世界人权宣言》第25条阐述了维持一个健康的生活所必需的基本要求，《经济、社会及文化权利国际公约》第12条规定人人有权享受身体及精神健康。联合国组织内的世界卫生组织负有责任实现这些要求，并且大多数世界卫生组织的决议专门规定了减少全球人类卫生状况的不平等，或者是促进人类达到可能达到的最佳身体状况。为了提高对身体健康的意识，每年世界卫生组织都组织有关身体健康的活动。如每年的5月31日为世界无烟日，1996年这一天的主题是“没有烟草的体育运动和艺术”。

奥林匹克运动一直把拥有健康的身体作为其核心的价值，《奥林匹克宪章》第2条第8款和第9款也对身体健康有关的内容进行了规范。为了更好地服务于这个共同的事业，IOC和世界卫生组织签署了一个目的在于共同合作以达到“为全体人健康和体育运动直到2000年”的合作协定。该协定所产生的一个结果之一是自1988年第15届卡尔加里冬季奥运会时起在所有的奥运会上禁烟。在这种情况下，关于在奥运会上禁烟的巴塞罗那宣言尤为值得注意。在巴塞罗那第25届夏季奥运会上宣布禁烟加强了体育运动和身体健康之间的联系，并且指出拒绝使用烟草并不与体育运动和身体健康相违背。为确保该宣言的长期有效性，IOC已经拒绝了烟草行业的公开赞助，这种禁烟运动范围的扩大加强了IOC的名声。另外，减少体育比赛的数量将从一般程度上保护运动员的身体健康。旨在保护运动员身体健康的大量条款完全是正常的，但鉴于体育运动中的金钱的重要性，从事体育运动的年轻人很有可能会成为诱惑和名声的牺牲品。

另一个与身体健康有关的是兴奋剂问题。尽管滥用兴奋剂数十年来一直是国际社会关注的焦点之一，但是直到1991年联合国才通过决议成立联合国国际药物管制规划署，把以前由三个有关的兴奋剂工作机构合为一个。它有义务协调所有的联合国兴奋剂管制规划并且从事其他诸如要求削减、控制非法的兴奋剂运输以及严格执行法律的工作。另外，联合国大会把 1991 年到 2000 年的十年定为联合国反对滥用兴奋剂十年，在该期间内要致力于采取有效的和连续的行动以促进全球控制兴奋剂规划行动的完成。

作为奥林匹克运动的管理者，IOC 在与体育运动中的滥用兴奋剂作斗争方面有一个与各国政府合作组织的世界反兴奋剂机构即 WADA，并在兴奋剂方面制定了某些有关的原则。在法律责任方面，违反兴奋剂的案件中适用严格责任已经得到了公认。这意味着如果在某运动员的身体内检查出了禁用药物，他/她就被认为服用了兴奋剂；因此从严格意义上讲法无明文者不受罚的原则在这儿不适用。[1] 另外，IOC 还和联合国兴奋剂管制规划署签署了一个调动国际社会的积极性以减少和防止滥用兴奋剂的合作协定。

在其他方面，譬如获取食物权也是身体健康权的一个重要组成部分。作为人权的获取食物权已经被国际法律文件所承认：《世界人权宣言》第 25 条专门承认粮食权是人权的一个方面，《经济、社会及文化权利国际公约》第 11 条规定所有人都有为其自己和家庭获取适当生活水准的权利，包括足够的粮食、衣物和住房。为了保证对人的尊重和保护人类尊严，IOC 为遭受战争损害的难民提供了粮食援助，另外 IOC 和联合国粮农组织签署了一个使人类免于饥饿和营养不良的合作协定。

五、国际体育运动中人权的发展

国际人权法和国际奥林匹克运动中的体育运动权是一个范围在不断扩大、内容在不断丰富的权利，它是一项综合性的权利。它的内容不仅涉及自由、平等和不歧视这些国际人权法中的基础性权利，也涉及儿童、妇女、难民、残疾人这些弱势群体参与国际体育运动的权利，以及一般意义上的和平权、身体健康权、发展权、环境权、人类共同继承财产权等权利。它既是一项个人人权，同时也是一项集体人权。它可以以集体人权或个人人权的形式出现，这取决于体育运动的方式和其成员的数量。

国际体育运动促进了人权的发展。以人类共同继承遗产权为例，其范围最初包括国际海底区域及其自然资源、月球和其他天体，但目前人类共同继承遗产原则适

[1] 李智、王俊晖：《兴奋剂违规认定："严格责任"还是"过错责任"——以〈世界反兴奋剂条例〉条款 2.5 为视角》，载《福州大学学报（哲学社会科学版）》2022 年第 1 期。

用的范围有扩大的趋势，正从公海、外层空间、南极等全球性公共区域环境及自然资源扩展到主权国家管辖范围内的世界文化和自然遗产以及某些自然资源上。必须承认，奥林匹克运动最初关注的是西方文化，但随着时间的推移它逐渐包括了起源于其他地方的文化运动，以使自己成为全球文化的缩影。奥林匹克运动把奥林匹克运动场馆作为文化遗产来看待，并且在奥运会的开幕式和闭幕式上的文艺表演以及不同国家的代表身着各自的民族盛装进入运动场的情形反映了奥林匹克运动在文化组合方面的神奇多样性。为了增加对文化遗产的兴趣，奥林匹克运动要求其成员为保持各自的传统体育运动会和传统文化。另外，奥林匹克运动通过与世界知识产权组织进行合作通过了专门将奥林匹克旗帜、火炬和格言作为奥林匹克运动的文化遗产的《保护奥林匹克标志的内罗毕条约》。

联合国被认为是一个通过建立国际和平和安全、进行国际合作、促进经济社会文化发展以及相互尊重人权来改善国家之间的关系的组织，这几个方面的任何一点都是与奥林匹克运动的精神相一致的。而 IOC 和包括联合国难民署、联合国开发计划署、联合国教科文组织、国际劳工组织等在内的组织机构进行了合作。通过合作和努力，在这些联合国专门机构的关注和监督下体育运动规划得到了实现。奥运会组委会、国际单项体育联合会和国家奥委会也对这些体育运动项目的实施给予了帮助。总的来说，奥林匹克道德规范与联合国基本原则之间有一种内在的天然联系。在维护人类和平和促进国际社会团结方面，IOC 是联合国的一个盟友。在不久的将来，IOC 还有很大可能再与联合国在其他问题上签署合作协定。但目前最重要的难题是如何在体育组织与政府间国际组织之间建立此类合作关系以确保该理论走向实践，使得体育运动权不再仅仅是一种口头上的权利，而应当是实际行动中的权利。IOC 在这个方面的行动，尤其是在有关的和平权、环境权、身体健康权以及发展权方面提供了一些可供遵循的例子。体育运动已经并将继续成为一个加深全球相互理解的促进因素，这不仅仅表现在加深体育运动场上的运动员之间的相互理解，而且还表现在加深更广的不同国家和政府之间的相互理解。可以说，人权和体育运动都共同促进了国际关系的演变，国际体育运动中的人权问题是一个应该得到更多关注的事项。

需要注意的是，目前的一个发展趋势是，包括 IOC 和国际足联在内的一些主流国际体育组织，已经纷纷在其章程（譬如IOC正在进行的《奥林匹克宪章》的修改[1]）和申办/主办合同等相关文件中纳入了人权条款，内容为要求未来的国际体育赛事的东道国要遵守国际公认的人权准则以及主办国承认的国际人权标准，在申办报告等相关文件中要对人权影响问题进行评估，同时在筹办和主办过程中也要尊重人权。[2] 鉴于人权问题的复杂性以及人权标准的政治化，此类条款的实际履行可能会在不同社会制度以及不同发展程度的国家之间造成一定的分歧。

第五节 国际体育运动中跨性别运动员的权利保障

参考案例

一、阿富汗足协主席禁足案

案例来源：CAS 2019/A/6388 Karim Keramuddin v. FIFA, award of 14 July 2020.

K于2014年到2018年担任阿富汗足协主席，同时也曾经担任2012－2014年国际足联U－20世界杯组委会委员。2018年底，意大利《米兰体育报》曝光了阿富汗足协官员对女足球员的性侵丑闻，其中就包括时任阿富汗足协主席K。这一丑闻引起巨大反响，国际足联道德委员会的调查庭（investigatory chamber）于2018年11月30日向阿富汗足协发出调查函，指出将就阿富汗女足主要赞助商公开的“阿富汗足协的男性官员给女球员带来的严重的精神、身体、性虐待和平等权”问题进行调查。当天的《卫报》对此事进行了报道，指出国际足联正在调查函阿富汗女足球员是否遭受足协官员尤其是足协主席在性和身体上的虐待。12月8日，阿富汗检察部门告知国际足联已经对足协主席K在内的部分男性官员进行调查并且临时中止其职务。

通过Skype和电话对5名球员进行了访谈后，国际足联道德委员会的调查庭于2018年12月12日裁定对K临时禁足90天。K上诉后，国际足联道德委员会的裁

---

[1] See Mark James, *Human Rights and the Olympic Charter*, 23 (3) The International Sports Law Journal 267 (2023).

[2] Daniela Heerdt, *Tapping the potential of human rights provisions in mega－sporting events' bidding and hosting agreements*, 17 (3－4) The International Sports Law Journal 170 (2018).

决庭（adjudicatory chamber）于2019年1月8日驳回其上诉并维持临时禁足的裁决。2019年3月8日，调查庭又将临时禁令延长90天。2019年4月23日，调查庭告知K根据FIFA《道德准则》要对其启动正式调查程序，并于5月7日发布最终的调查报告，认为K违反了相关规定。国际足联道德委员会的裁决庭于2019年6月8日裁定K违反了2018年版FIFA《道德准则》第23条（保护身体和精神健康）和第25条（滥用职权），对其作出终身禁止从事国内和国际性的与足球有关的任何活动以及罚金100万瑞郎的处罚。K对此表示不服并向CAS提起上诉，但CAS最终支持国际足联对K的禁赛决定，驳回了上诉。该裁决主要涉及两个方面的问题：

首先，是匿名证人的问题。申请人要求仲裁庭公开匿名证人以及相关的来往文件，以证实有关的指控不合理。仲裁庭指出，作为一个原则问题，匿名证人的听证会本身是不能禁止的，因为这违反了公平审判的基本权利，而此类权利是《欧洲人权公约》（ECHR，第6条）和《瑞士宪法》［第29（2）条］承认的。因此，当通过匿名证人陈述的方式提供证据时，发表意见和获得公正审判的权利会受到影响，但如果情况允许并在满足某些严格条件时，匿名证人仍然可以被允许而同时没有侵犯这种权利。在这方面，应确保交叉询问的方式是通过“视听保护”和法院对匿名证人的身份和声誉的深入检查来进行的。证人的匿名是必要的，如果他们的身份被其证明的当事人知道，可以避免被报复的风险。根据CAS规则规定的某些期限的延长也可能抵消对检查证人身份的权利的限制。

根据CAS规则第R44.2条，一方有责任让自己及其证人出席听证会。在这方面，尽管听证会的日期是由专家组与双方协商确定，并且当事人有权出席听证会，但当事人未能亲自或通过电话或视频会议参与听证会。此外，对证人进行听证会后的录像询问将违反诉讼程序适用的规则，尤其是CAS规则第R51条。事实上，根据瑞士法律，出示证据的权利必须及时行使，即在听证会结束之前并根据适用的正式规则行使，且应保证录音的真实性和交叉询问证人的能力。无论如何，上诉仲裁程序纠正了先前案件所指称的任何程序违规行为，因为CAS仲裁庭正在重新审理此案。

如果没有令人信服的证据表明证人有个人未公开的理由指控足球官员违反国际足联道德准则或他们编造了这些故事，则没有理由怀疑类似证人证词的可信度和可靠性。此外，就算一份匿名证人证词本身不足以将一个人定罪，但是档案中不仅有一份匿名证人证词，还有经过交叉询问所得的来自匿名证人的五份独立、连贯、一致和可靠的证人证词，这是相关的。此外，相关国家总检察长办公室出具的支持证人在 CAS 面前作证的文件可作为额外证据。

其次，是申请人自身行为的违规问题。根据 FIFA《道德准则》第 23.1 条，任何足球官员都有义务保护、尊重和维护他人的完整性和人格尊严。毫无疑问，申请人性侵犯和虐待了四名球员并强奸了另一名球员，未能遵守该条款中规定的保护和安全原则。同时，根据英语中“性骚扰”的常见含义，申请人还对球员进行了口头和/或身体上的性骚扰。申请人利用他担任国家足协主席的职位，更具体地说，利用球员在体育和经济上对他的依赖，试图获得性好处，或者是让球员亲自到他的办公室与他会面，以便他可以对她们进行性骚扰和性虐待，此类足球官员利用其职位谋取了私人目的或利益。

CAS 指出，滥用职权进行性骚扰、虐待甚至强奸是最严重、非法和不道德的行为，因此，显然有必要阻止任何国际足联官员在未来发生类似的不当行为。这是一种可耻的罪行，任何官员都不能容忍，更不用说国家足协的主席了，他有责任为足协雇员、与足协相关的其他个人以及更普遍的参与足球世界的所有人树立正确的榜样。对于因贿赂、腐败和比赛造假有关的违规而对相关官员实施终身禁赛并处以 100 万瑞士法郎的罚款，与诸如滥用职权进行性骚扰、虐待和强奸等前所未有的严重案件的惩罚当然是相称的，而这是国际足联规定允许的最高处罚。

二、残疾运动员参加健全人奥运会

案例来源：CAS 2020/A/6807 *Leeper v. IAAF*, award of 23 October 2020；CAS 2008/A/1480 *Pistorius v. IAAF*, award of 16 May 2008.

2000 年，国际田联经受了一个主攻 400 米跑的双侧截肢运动员 L 的挑战。2019 年 7 月 L 向国际田联申请参加 2020 年奥运会选拔赛，国际田联邀请众多专家论证，结果表明 L 佩戴假肢后，比常人双腿高出大约 15 厘米，身高的增加使他在 400 米比赛中获得大约几秒钟的竞争优势，因此拒绝其申请，L 向 CAS 提起仲裁诉求。该争端涉及的主要法律问题是前述国际田联相关条款的有效性，即运动员有责任证明缺乏通过使用机械辅助设备获得的整体优势。CAS 仲裁庭指出，虽然该条规定表面上是中性的（从它平等适用于所有运动员的意义上说，无论是否有任何残疾），但该规则的实际效果对于残疾运动员来说可能要大得多，因此，该规则可以被定性为“间接歧视”。为此，仲裁庭需要评估国际田联是否提供证明表明关于举证责任的规定是合法并且是相称的。对于该问题，CAS 承认，“像国际田联这样的国际体育管理机构有合法权利采取这样的观点，即公平要求竞技体育运动的结果应该由固有的身体天赋、训练和努力来决定，并且运动员在比赛过程中不应该使用一种比不使用此类技术的运动员整体更有优势的方式进行比赛的人工技术。在机械辅助设备是大多数运动员在实践中无法使用的辅助设备的情况下尤其如此。”另外，CAS注意到，像L这样的残疾运动员“在其成绩能够与健全的竞争对手并驾齐驱的情况下将根本无法参加国际田联认可的赛事。专门为防止残疾运动员参加国际田联认可的赛事而制定的规则不能说是为了追求合法利益。”仲裁员承认，国际田联的相关规则旨在追求确保竞技体育的公平性和完整性的合法目标。

CAS强调，国际田联未能为残疾运动员提供“必须遵循的清晰、易于理解和结构化的流程”，以确定他们是否参加比赛。就其举证责任的分配而言，该规则应被宣布为非法和无效。因此，CAS专家组宣布规则中与举证责任相关的部分规定“视为删除”，并提出了修改建议。最终，CAS裁决部分维持了L的诉求，即国际田联规则第6.3.4条是非法无效的，因为它将举证责任放在希望使用机械辅助设备的运动员身上，其要证明使用机械辅助设备不会为运动员提供比不使用这种辅助设备的运动员更高的整体竞争优势；国际田联已经在高度盖然性（balance of probabilities）的基础上确定L使用的特定跑步专用假肢使他比不使用此类机械辅助设备的运动员具有整体竞争优势，因此L不得在奥运会或世界田径系列赛中使用他特定的跑步专用假肢。

2004年雅典残奥会上获得一金一银的南非双截肢短跑运动员O再次挑战了国际田联的相关规则。该运动员申请参加北京奥运会，2008年1月14日被国际田联拒绝，理由主要是其使用的含有碳纤维弹簧片的假肢使O拥有了相对于身体健全的运动员的巨大优势。O上诉至CAS，CAS认为国际田联未能提供生物力学效应的证据证明O使用特殊的假肢装置（Cheetah Flex – Foot）能够使其比其他不使用该装置的运动员更具优势，而且没有足够的证据表明使用的双截肢者有任何代谢优势，CAS裁定这个21岁的南非人有资格与健全的运动员比赛，推翻了国际田联施加的禁令。

该案的焦点是国际田联相关规则规定的证明标准问题。当时国际田联规则144.2（e）条规定，就本规则而言，以下行为应被视为协助，因此是不允许的，“使用任何包含弹簧、轮子或任何其他元件的技术设备以为用户提供了比不使用此类设备的其他运动员更好的优势”。CAS裁定，尽管该规则没有明确分配举证责任，但当事人都认为国际田联有责任证明“优势”的存在。关于证明标准，CAS仲裁庭决定将采用“高度盖然性”标准，因为它不认为该问题是需要更高标准（例如“舒适满意度”）的规范问题。而且尽管O在德国科隆体育大学的监督下进行了一系列性能测试，但CAS仍然认为产生的科学证据尚无定论。具体来说，对仲裁庭来说，有关证据不足以得出足够有力的结论，即相对于健全的竞争对手，O（使用假肢的双截肢者）不享有整体性优势，因为残疾运动员在次最大跑步速度（sub－maximal running speed）下使用与健全跑步者相同的氧气量并且没有证据表明使用这种特殊假肢装置的生物力学效应能够使残疾运动员比其他不使用该装置的运动员更具优势，因此不能禁止残疾运动员与健全运动员一起参加国际田联认可的赛事。国际田联迅速作出回应，尊重仲裁庭裁决，允许O正式参加健全人比赛，包括北京奥运会，前提是O要达到奥运会参赛标准。O参加了北京残奥会，并获得3枚短跑金牌。随后，O参加了国际田联的一些健全人赛事，并于2012年参加伦敦奥运会的400米跑比赛，这也让O成为奥运会历史上第一位参加奥运会的双腿截肢的残疾运动员。

与游泳比赛中运动员身穿不断更新的"鲨鱼皮"参赛的游泳选手或是日新月异的跑鞋征战的跑步选手不同，类似O这样的残疾运动员所使用的更高性能的义肢似乎已经远远超出"装备"的定义，再加上其自身神奇的赛事成绩让国际田联等国际体育组织面临着前所未有的挑战，但是国际田联或者其他现有的体育规则中找不到关于高科技装备对于选手辅助能力的明确限定，在确保个体运动员的参赛权利和保证公平竞争的环境的两难取舍中，国际田联选择了后者，CAS则支持了前者。O案裁决后不久，国际田联修改了《比赛规则》，禁止"使用任何机械辅助设备，除非运动员能够在平衡概率的基础上确定使用该辅助设备不会使他比不使用该辅助设备的运动员获得总体竞争优势"（规则144.3（d）条），这样就将举证责任转移到声称有权使用机械辅助设备参加比赛的运动员身上。

从更广泛的角度来看，L案和O案的裁决无疑代表国际体育运动朝着包容性体育运动和体育竞赛迈出重要一步，即国际和国内体育管理机构不得采用直接或间接歧视残疾运动员的规则，或者，至少在没有非常充分的理由的情况下不得采用此类规则。同时，体育管理机构面对科学上的复杂性和不确定性影响或需要大量证据工作的问题时，应明确举证责任的分担，尤其是不要试图将沉重的举证责任转移到运动员身上。至少要认识到，无法通过科学来定义公平的竞争环境，或者至少不能仅通过科学来定义，因此将所有期望寄托在科学上以解决体育包容性造成的社会困境是不合理的。

最后重述一下O案中仲裁庭的结论，即国际田联必须根据具体情况评估每位运动员未来的情况，"但是，如果确实造成额外负担，则必须将其视为只是21世纪生活的挑战之一"。显然，此类挑战才刚刚开始，挑战的对象不仅仅限于国际田联，还有其他的国际体育组织。重要的是，残疾人运动员能否享有和健全人一样的体育权利，以及借助机械等外力工具是否给残疾人运动员带来不公平的竞争优势，这不但需要科学证据，更需要社会学和法学方法的考察。

第五章　国际体育运动中的兴奋剂问题

体育运动将全球各地不同民族、种族、性别和年龄的人们召集在一起，提供了欢乐、公正、尊重和平等的基本原则。体育运动的全球化以及过度商业化导致出现了越来越多服用兴奋剂的行为，使用兴奋剂已成为体育活动中屡禁不止的现象。另外，当前业余运动员或普通人士也正在出现越来越多的使用兴奋剂的行为。为了保护体育运动的健康发展、运动员的权益以及体育伦理道德，必须对这种使用兴奋剂的行为实行控制。

服用兴奋剂的行为违背体育道德、医学道德以及公平竞争的精神，与尊重运动员身体健康的基本原则背道而驰，同时践踏了由IOC、国际单项体育联合会以及各国奥委会所颁布的竞技体育的治理规则，甚至在某些情况下构成违反相关国家的国内法以及国际规范。从总体上讲，各国立法不能通过传统的方式来解决这个问题，法院又不愿意对违规者实施刑事处罚，[1] 而罚金也不能作为一个有效的威慑手段，因为对体育运动员实施兴奋剂违规处罚的管辖权主要是由体育组织来行使的。因此，IOC、国际单项体育联合会、各国奥委会、CAS以及WADA是反对在体育运动中使用兴奋剂的主要力量。不过，在预防、教育、培训、提供信息以及反兴奋剂规定的协调和实施处罚措施方面，各国政府的作用是最基本的，但是国际间也需要国际组织与各国政府的合作，因为兴奋剂问题已经发展成为一个全球性的问题。为此，各国政府应开展预防教育活动，首先承担起宣传教育的职责来维护公民健康。联合国及其下属组织，包括世界卫生组织、联合国国际麻醉品管制署、联合国教科文组织，连同各洲、各地区间的政府和非政府组织也应在它们各自领域作出应有的贡献。

具体到政府和非政府间国际组织，欧洲理事会在1989年9月签署了《反兴奋剂公约》，其序言指出，“公共当局和体育组织在反对体育运动中服用兴奋剂的行为方

[1] 兴奋剂的国内刑法规制已经在很多国家成为现实。参见喻海松：《兴奋剂犯罪刑法规制的基本问题——以〈中华人民共和国刑法修正案（十一）〉的相关规定为中心》，载《体育科学》2021年第11期。

面有共同的责任”。2002年9月，欧洲理事会又在华沙通过了对该条约的附加议定书。欧洲理事会还联合WADA、IOC以及FIFA等创立了反兴奋剂公约检查组，以监督各国实施反兴奋剂公约的情况。在国际体育组织方面，1994年1月，IOC和其他体育组织通过了《洛桑宣言》，同意应当同国家政府有关部门进行合作，国家机关和独立的体育组织负有各自单独的但是又有互相合作的责任来消除体育运动中的兴奋剂行为。也即，国家机关和体育组织都有权力对违反兴奋剂的行为进行管辖，所有主要的体育主管部门应共同携手反对兴奋剂。[1] 后来IOC成立了由政府代表和体育运动代表共同参加的WADA，制定了WADC。联合国教科文组织牵头开始了《反对在体育运动中使用兴奋剂国际公约》（以下简称《反兴奋剂国际公约》）制定过程，该公约的制定既是UNESCO与其他国际组织以及各国政府共同努力的过程，也是政府组织和非政府组织进行合作的典型示例。

第一节　国际体育运动中兴奋剂规制的发展

在体育运动中，兴奋剂问题总是和丑闻联系在一起的，可以讲，自从竞技性体育运动产生之日起就有了依靠服用“兴奋剂”及其类似物质提高比赛成绩的做法。不过，对兴奋剂的认识是和科学技术紧密相连的，在早期，只要运动员服用了能够提高比赛成绩的物质（譬如咖啡因、可卡因以及酒精类物资等）就属于服用兴奋剂的行为，而不用考虑有关当事人的意图。在反兴奋剂的历史发展过程中，WADA、《反对在体育运动中使用兴奋剂的哥本哈根宣言》以及欧盟的努力都是非常重要的。

一、禁止使用兴奋剂的发展过程

国际体育运动中的禁止兴奋剂最早出现在20世纪20年代。1928年，国际业余田径联合会开始对兴奋剂行为进行控制。但是由于其实施的只是技术上的措施而没有采取检验兴奋剂的做法，这没有从根本上产生禁用兴奋剂的效果，而其他的国际单项体育联合会也是如此。20世纪50年代广泛应用于体育运动中的合成类荷尔蒙更是加剧了服用兴奋剂的现象，这也促使更多的国际单项体育联合会关注兴奋剂问题。1960年的罗马奥运会上丹麦自行车选手因服用过量的苯丙胺兴奋剂而在比赛过

---

〔1〕 Matthieu Reeb ed., *Digest of CAS Awards (1986–1998)*, Editions Stæmpfli SA, 1998, p. 526.

程中死亡，促使国际奥委会下定决心开展反兴奋剂斗争。1966 年，在国际自行车联盟（UCI）和国际足联的世界锦标赛上开始对兴奋剂进行检测。国际奥委会医学委员会于 1967 年发布了第一个禁用物质名录，并在 1968 年的墨西哥城夏季奥运会上和法国格勒诺布尔冬季奥运会上开始进行首次兴奋剂检验。

如果说 20 世纪 70 年代体育运动中服用的兴奋剂主要是合成类固醇的话，那么在 20 世纪 80 年代出现的问题则是在有关国家政府支持下的服用兴奋剂行为，譬如西方的一些人士指出，前民主德国的运动员就屡次得到政府资助服用兴奋剂。在其三十多年历史的后半段，德意志民主共和国在夏季和冬季奥运会中始终保持着前三名的位置。多年来，人们一直怀疑其所得奖牌的纯洁性，但是直到 1989 年柏林墙倒塌，两德于 1990 年统一之后，一些运动员和游泳选手才站出来承认他们的成就是兴奋剂促成的。[1] 其服用兴奋剂计划的目的，是要通过体育领域的荣耀显示出想象中的制度优越性。

1988 年，汉城奥运会上的约翰逊（Ben Johnson）兴奋剂事件使得国际奥委会剥夺了其获得的男子百米跑金牌，也使人们认识到有必要清除体育运动中的兴奋剂行为。而在 1998 年环法大赛期间，越来越多的选手甚至整个队伍因为查出服用药物而被取消比赛资格，多支车队退出比赛。环法自行车赛上的兴奋剂丑闻则直接促使了 1999 年 WADA 的成立。WADA 由奥林匹克运动和有关国家政府及国际政府间组织代表共同筹建，其宗旨是保障运动员参加无兴奋剂的体育运动的基本权利，从而增进世界范围内运动员的健康、公平与平等；确保在发现、遏制和防止使用兴奋剂方面形成国际和国家层面上协调一致的有效反兴奋剂体系。自此以后，世界反兴奋剂工作有了一个常设的负责机构，这也促使国际社会尤其是政府间国际组织开始涉足反对兴奋剂的工作。

随着时间的推移，新的兴奋剂技术和种类也在不断出现，包括血液兴奋剂、EPO（促红细胞生成素）以及基因兴奋剂等。基因兴奋剂是指利用可提高运动成绩的 DNA 对运动员进行基因改造，以提高运动能力的基因、遗传元件或细胞，这种可怕的、更为隐蔽、更加危险的基因兴奋剂将改变体育运动的初衷，体育不再是为了强身健体，而是危害健康了。为了保证运动员的身体健康及竞技比赛的公正性，国际奥委会、WADA 和国际运动联盟已经将基因兴奋剂列入违禁药。由于基因兴奋剂导入的外源基因与生理 DNA 的高度一致性，基因兴奋剂的检测较之于药物兴奋

[1] 参见刘波：《原民主德国竞技体育体制分析与评价》，载《上海体育学院学报》2017 年第 5 期。

剂更加困难，而试图检测基因载体的间接检测方不是特别有效，不过近些年研究人员也发展出了一系列直接或间接的检测基因兴奋剂的方法。[1] 虽然目前检验基因兴奋剂的有效方法还在发展中，但是为了取得反基因兴奋剂战斗的主动权，国际奥委会在 2003 年推出的新规则上明文禁止使用基因兴奋剂，WADA 也于 2004 年将基因兴奋剂列入禁用药物和方法之列。

随着兴奋剂制造技术的发展，传统的尿检和血检方法已经不能完全检测出某些新型的兴奋剂，因此国际体育界开始采用运动员生物护照（athlete biopassport）技术，根据运动员生物生理指标的变化确定是否服用兴奋剂。运动员生物护照是显示某一特殊的运动员所有的生理信息资料以便发现其是否服用兴奋剂的电子文件，其基本原则是根据对特定运动员的生物学指标变化的监督确定其是否服用兴奋剂。换句话说，就是基于监测运动员不同时期的生物生理变化而促进纵向的、间接的兴奋剂检测，并非传统的直接兴奋剂检测。通过分析非正常的数据变化可以判定运动员是否使用了兴奋剂或是否需要进行兴奋剂检测，而传统的呈阳性的报告则不再成为必要。如发现非正常变量，则需要调查是否存在违反兴奋剂规则的行为，或必要时进行有针对性的检测。在合理的情况下，非正常的生理变化可以导致兴奋剂违规行为被发觉。在反兴奋剂运动中，由于公平竞赛和保护运动员的身体健康是最基本的要求，因此适用生物护照的优点是深远的。该标准已经得到了若干国际体育组织和国家的认可，也得到了 CAS 的承认。2009 年 12 月，在瑞典斯德哥尔摩举行的 WADA 执行理事会会议上通过了运动员生物护照的协调议定书和操作指导方针，会议的最终成果《WADA 运动员生物护照操作指导方针》对运动员生物护照血样单元背后的科学原理进行了概述，并对该计划的实施提供了具体操作建议。

当然，制造兴奋剂的技术要永远先进于兴奋剂检测技术的发展。毕竟在反兴奋剂史上，针对运动员使用兴奋剂的检测方法总是慢半拍。

二、成立 WADA

兴奋剂问题的控制涉及许多问题，但是如果要在国际体育运动中实施一个完全的兴奋剂检验程序，在法律上和实际上还存在许多困难。如果想达到一定的效果，此种检验程序必须确保检验是在没有事先通知相关运动员或体育官员的情况下进行，并且能够对最有可能使用兴奋剂的运动员也即每项体育运动中最优秀的运动员进行

---

[1] 王嘉禹、赵美萍：《基因兴奋剂检测方法研究进展》，载《分析科学学报》2019 年第 6 期。

检验，因此这需要了解运动员每天的行踪、能够找到其落脚点以及要求他们提供检验样品。如果运动员“失踪”达到两周、三周或者数周的话，对兴奋剂效果的检验就会变得多余。而且到其他国家检验要经过许多正式手续，包括事先通知访问的目的，这些正式手续必然会对可能的检验对象发出警报。在国际体育界，尽管国际奥委会与某些国际单项体育联合会做了许多年的努力，并在1968年的法国格勒诺布尔冬季奥运会开始进行兴奋剂检验，但是体育运动中的服用兴奋剂行为仍然屡禁不止，而且经常成为新闻媒体头版头条报道的内容。几乎没有什么国际单项体育联合会能够贯彻执行重要的反兴奋剂规划，甚至有些国际体育组织对使用兴奋剂的行为假装视而不见或者从制度上忽略这个问题。总体上，对每项体育运动负责的国际单项体育联合会在理论上掌管各自特殊体育运动的所有问题包括执行兴奋剂检验的政策；但在实践中，许多国际单项体育联合会能够利用的人力和物力都是有限的，导致消除使用兴奋剂行为的进展缓慢。在这种情况下，设立一个国际性的兴奋剂机构也就成了国际体育组织首先考虑到的问题。

导致成立WADA的重大事件是1998年的环法自行车大赛。在这次大赛中，法国警方在某些参赛队的物品中发现了兴奋剂并且逮捕了有关的运动员和官员。而随着国家的涉足，受制于公法规制的体育运动可能会逐步减少其吸引力。同时，反兴奋剂的审查应当只限制在那些对运动员身体有害的物质，还是包括具有提高比赛成绩的物质的讨论得到了媒体的极大关注，其结果是国际奥委会可能对兴奋剂问题实行不太严格的监管制度。这也导致1998年8月国际奥委会执行委员会的特别会议上开始讨论设立一个独立的反兴奋剂机构，其采取的行动应是完全中立的，并且要确保没有任何的组织或者集团能够对其实行控制。

国际奥委会执行理事会决定在1999年1月的洛桑举行一次反对在体育运动中使用兴奋剂的全球大会，与会的代表不仅包括奥林匹克运动的成员，也包括各国政府和国际组织的代表，譬如联合国药物控制署、国际刑事警察组织、世界卫生组织、欧洲理事会和反兴奋剂公约的监督小组。在准备会议的过程中，负责筹建WADA的工作组认为，该机构的人员组成应当包括国际奥委会、国际单项体育联合会、各国奥委会、运动员、政府、赞助商、体育产品供应商、运动会的组织者以及药物生产行业的代表。会议期间，国际奥委会的《药物条例》改名为《奥林匹克运动反兴奋剂条例》，这样在兴奋剂问题上就有了一个统一适用的准则。

不幸的是，1998 年 12 月爆发的盐湖城申奥丑闻吸引了更多的媒体关注，[1] 打乱了国际奥委会的工作步骤，以至于疏忽了即将召开的反兴奋剂大会的实质内容。尽管继续召开大会可能会存在一些风险，并且会议议程也有可能会被耽搁，但是鉴于反兴奋剂成就的重要性，国际奥委会还是决定在 2 月召开会议。在这种情况下，会议提出建立一个独立的 WADA，政府代表坚持认为在这样的一个机构中，政府至少必须同等分享其管理权，同时要分担 WADA 的一些费用。

会议的结果是 1999 年 2 月 4 日发布的《洛桑宣言》，其内容包括，服用兴奋剂违背体育运动精神和医学伦理，并且违反了奥林匹克运动规则，对运动员和年轻人的身体健康是一种威胁；反对兴奋剂的斗争关系到奥林匹克运动和其他体育运动组织、政府、政府间和非政府间的组织、整个世界的运动员以及其追随者；《奥林匹克运动反兴奋剂条例》是反对兴奋剂的基本文件，其对兴奋剂的使用作了详细说明，即只要有可能对运动员的身体健康带来危害或者能够提高比赛成绩或者是在运动员的身体组织内查出来的，或者使用了《奥林匹克运动反兴奋剂条例》附件里面禁用的方法就构成服用兴奋剂的行为，不考虑使用的是禁用物质还是方法；该条例的适用范围包括所有的运动员、教练、讲师、官员以及所有的对运动员进行医治的医疗和医药人员等；成立 WADA 以便在 2000 年的悉尼奥委会上正式运作；在反对兴奋剂的斗争中体育组织和政府机构应当进行合作，譬如可以在教育、科学研究、保护运动员的社会和健康措施以及涉及兴奋剂的立法方面进行沟通；政府同意加快成立 WADA 的步骤，并且在 1999 年夏季商谈政府加入以及参与管理的方式，新成立的 WADA 中奥林匹克运动的代表和五大洲的政府代表各占一半。

为了能够加入 WADA，政府代表于 1999 年 11 月在澳大利亚的悉尼举行了一次会议，同意支持 WADA 的活动，并且要求国际奥委会在该机构成立的前两年承担其全部运作费用以便给出各国政府足够的时间来讨论费用的分担问题。为了能够达成一个最有效的运作机构，国际奥委会同意在最初的两年负担 WADA 的运作费用，但是至 2002 年 1 月 1 日起政府就要分担其全部运作费用的 50%。

2000 年 1 月，WADA 召开了成立大会，选举了执行理事会，确立了工作委员会的基本框架。执行委员会的任务是计划 2000 年的预算平衡，重点是即将到来的澳大利亚悉尼奥运会。悉尼奥运会的主要活动是双重的，即在奥运会开幕前进行尽可能

[1] See Nicholas Hailey, *A False Start in the Race against Doping in Sport: Concerns with Cycling's Biological Passport Note*, 61 (2) Duke Law Journal 393 (2011).

多的赛外药检并且在奥运会期间作为一个独立观察员来参与兴奋剂的控制。对奥运会来讲，后一个作用尤为重要；因为在以前的数次奥运会上就有为了在奥运会期间不出现丑闻而抑制可能出现的阳性检验结果的猜疑。

从法律的角度来讲，进行赛外药检面临出乎意料的困难。WADA 必须获得进行赛外药检的合法资格，这需要其与许多国际单项体育联合会进行协商并获得进行赛外检验的授权许可。即使这样做，阻碍也远远大于最初的想象，因为许多国际单项体育联合会自身并没有制定要求运动员接受比赛外药检的规则。在这些体育联合会同 WADA 签订协议之前，为了接受检验某些体育联合会就必须修改自己的规则，而且必须与 WADA 签订合同。这些谈判花费了 WADA 2000 年春夏的大部分时间，以至于直到奥运会开幕前的两三个月才开始进行大批的赛外药检，但无论如何，在技术和推广方面这都是值得的。

WADA 的一个最有趣的法律问题就是其法律地位。WADA 成立的根据是瑞士法并且经过了公证，应受瑞士政府机关的管理，但是其并没有遵守大多数政府组织应当遵守的法定程序。政府方面最初的意思是想把 WADA 转变成一个公共实体，这样一来政府就可以作为其成员参与活动。当然，也要考虑到奥林匹克运动的需求。[1] 至少，政府已经同意组织一个复合组织进行运作。为了协调政府活动，WADA 于 2001 年 6 月在南非开普敦举行了一个非正式的政府间委员会会议，其中政府代表同意根据各洲国家政府的数量来承担各自相关的费用。这样，WADA 中的奥林匹克运动代表和政府机构的成员的数量是相等的。这是一个历史性的行动，为了充分消除体育运动中的兴奋剂现象，体育组织和国家政府联合在一起。这种史无前例的团结是我们消除体育运动中使用兴奋剂行为的最大的希望。

三、发布《世界反兴奋剂条例》

WADA 成立后最迫切的任务就是制定一个统一的体育运动和政府机构都可以适用的世界反兴奋剂条例。与体育运动中使用兴奋剂的行为进行斗争的一个主要的约束因素就是若干国际单项体育联合会，尤其是那些职业体育运动盛行的联合会，因为如果它们对服用兴奋剂的运动员适用重大处罚措施，这些措施就有可能会被国内法院推翻或者大肆缩减。而一个统一的反兴奋剂条例将会体现体育运动和社会价值

---

[1] See Lorenzo Casini, *Global Hybrid Public - Private Bodies: The World Anti - Doping Agency (WADA)*, 6 (2) International Organizations Law Review 421 (2009).

的结合，可以消除这种不一致现象。为此，WADA 的使命应当是“推动和协调各种形式的国际反兴奋剂斗争”。所有的主要国际单项体育联合会和 80 多个国家的政府在 2003 年 5 月 5 日于哥本哈根召开的世界反兴奋剂大会上同意通过 WADC，条例的主要目的在于保护运动员参与没有兴奋剂的体育运动的基本权利，这样做可以保护运动员的健康以及全球范围内的公平和公正，并且确保了在国际和国内范围内兴奋剂的检查、威慑和预防方面有一个协调、同等和有效的反兴奋剂规划。这样一来，对于绝大多数的国际和国内运动员以及体育组织来讲，一个统一协调的反兴奋剂政策首次诞生。在过去一个美国的田径运动员不得不遵守许多组织的反兴奋剂规则和政策，包括美国田协（USATF）、美国反兴奋剂机构（USADA）、USOC、国际田联以及国际奥委会等。而现在，他只要遵守 WADA 的政策就可以了。[1]

WADC 规定的是“严格责任”原则，因此只要在运动员的体内发现禁用的物质该运动员就要负责任，而不用考虑该物质是如何进入其体内的。确保其体内不含有禁用物质是每个运动员的责任，运动员要对其体内出现的任何禁用物质承担责任。因此，为了确定是否违反 WADC 相关条款的规定，没有必要来证明该运动员是否有服用兴奋剂的意向、过失、疏忽等。对于服用兴奋剂的处罚措施，严重违反的是禁赛两年，第二次查出的终身禁赛。WADC 对于“例外情况”也有一定的灵活性。对兴奋剂检验呈阳性的问题运动员有举证证明的责任，如果其在比赛期间检验呈阳性，将被自动取消参赛资格，包括获得的奖牌。如果在赛外检验呈阳性的话，其比赛成绩自动无效，没收比赛所得。而对于参加国际比赛的运动员，如果医疗情况需要对其使用禁用的物质或者方法，可以引用医疗例外的规定。

WADC 自从 2003 年获得通过以来一直发挥着重要作用，但也有一些需要完善和改进的地方。2007 年 11 月，新版的 WADC 在马德里世界反兴奋剂大会上获得各方一致同意通过。新条例实质性和标志性的变化是把运动员第一次用药禁赛两年的处罚提高到四年，在禁赛的同时禁训。运动员的运动生命相对短暂，设想运动员因为用药而被禁赛，有四年时间不许参加比赛，连训练都要受到限制，他们的运动生涯基本就结束了。这等于给用药者“判死刑”，也预示了未来反兴奋剂的一种趋势即检查将更严格，处罚将更严厉，政府也将直接参与反兴奋剂斗争。新的 WADC 就是想警告那些心存侥幸、企图作弊牟利的运动员，他们的违规成本是以身败名裂甚至运动生涯结束为代价的，这样一来 WADC 的震慑作用大大提高。此后，WADA

---

[1] John T. Wendt, *WADA*, *Doping and THG*, 21 (4) Entertainment and Sports Lawyer 1 (2004).

在2009年、2015年和2021年，分别对WADC进行了若干修改，增加了一些新的适用原则，譬如对过失违规者的灵活处理、遵守比例原则和人权保护原则、增设“受保护的人员”与“业余运动员”的新型主体以及设置社会毒品条款等。

四、《哥本哈根宣言》及其重要性

为了使各国政府能够尽快接受WADC的内容，各国政府在2003年哥本哈根的外交会议上通过了《反对在体育运动使用兴奋剂的哥本哈根宣言》（简称《哥本哈根宣言》），[1] 签署该宣言也就意味着各国政府接受了WADC，并把其作为一个普遍适用的准则。为履行该宣言，签约各方应在其各自宪法和其他法律条款允许的范围内做出行动，并承认由于各国政府宪法和法律体系的不同，会有各种不同的反对在体育运动中使用兴奋剂的方法。

宣言的目的在于明确表达签约各方对以下条款达成了一种政治上和道德上的共识，即承认WADA的作用并支持WADA；支持WADA基金理事会在2003年3月哥本哈根世界反兴奋剂大会上通过的WADC；维护世界各国政府间的合作，促进反兴奋剂政策和实践的协调一致；支持尽快启动公约或其他约定的运作，以便能在都灵冬季奥运会首日或开幕前，通过各国政府制定出适用的法规和管理规定而付诸实施。该项工作的安排应由世界各国政府和国际组织的代表共同拟定。

在支持WADC方面，该宣言要求签约各方承认WADC是世界范围内反兴奋剂斗争的基本纲领；在条件允许的情况下，应逐渐调整其反兴奋剂政策与实践，使之与WADC的规定相一致；鼓励从事反兴奋剂工作的国家组织和国际组织在条件允许的情况下采纳并执行WADC；对违反WADC或违反依照WADC制定的适用反兴奋剂规则的体育组织、运动员和运动员后援人员，应采取适当措施扣发部分或全部与训练和参赛有关的政府资助金；以及支持WADA依照WADC规定，承担起进行协调的任务，致力于使反兴奋剂工作统一化和标准化。

而在兴奋剂检查的国际合作方面，由于认识到只有对运动员实施无预先通知的检测，并将采集到的样本及时运送到实验室进行分析，反兴奋剂斗争才能富有成效，宣言要求签约各方应与WADA和其领导下的其他反兴奋剂组织合作，在不违反有关

---

[1] See WADA, *Copenhagen Declaration on Anti - Doping in Sport*, WADA (3 March 2003), https://www.wada-ama.org/sites/default/files/resources/files/WADA_Copenhagen_Declaration_EN.pdf.

东道国法规的情况下，对签约国运动员进行兴奋剂检查，地点可以在运动员本国，也可以在别的地方；在适当的情况下，对采集检样时获得的“体内样本”更快运送或携带过境给予合作；在适当的情况下，共同承认任何遵守 WADC 的反兴奋剂组织所完成的兴奋剂检查程序和检测结果管理；在适当的情况下，与 WADA 合作，对各种反兴奋剂组织所实施的兴奋剂检查进行国际协调；以及鼓励和支持各国政府指定的反兴奋剂组织或非政府反兴奋剂组织之间的互检协议。其他方面，譬如对于监察执行问题，宣言规定对于是否遵守了在公约或其他约定中作出的承诺，将由 WADA 按照与各国政府协商后的决定进行监察。至于过渡期，在尚未签署上文提到的《反兴奋剂公约》或其他约定前的这段时期内，签约各方可邀请 WADA 进行合作，WADA 将协助在各国政府的权力领域内执行 WADC 的规定。

至此，在国际体育运动范围内，有了一个全球性的反兴奋剂机构，以及国际体育运动中适用的 WADC。各国政府通过不同的外交会议承认了 WADA 的合理地位，以及 WADC 的最高适用性。

第二节 《反兴奋剂国际公约》的解读

国际社会反兴奋剂进程的进展不能单独依靠国际体育组织，还要依靠各国政府的合作，尤其是各国政府之间要签订反对在体育运动中使用兴奋剂的有法律约束力的国际协定，这样在反兴奋剂的国际努力方面，就有了具有法律约束力“硬”法加以辅助，可以更好地应对国际体育运动中的兴奋剂违规行为。

一、制定《反兴奋剂国际公约》的必要性

在反对兴奋剂方面，尽管各国、地区间以及国际上通过了许多政府间的国际文件，但是没有一个具有世界范围的法律效力。适用范围较广的两个国际文件是《欧洲委员会反对兴奋剂公约》（及其附加议定书）和《哥本哈根宣言》，而唯一具有法律效力的文件是《欧洲理事会反对兴奋剂公约》（及其附加议定书），不过，这个公

约并不具有全球效力，当时只有四十多个国家批准了该公约，而且主要是欧洲国家。[1] 2003 年通过的《哥本哈根宣言》是应对反兴奋剂活动的迅速发展而提出的，其主要目的是支持 WADA 和 WADC，同时呼吁在 2006 年都灵冬季奥运会之前及时制定一个反兴奋剂公约或者确定国家所须承担的法律义务。但《哥本哈根宣言》并没有法律上的约束力，而且内容不够全面，没有涉及各国政府在反对在体育运动中使用兴奋剂方面所需要解决的所有问题。

2003 年 3 月，WADA 通过了 WADC，其中包含一整套对体育运动加以约束的规则和指导方针。作为一个根据瑞士私法设立的基金会，WADA 理事会由 50% 的政府组织和政府间组织的代表以及 50% 的体育组织代表组成，这种不同寻常的组成结构表明在反对兴奋剂方面各国政府和体育组织必须同心协力、共同行动，如果不相互配合和合作，任何一方都不能取得成功。

各国政府和体育界都承认在反兴奋剂的活动中 WADA 起主要牵头作用，该机构的世界反兴奋剂计划和作为该计划组成部分的 WADC 有两个主要目的：其一是保护运动员参加没有使用兴奋剂现象的体育运动的基本权利，从而促进世界各国运动员的健康以及确保运动员公平、平等地参加赛事的权利；其二是确保国际间和各国在对兴奋剂的使用进行检测、制止和预防方面，实施和谐、协调及有效的反兴奋剂计划。此外，WADA 还制订了四项国际标准，通过对反兴奋剂组织提出技术和运作要求，对 WADC 给予支持。遵守这些标准是遵守 WADC 所必须做到的。

尽管已有许多体育组织签署了 WADC，譬如国际奥委会和国际残疾人奥委会，但是根据国际法，WADC 不具有法律约束力；因此，政府部门之间需要制定一项国际公约，规定各国政府在本国的法规中适用 WADC 所制定的原则而承担的义务。此外，各国政府在打击体育运动中使用兴奋剂的现象方面，还须在体育组织或 WADA 职权管辖范围以外的领域采取行动。这类行动必须与体育运动领域按照 WADC 规定所采取的行动相配合，因为，如果这两种文件之间缺乏协调一致，则有可能被一些人所利用而肆无忌惮地长期在体育运动中使用兴奋剂。

另外，大多数标准文书，无论是国家文书、区域文书还是国际文书，只强调反兴奋剂的检查方法，但这种方法的效力毕竟有限。其他文书，如《奥林匹克宪章》

---

〔1〕 到 2024 年 5 月，有 52 个国家批准了欧洲理事会《反兴奋剂公约》，包括澳大利亚、加拿大、摩洛哥、俄罗斯以及突尼斯等非欧洲理事会成员国。See COE, *Chart of signatures and ratifications of Treaty* 135, COE Treaty Office (Status as of 17/05/2024), https://www.coe.int/en/web/conventions/full-list?module=signatures-by-treaty&treatynum=135.

不具有普遍的法律约束力。因此，制定一项具有普遍性和国际约束力的国际公约是必要的，特别有助于确保各国政府采取措施以反对在体育运动中使用兴奋剂的做法，同时配合体育运动界已经采取的行动，包括在国家层面实施的反兴奋剂活动、国际合作、教育和培训以及研究工作；而且也可以向 WADA 开展的反兴奋剂斗争提供支持，以及对 WADC 和各项国际标准给予支持。

二、《反兴奋剂国际公约》的制定过程

一个国际公约的形成通常是一个漫长且复杂的过程。UNESCO 牵头制定涉及体育运动中的兴奋剂问题的政府间国际公约，反兴奋剂国际公约也一直是 UNESCO 关注的领域之一。2003 年 1 月，UNESCO 组织了一次由 103 个国家的体育部长和高级官员参加的圆桌会议，其目的是在 2006 年都灵奥运会之前通过一个反兴奋剂的国际公约。2003 年末，UNESCO 第 32 届大会考虑到了这项建议，邀请总干事调查体育运动中的反兴奋剂问题并且起草一个国际公约。对于 UNESCO 来说这是很自然的，其坚持的是公平和正义的原则，尤其是其对教育和体育运动的基本价值一直怀有浓厚的兴趣。而对公约关注的除 UNESCO 外，联合国大会于 2003 年 11 月 3 日也通过了有关体育运动促进教育、健康、发展与和平的第 58/5 号决议，特别是其第 7 段指出，邀请“各国政府加快拟定一项在所有体育运动中打击滥用兴奋剂的国际公约，并请 UNESCO 和其他有关国际和区域组织合作协调这项公约的拟定工作”。[1]

UNESCO 总干事于 2003 年组织了一个特别专家委员会并分别于当年的 6 月、11 月和 12 月召开了三次会议，起草了《反兴奋剂国际公约》的初稿，提交 2004 年 1 月举行的由政府和体育组织代表参加的会议进行审查。2004 年 5 月，在巴黎召开了政府间会议，第二次讨论了《反兴奋剂国际公约》的初稿。在这次会议上，总干事指出在 2004 年 7 月中旬要完成一个基本定稿的公约文本。2004 年 9 月 27 日，UNESCO 总干事邀请该组织的 190 多个成员派代表出席于 2005 年 1 月在 UNESCO 总部巴黎举行的讨论《反兴奋剂国际公约》草案的第三次政府间会议。2004 年 12 月，在希腊雅典举行的第四次国际体育部长和高级官员会议（MINEPS IV）将兴奋剂列为三个主要的议题之一，其第一委员会对《反兴奋剂国际公约》的初稿进行了研讨，涉及如何执行公约、如何进行财政方面的援助以及如何与其他国际文件同时

[1] 联合国大会第 58 届会议：《58/5：体育运动促进教育、健康、发展与和平》，载联合国官网 2003 年 11 月 17 日，https：//digitallibrary. un. org/record/505221/files/A_ RES_ 58_ 5 – ZH. pdf？ ln = zh_ CN。

并存等。由此可见，公约草案是一个专家组三次讨论会和国际会议三次大会的成果，同时国际体育部长和高级官员的第四次会议也讨论了公约草案并且帮助解决了几个比较显著的问题。

《反兴奋剂国际公约》的起草过程与其他公约并没有什么区别。在起草过程中所有的国家政府都承诺要与体育运动中的兴奋剂进行斗争，包括 WADA、国际奥委会和国际残疾人奥委会在内的组织也对公约的起草作出了很大的贡献。这使得起草规则进展得非常迅速；不过，重要的是要意识到世界范围内的反兴奋剂斗争的发展是处在不同的阶段中的，要确保最终的公约符合所有国家的要求。

制定公约的最后一步是，2005 年 8 月 22 日，在斯洛伐克的布拉迪斯拉发举行的《反兴奋剂国际公约》的圆桌会议上，与会代表讨论了《反兴奋剂国际公约》以及政府和体育界如何实施 WADC 的问题。在该次会议上，UNESCO 总干事指出，当前反兴奋剂已经成为全球关注的问题，因此制定一个全球性质的国际公约是有必要的；该公约将国际法的力量用在反兴奋剂的斗争中，并且要确保所有的政府都要从法律上承诺执行 WADC；如果没有国际奥委会、国际残疾人奥委会、欧洲理事会以及 WADA 的帮助是不可能形成公约的最终文本的。总干事同时指出，政府可以通过立法、法规、政策或行政管理等灵活性方式来执行公约，但在下列方面政府应当采取具体的行动：限制运动员使用禁用物质或者禁用方法的可能性；推动兴奋剂控制以及在国内资助兴奋剂的检验程序；对那些违反兴奋剂规则或者与 WADC 不符的行为拒绝给予财政支持；支持对年轻运动员以及更广范围的体育界进行反兴奋剂的教育等。

2005 年 10 月 20 日，UNESCO 于巴黎召开的第 33 届会议以 122 票通过了《反兴奋剂国际公约》。这是全球第一个旨在反兴奋剂的有普遍国际约束力的法律文书，使得在兴奋剂的有关规则、检验和处罚方面都有一个统一的标准，是对一个全球性问题的全球反映，同时这也是该公约面临的挑战。新的公约超越了检查和制裁，它促使缔约国承诺，在其力所能及的范围内，支持、制订和实施反兴奋剂教育和培训计划，以便提高公众进一步认识兴奋剂对健康和体育运动的道德价值的负面影响。或者讲，该公约填补了对在体育运动中使用兴奋剂的行为进行法律规制的空白，对缔约国的要求更多的是承诺、教育、合作等。由此一来，在国际范围内，在反对体育运动中的兴奋剂方面就有了一个协调各国政策的法律框架。

三、《反兴奋剂国际公约》的主要内容

《反兴奋剂国际公约》全文除序言外还包括 43 个条款，涉及《反兴奋剂国际公

约》的范围，国家一级的反兴奋剂工作，国际合作，教育与培训、研究，《反兴奋剂国际公约》实施情况的监督检查，最后条款等6个部分。

（一）公约适用的范围

这部分规定包括6条，其中第1条规定了《反兴奋剂国际公约》的宗旨，主要是促进预防和反对在体育运动中使用兴奋剂，最终杜绝这一现象；第2条列述了《反兴奋剂国际公约》中使用的一些词语的具体定义，根据该条款，大多数定义与WADC中的定义一致，是体育运动界普遍使用的，从而使WADC和《反兴奋剂国际公约》中的定义尽可能保持一致，如果有相左之处，应以公约的条款为准；第3条概述了实现《反兴奋剂国际公约》宗旨的手段，包括缔约国有义务鼓励开展各种形式的国际合作，特别是与WADA开展国际合作，并须确保为反对在体育运动中使用兴奋剂而采取的任何措施均应符合WADC的规定；第4条规定各缔约国应承诺，以WADC中确定的原则作为在国家和国际层面为实现《反兴奋剂国际公约》目标而采取的措施的基础，同时把WADC和WADA的两项国际标准（《兴奋剂检测实验室国际标准》和《兴奋剂检测国际标准》）列为《反兴奋剂国际公约》的附录而不是作为《反兴奋剂国际公约》的组成部分，因为它们主要与体育运动界有关而不适用于各国政府；第5条确认各缔约国可采取必要的措施同体育运动中使用兴奋剂的现象作斗争，包括立法、法规、政策或行政管理，因为打击使用兴奋剂现象的行动成功与否不是看过程而是看结果；第6条确定了UNESCO制定的《反兴奋剂国际公约》与其他国际文件之间的关系，本公约中的任何条款均不能影响缔约国因其加入的其他与本公约宗旨相一致的协议而享有的权利和承担的责任，但它们也不能影响其他缔约国根据本公约应享有的权利和承担的责任。该条规定借鉴的是《联合国海洋法公约》的条款，尽管它也指出相对于其他的与其内容不一致的文件而言，该公约的地位是最高的，但其保护的是根据其他公约所享有的权利和承担的责任。这个问题主要针对的是欧洲理事会《反兴奋剂国际公约》的成员国。

（二）国家一级的反兴奋剂工作

这部分规定共有6条，其中第7条旨在促使各缔约国通过国内协调来确保《反兴奋剂国际公约》的实施，因为在缔约国内执行公约需要依靠许多有关的政府部门和非政府部门以及这些实体之间的合作协调；第8条要求缔约国采取行动限制获得和在体育运动中使用兴奋剂，但同时保证不得妨碍出于合法目的使用；第9条呼吁各缔约国针对运动员辅助人员违反反兴奋剂规则的行为采取措施，并鼓励相关组织也针对此类行为采取措施，因为缔约国或许可能对这些组织没有处罚权，故该条鼓励有处罚权的其他组织采取行动；第 10 条鼓励采取行动，解决与运动员服用营养补充品有关的问题，包括非故意违反行为，以及使用具有不明成分或成分说明不清楚的产品对健康可能造成的危害；第 11 条呼吁各缔约国，在其力所能及的范围内为兴奋剂控制计划提供资金，并对因违反反兴奋剂规则而被停赛的运动员和不遵守 WADC 规定的组织实行经济制裁；第 12 条旨在确保毫无障碍地在任何地方对运动员实行兴奋剂控制。

（三）国际合作

第 13 条至第 18 条的内容是涉及兴奋剂控制方面的国际合作问题。第 13 条呼吁每一个缔约国鼓励其管辖范围内的反兴奋剂组织、公共当局和体育运动组织与其他缔约国管辖范围内的相应机构开展合作；第 14 条是缔约国应对支持 WADA 在国际反兴奋剂方面开展的重要工作作出承诺；第 15 条是对第 14 条的补充，重申由公众当局和奥林匹克运动共同资助 WADA 的原则，其中“共同资助”一词来自《哥本哈根宣言》中第 3 条第 2 款的规定，只不过没有明确提出各自资助 50% 的规定；第 16 条就缔约国之间在兴奋剂控制方面开展国际合作的可能形式作出若干规定；第 17 条和第 18 条规定设立了用于消除在体育运动中使用兴奋剂现象的自愿基金，并概述了该基金的使用和管理。这部分的规定是要缔约国承诺，将鼓励缔约国与反对在体育运动中使用兴奋剂领域中的主要组织合作，鼓励并促进其下属的体育运动组织和反兴奋剂组织根据 WADC 的精神进行兴奋剂检查，包括事先无通知的检查、赛外检查和赛内检查，以及为获得正式授权的兴奋剂检查组在开展兴奋剂检查工作时提供及时出入边境的便利。它们还承诺促进检查实验室之间的合作，各反兴奋剂组织相互承认按照 WADC 进行的兴奋剂检查程序和对测试结果的处理，包括据此作出的体育运动惩治措施。

（四）教育与培训、研究

第 19 条至第 23 条鼓励对运动员、运动员辅助人员和一般体育运动参加者实行反兴奋剂教育和培训计划。根据第三次政府间会议作出的决定，第 19 条反映了向运动员和运动员辅助人员提供针对其特定运动需求的教育和培训计划的愿望。而第 24 条至第 27 条鼓励就反兴奋剂问题进行研究，并确定了这类研究的范围。

（五）《反兴奋剂国际公约》实施情况的监督检查

第 28 条至第 32 条涉及《反兴奋剂国际公约》项下建立的监督机制，列述了缔约国大会的各项职能以及向缔约国大会提交国家报告的时间范围（宽松的监督机制）。第 28 条指出，缔约国大会为本公约的最高权力机构，原则上应每两年举行一次常会，每个缔约国在大会应有一票表决权。此外，第 30 条和第 32 条分别规定了缔约国大会和秘书处的职能，第 31 条则要求缔约国通过秘书处向缔约国大会提交有关其为遵守本公约的规定所采取措施的所有相关信息。

第 29 条规定邀请 WADA 作为缔约国大会的咨询机构，邀请国际奥委会、国际残疾人奥林匹克委员会、欧洲委员会、政府间体育运动委员会（CIGEPS）作为观察员，此外缔约国大会也可以决定邀请其他相关组织作为观察员。由于缔约国大会的作用之一是决定如何实施公约的监督机制，而且也不知道哪些国家会签署公约，因此在公约中具体确定咨询机构还为时尚早。WADA 可能被认为是一个特殊的例外，因为其被看作一个咨询机构而根本不用考虑哪些国家会签署公约。

第 33 条规定了对《反兴奋剂国际公约》进行修正的正常程序，第 34 条规定了对公约附件进行修正的具体程序，使 WADA 对作为《反兴奋剂国际公约》附录的《禁用清单》或者《批准治疗用药豁免的标准》所作的修改都能够及时纳入《反兴奋剂国际公约》的相应附件，以确保各国政府与体育运动界适用同样的标准作为指导。由于缔约国大会每两年举行一次，该条款允许或者在缔约国大会上或者经过书面程序来通过建议的修正案。除非有三分之二的缔约国表示反对，否则建议的修正案被视为通过。这样，WADA 对《禁用清单》或者《批准治疗用药豁免的标准》所作的修改可以及时纳入《反兴奋剂国际公约》的附件。该条款反映了第三次政府间会议全会的辩论结果和作出的决定。

（六）最后条款

第 35 条至第 43 条为几项最后条款。第三次政府间会议的全会特别强化了第 35 条（联邦制或非统一立宪制）的内容，使之与《保护非物质文化遗产公约》第 35 条和《保护世界文化和自然遗产公约》第 34 条的内容保持一致。根据现有文本，现要求联邦政府不仅仅把《反兴奋剂国际公约》条款通告各主管当局，而且要建议它们通过《反兴奋剂国际公约》条款。最后，第 43 条（保留意见）与第 6 条密切相连。第 43 条通过禁止与《反兴奋剂国际公约》的目标和宗旨不相符的保留意见，对第6条的规定予以强化。第三次政府间会议的全会经过长时间的激烈辩论才就该条款的确切措辞达成一致意见。

四、争议问题的解决

有关缔约国大会秘书处（第32条）和自愿基金（第17条和第18条）的规定，是就《反兴奋剂国际公约》的拟定工作召开第三次政府间会议之后唯一尚未解决的问题。UNESCO既希望把《反兴奋剂国际公约》的运作费用保持在最低水平，又力求使公约提供充分的监督职能，需要在这两者之间找到适当的平衡，问题的核心在于拟采取的监督机制的范围。UNESCO秘书处已经同WADA明确了就此问题可能开展合作的领域，不过仍需在UNESCO内部设一个秘书处。最后草案第31条中规定了一种以双年度自行报告为基础的“宽松的”监督机制，只需一个小规模的秘书处协助该机制的运作。对于自愿基金问题，正如第17条所述，各会员国同意需要利用一项自愿基金在全球范围内制定和实施反兴奋剂计划。

《反兴奋剂国际公约》第32条第1段规定，“UNESCO总干事应为缔约国大会提供秘书处服务”。然而，关于对《反兴奋剂国际公约》秘书处的财政资助应源于自愿基金还是UNESCO的正常预算（第32条，第3段），最初还存在争论。一些代表担心UNESCO用于监督《反兴奋剂国际公约》实施情况的费用将挪用本组织其他工作领域的资金，因此要求该秘书处全部使用自愿基金的资金。其他代表则认为，如果全部依靠自愿捐款来保证《反兴奋剂国际公约》的实施，会带来不确定因素和缺乏前瞻性，而且《反兴奋剂国际公约》的落实和执行应具有同任何其他教科文组织公约一样的支持。为缔约国大会秘书处提供财政支助的问题，应由UNESCO大会在有关本组织总预算的讨论过程中审议《反兴奋剂国际公约》时予以解决。因此，第32条第3段的内容被保留在方括号中，列出了反映上述两种意见的选择方案。最后通过的公约正文反映了这两方面的折中意见，即“与公约相关的运作费用由UNESCO的正常预算在现有资源范围内给予适当资助，或由根据第17条的规定所设立的自愿基金提供，或由这两方面按适当比例共同提供，提供方法每两年决定一次。由正常预算为秘书处提供的资金应严格限于最低水平，不过还应提供自愿资金支持该公约”。

如果缔约国大会秘书处只能依靠自愿基金，那么资金就没有任何保障。在这种情况下，总干事将无法完成为缔约国大会提供秘书处的要求。总干事认为，制定《反兴奋剂国际公约》却不能为其秘书处提供资助保障（如有正常预算提供资金），将会极大地削弱《反兴奋剂国际公约》的宗旨。《反兴奋剂国际公约》之所以被视为必不可少，首先是基于下述事实：各国政府和体育运动人士必须同心协力与使用兴奋剂现象作斗争，如果不相互配合和合作，任何部门都不能取得成功；体育运动界近几年来采取了强有力的行动，特别是WADA通过了WADC；体育运动界现期望各国政府通过一项《反兴奋剂国际公约》以发挥其作用。毫无疑问，体育运动界将把一项没有秘书处的《反兴奋剂国际公约》视为失败。这种情况会对整个反兴奋剂运动以及各国政府和体育运动界多年来在反对使用兴奋剂方面作出的巨大努力构成威胁。其次，如果UNESCO通过的一项公约仅依靠自愿捐助的资金来管理，会开一个非常危险的先例。它会有损于UNESCO作为多边独立机构的形象，因为这种机构应能够不依靠捐助者的捐款而履行其制定准则的职能。

对于第43条规定的“保留意见”，《反兴奋剂国际公约》初稿规定：“1989年11月16日的《反兴奋剂公约》缔约国均可声明，或在交存其批准书、接受书、赞同书（或加入书）时声明，在履行本公约时有可能不受本公约第Ⅲ和第Ⅳ部分规定的约束。”这样规定的最初目的是考虑到欧洲理事会《反兴奋剂公约》的缔约国在签署公约的时候更加简单一些，因为公约初稿中的许多条款可能会与欧洲理事会《反兴奋剂公约》的规定相同或者类似。不过，随着讨论的深入以及最终草案的形成，现行公约草案的内容与欧洲理事会《反兴奋剂公约》的规定有很大的差别，因此关于“保留意见”的规定也修改为如下条款，即“对与本公约的目标和宗旨不相符的保留意见，不得予以认可。”

五、公约对世界体育运动的影响前瞻

由于卢森堡在2006年12月12日成为第30个批准公约的国家，根据公约的规定，公约在2007年2月1日起正式生效，到2024年初已经有192个缔约方（最后一位是2024年1月加入的南苏丹）。这是UNESCO所制定的国际文书中，生效速度最快的一个。该公约的生效，给体育界和无论是专业还是业余运动员发出了一个明确的信息，并首次将反兴奋剂事业带入了国际法领域。

《反兴奋剂国际公约》是第一个全球性的反对在体育运动中使用兴奋剂的公约，其通过将会对世界体育运动产生重要的影响。公约为各国政府提供了一个法律框架，以便在打击蔑视体育道德和社会价值的同时对危及运动员健康的危害行为进行国际协调。在这方面，公约的规定表明在反对兴奋剂的过程中国际法是有影响力的，并且确保所有的政府都有法律上的义务来执行WADC，把体育运动与政府行为结合在一起。

公约也规定了政府支持体育运动的方法。运动员可能不会意识到《反兴奋剂国际公约》的具体内容，但他们将会得到消除兴奋剂所带来的好处。各国政府承认公约的效力具有一定程度的灵活性，它们可以采取立法、制定条例和政策或者采取行政手段的方式来执行公约的具体内容。不过，可以预计的是，政府将要根据公约的规定采取一定的特殊行动。

制定《反兴奋剂国际公约》的一个重要成果就是加强了与反对在体育运动中使用兴奋剂的体育团体和其他组织的联系。譬如，在制定公约的过程中，UNESCO 与 WADA 和欧洲理事会都建立了很好的工作关系，并且期待能够进行进一步的合作。这也表明，在国际法的某些领域，政府可以和非政府的民间团体进行合作，为了全社会的利益而共同制定某些国际法规则，这无疑开创了一个可供借鉴的先例。

第三节 兴奋剂争议中的严格责任问题

尽管几乎所有的有关兴奋剂的规范都规定兴奋剂争议适用严格责任原则，但是在具体的要求条件上又有所不同，主要表现在是否要求当事人有过错、有服用兴奋剂的意图或者提高比赛成绩的效果等。在这方面，有两种彼此矛盾的观点。一种观点认为，服用兴奋剂的性质是一个纯粹的严格责任，也即无过错责任。相应地，没有必要再去解释运动员的服药目的或者过错问题。然而，也有观点认为有必要减轻因严格责任制度而对那些既无故意也无过错的运动员所带来的严重后果，但是此类运动员就有机会逃避责任。因此，许多 CAS 仲裁庭在举证责任方面作了变更，要求运动员举证证明自己没有过错，这样就不用考虑在严格责任制度里通常不存在的故意因素。另一方面，当某运动员被发现服用兴奋剂时，也有仲裁庭适用有罪推定制度。在这里，运动员有可能通过提供证据证明他没有故意或过错来反驳有罪推定。相应地，这些仲裁庭将不会适用严格责任制度。然而，人们可能会对这两种不同的法律概念之间产生疑惑。如上所述，确有必要去厘清严格责任的含义与适用以及过错推定和举证责任等问题。

一、严格责任的含义

对在体育运动中服用兴奋剂行为的处罚并不是刑事意义上的处罚，它是一种体育运动中的纪律性处罚，通常情况下是根据私法或者民间规范做出的。[1] 不过，有些国家的法律认为服用兴奋剂是刑事违法行为，如希腊、法国、意大利等国。相反，在体育运动中，引起争议的问题则是能否适用刑法中的一些原则，尤其是“存疑时有利于被告”（*in dubio pro reo*）以及“法无明文规定者不罚”（*nulla poena sine culpa*）这两项原则。这样一来，兴奋剂争议中的举证责任问题就非常重要。

体育运动中因服用兴奋剂而引起的举证责任通常是由控方即体育组织来承担，它必须提供证据证明对方有服用兴奋剂的行为和应当受到处罚。通常的情况是，除在运动员的体内或者排泄物里发现禁用的药物之外没有其他的证据，如果没有其他证人证言和承认行为加以证明，这就是服用兴奋剂的一个强有力的证据。这种基于在运动员的体内或者排泄物里客观存在禁用药物而对服用兴奋剂的行为进行处罚的方法就被冠之以严格责任。在法律上，严格责任的含义通常是指没有故意或者过失。在兴奋剂案件中，严格责任意味着一旦确认了服用兴奋剂的行为，对有关运动员进行处罚是不可避免的结果，根本不用考虑其是否有过失。

在 CAS 仲裁庭最初所裁决的兴奋剂案件之一即涉及国际马术联合会（FEI）的争议里，仲裁庭首次认定只要发现兴奋剂即自动取消其参赛资格的 FEI 的条文为“绝对的严格责任”[2]。因此，仅是药检呈阳性的结果就可以取消服用兴奋剂的运动员的参赛资格。[3] 在理解“严格责任”时，应当把它与民事责任中的无过错责任区别开来。从适用纪律性处罚的角度来讲，兴奋剂争议中的“严格责任”的含义并不需要考虑主观上是否有过错。在处罚和主观目的之间并没有联系。如果确认某运动员服用了兴奋剂，对其进行处罚是必然的结果。

严格责任制度的适用可能会产生一定程度的困境或者被认为是不公平。在这方面，强调获得同等的参加体育比赛的机会是必要的。只要无法预料是否有资格参赛，仲裁员就将不加任何改动地适用严格责任原则。当体育比赛的公正性面临威胁的时候，将优先考虑严格责任原则。这意味着，一旦在某运动员的尿样或血样中发现禁用的兴奋剂，该运动员的参赛资格将被自动取消，这是一个毋庸置疑的法律推定。

在某种情况下严格责任的适用可能会产生某种程度的不公平，但是不能为了取消这种不公平性而修改比赛规则。取消参赛资格的处罚对该运动员来讲可能是严厉

---

〔1〕 Salomeja Zaksaite and Hubert Radke, *The interaction of criminal and disciplinary law in doping - related cases*, 14 The International Sports Law Journal 115 (2014).

〔2〕 Matthieu Reeb ed., *Digest of CAS Awards (1986 - 1998)*, Editions Stæmpfli SA, 1998, p. 87.

〔3〕 Matthieu Reeb ed., *Digest of CAS Awards Ⅱ (1998 - 2000)*, Kluwer Law International, 2002, p. 670.

的后果，但不取消其参赛资格对其他运动员来讲可能是更加不公平。因为这些原因，原则上应当适用严格责任原则。至于那些认为严格责任是毫无根据并且与自然正义相抵触的观点，其不允许被指控方证明自己在道德上是清白的。无论如何，反对兴奋剂行为的崇高目标和实际需要足以说明适用严格责任标准是适当的。

在附加处罚方面，严格责任规范尽管适用起来有一定程度的困难，但还是必要的。绝对的严格责任制度并没有为运动员留下为自己提供开脱的证据的余地，因此并不能区别哪些运动员是故意服用兴奋剂，哪些是过失服用，或者不知道自己服用了兴奋剂。但也并不能因此就认为过错是无关的。仅仅在有限的并且通常详细列举的案件中才允许免除运动员的责任，譬如不可抗力或第三人的过错行为。事实上，如果在每个争议中相关的体育组织都要去证明服用兴奋剂的运动员有过错，那么实际上讲将不可能控制服用兴奋剂的行为。但是，如果推定运动员有过错而不给予该运动员提供证明自己是无辜的证据的机会，不审查具体争议的客观情况而一律适用严格责任，事实上也是不可接受的。尽管如此，即使运动员提供的证据成功地表明他没有过错，也不能免除他的责任。这一方面是对民法里面严格责任概念的一种彻底的借鉴，另一方面也是能够有效打击兴奋剂行为的唯一解释。

前已述及，如果在每个兴奋剂争议中相关的体育组织都要去证明服用兴奋剂的运动员有过错，与兴奋剂行为的斗争将会变得"实际上不可能"。服用兴奋剂的运动员所做的无过错抗辩主要是作为一项可能减轻处罚的原因，它是在决定对运动员实施处罚或者可能减轻处罚方面加以考虑的一个因素。即使是 CAS 也认为："毫无疑问可以对一个没有审查其过错或故意意向的运动员实施禁赛两年的严厉处罚，尤其是根据《瑞士民法典》第 28 条的规定更是如此。"[1] 尽管如此，CAS 在处理具体的兴奋剂争议时仍适用严格责任规范而拒绝考虑所谓的过错因素。而且 CAS 不相信严格责任原则会违反瑞士法律，因为瑞士联邦法院曾经承认了一个适用严格责任原则的仲裁裁决。在该案件中，瑞士联邦法院对仲裁裁决是否违反了瑞士公共秩序、是否侵犯了当事人的人身权利、是否违反了诚信以及遵守合同原则等进行了审查，并最终驳回了当事人的上诉。[2]

严格责任带来的争议还有其所导致的附加处罚问题。附加处罚的目的是通过禁止违反相应规范的运动员参加有关的比赛而惩罚运动员，因为比赛几乎是一般职业

---

〔1〕 Matthieu Reeb ed., *Digest of CAS Awards Ⅱ (1998 - 2000)*, Kluwer Law International, 2002, p. 231.

〔2〕 Matthieu Reeb ed., *Digest of CAS Awards Ⅱ (1998 - 2000)*, Kluwer Law International, 2002, p. 775 - 782.

运动员所从事的唯一的活动，这种不让参加比赛的惩罚至少应对每个争议的客观情况进行分析。这是比较现实的，因为国际单项体育联合会几乎垄断了其各自所控制的体育运动。

二、过错推定与举证责任问题

前述较早的 CAS 所作的有关国际马术联合会的裁决认为，在有关被指控运动员的过错方面，该规则包含了一个法律推定制度。仲裁庭指出，在有关服用兴奋剂或违禁药物方面，国际单项体育联合会的规章里面通常都有一个举证责任倒置问题。其意思是指，一旦查明某运动员体内含有禁用物质，就推定该服用兴奋剂的行为是自愿的行为，这样一来运动员自己必须举证反驳。[1] 在这个裁决之后的一个类似裁决中，CAS 仲裁庭指出，通常由有过错的当事人承担的举证责任问题应当倒置。对于接受惩罚的责任当事人而言，只要所进行的检验显示运动员体内存在禁用物质就足够了。这被看作一个简单的“法律推定”而不是“不能反驳的推定”，因此某推定也可以被一个相反的证据来推翻。确切地讲，当时国际马术联合会的规章里并没有提到可能让嫌疑当事人提供确定性的证据，但是考虑到可能对其实施的惩罚措施的严重性，毫无疑问根据一般法律原则，有关当事人有权利通过提供反证（证明运动员体内含有禁用药物是第三人恶意而为或者是检验错误的结果）来为自己开脱责任。[2] 该当事人也可以举证证明该国际单项体育联合会规定的样品检验程序有瑕疵，从该意义上讲就可以不遵守该规范。即使国际单项体育联合会的相关规范没有明确规定，允许运动员提供反证为自己开脱责任也是根据一般法律原则的规定以及保护被指控的运动员的人权所要求的（见本章参考案例一）。

与推定密切相关的是举证责任问题。当事人对自己提出的主张有责任提供证据。一个被推定有服药嫌疑的运动员应证明自己是无辜的。根据程序法，如果举证责任的承担从一方当事人转移到另一方当事人可能会得到同样的实际效果。CAS 曾经指出，根据国际单项体育联合会的有关规范，一旦确定某运动员的身体内或排泄物含有禁用的物质，那么该运动员就被认为是服用了兴奋剂，因此所得的一个法律推定是该运动员应对存在禁用的兴奋剂的事实负责任。国际单项体育联合会必须举证证明在运动员的体内或者排泄物里已经查出了禁用的兴奋剂，而不用考虑该国际单项

---

〔1〕 Matthieu Reeb ed. , *Digest of CAS Awards* (*1986 – 1998*), Editions Stæmpfli SA, 1998, p. 87.

〔2〕 Matthieu Reeb ed. , *Digest of CAS Awards* (*1986 – 1998*), Editions Stæmpfli SA, 1998, p. 11, 12 and 95 – 96.

体育联合会究竟是指控方/申请人还是被指控方/被申请人。如果该国际单项体育联合会成功地提出了证据，就可从法律上推出该运动员服用了兴奋剂，而不用考虑该运动员作出此种行为的意图。这个法律推定和举证责任的承担是合法有效和可以强制执行的，尽管兴奋剂争议中的处罚措施类似于刑事诉讼中的惩罚，在后者的情况下公诉人通常不但要举证证明一个违反刑事规范的实际事实，而且还要证明被告存在过错和过错的程度。[1] 在许多争议中，CAS 都确认了这个严格责任中的原则。

一般的原则是，兴奋剂争议中的举证责任在于指控运动员服用了兴奋剂的当事人，通常情况下是该运动员所属的体育协会或者国际单项体育联合会的责任。在体育联合会举证证明该运动员服用兴奋剂之前该运动员一直是清白的，该体育联合会只要能够证明运动员的排泄物含有禁用的兴奋剂并且药检呈阳性的结果并不是由实验室在检验过程中出现的程序性过错所造成的就足够了，没有必要去额外证明运动员的行为是疏忽还是有意的，因为在兴奋剂争议中并不考虑所谓的过错问题。不过也有个案，譬如 CAS 仲裁庭认为体育联合会不仅要证明运动员体内含有兴奋剂，而且还要证明它的消化过程。如果运动员体内如何含有兴奋剂有不止一种的科学可能性，这至少是有效的，本案的仲裁员并没有要求提供科学方面的证据而是合理地排除了其他可能的原因。[2] 该推理是独一无二的。

这种举证责任的分配在一个被发现的药物种类不属于兴奋剂名录中的案件中使用过。如果国际体育组织声称相关物质应当属于兴奋剂，但其未能证明该兴奋剂的成分，相应地，运动员就应当被宣布是无辜的，因为对于一个国际单项体育联合会来讲，要求它提供根据客观分析来判断运动员的故意或过失的证据是不可能的，而该证据是它能证明运动员服用兴奋剂的唯一证据。

另外，由体育组织承担举证责任将会导致法律上的不确定性，因此作为一个原则可以保留过错推定制度，但是作为一种补偿，通过提供转移举证责任的可能性，运动员可以提供排除其责任的证据，因此可以允许运动员证明其没有故意服用兴奋剂或者其服用兴奋剂的行为是由于过失所造成的。申请人有提供相关证据的权利，只要申请人在规定的时间并以规定的形式提出有关的证据，申请人所拥有的这项权利就应当得到保障。

另外一个与举证责任有关的是当事人的主观心理状态，即故意或者过失。很少

---

[1] Matthieu Reeb ed. , *Digest of CAS Awards Ⅲ(2001 - 2003)*, Kluwer Law International, 2004, pp. 424 - 425.

[2] Matthieu Reeb ed. , *Digest of CAS Awards Ⅱ(1998 - 2000)*, Kluwer Law International, 2002, p. 335 - 337.

有案例表明一个运动员能够反驳过错推定，或成功地提供了证据证明他没有服用兴奋剂的故意或过失。考虑到申请人基本上都是业务水平较高的国际性运动员，对申请人适用的也是一个较高的标准，表明为避免染指兴奋剂，相关申诉运动员应采取所有的必要的预防措施。无论如何，一个杰出的运动员应当具有超越普通人甚至超越从事该体育运动项目的一般人的注意标准。[1] 譬如，在有关马术骑手的义务方面，CAS 认为，在运动员知道对其的马匹要进行兴奋剂的检测之时起，他就应采取必要的谨慎措施。在比赛前，他必须通过检查马的状态，并保证对马进行医疗时所使用的含有兴奋剂成分的药物彻底消失并最终不再会对比赛产生影响。如果情况不是如此，该骑手有义务不再参加比赛。[2]

运动员所作的关于其行为是友善的或者与服用兴奋剂没有什么利害关系的辩解基本上得不到接受，至于运动员过去的良好记录和友好行为也不能解除举证责任，因为服用兴奋剂的人本身就是风险承担者。同时，不管被控运动员关于自己无辜的证据是多么的感人，在有关过错方面都不能超越科学证据。[3]

三、证明标准

兴奋剂案件中所适用的证明标准主要是在有关反驳过错推定的案件中产生的。体育联合会应当提供充足的证据证明被指控运动员的血液或尿样中含有兴奋剂，为此体育联合会必须毫无疑问和合法地出示证据证明有服用兴奋剂的情况。但是鉴于对运动员的禁赛处罚对其以后的生计可能造成的直接后果，兴奋剂案件中适用比一般民事诉讼中的证明标准较高但又比刑事诉讼中的标准低的证明标准，但适用刑事标准将会在国家的公法与调整民间组织的民间规范之间产生混淆。

首先，在证明标准方面，作为一个原则问题，一般认为刑法中的标准不能适用于类似体育组织的民间性组织的纪律性行为。尽管该原则受到了批评，[4] 但是 CAS 在后来的裁决中指出，类似体育运动中的兴奋剂检验的“准刑事”程序，应当从另一方面作不同的看待，除了其他原因，还有“存疑时有利于被告”的原则，例如嫌疑者的利益方面的原因。而它自身则源于无罪推定，这是一个最重要的深深体现在

---

[1] Frank Oschutz, *Harmonization of Anti - doping Code through Arbitration*: *The Case of the Court of Arbitration for Sport*, 12 Marquette Sports Law Review 675 (2002).

[2] Matthieu Reeb ed., *Digest of CAS Awards (1986 - 1998)*, Editions Stæmpfli SA, 1998, p. 142.

[3] Matthieu Reeb ed., *Digest of CAS Awards Ⅱ (1998 - 2000)*, Kluwer Law International, 2002, p. 251 - 252, and 639.

[4] J. W. Soek, *The Legal Nature of Doping Law*, 2 (2) The International Sports Law Journal 2 (2002).

基本的法律原则之中的推定。在刑事和类似的程序中该原则具有双方当事人承担的举证责任不相同的效果，即指控方当事人必须确定无疑地证明指控的事实，对被指控方只要指出怀疑理由就足够了。该裁决仍是独特的。瑞士最高法院已经裁决承认反兴奋剂的制裁具有民事的而不是刑事的性质。因此，CAS 仲裁庭不应当适用刑事标准。法院认为，根据 CAS 的观点，分析结果显示存在禁用的物质足以得出服用兴奋剂的推定，相应地，举证责任倒置不但关系到公共政策，还关系到指明和评估证据的义务。民间规范不能调整这些问题，它们是根据刑法中特有的一些概念譬如无罪推定、存疑时有利于被告的原则以及《欧洲人权公约》中的一些有关的保障条款来解释的。

其次，该问题涉及当事人的心理状态和举证责任的反驳。在较早的一个裁决中，CAS 仲裁庭明确指出，运动员提供证据证明其教练是在该运动员本人不知情的情况下给他服用了兴奋剂是不足够的。仲裁庭指出，重要的是该运动员应提供确凿无疑的反驳证据证明他没有过错，在这方面简单的推理是不足够的。[1] 此外，仲裁庭认为，如果一个被指控的运动员能够通过提供证据证明尿样的处置是武断的而对检验结果的可靠性提出怀疑，这就足够了。必须指出，“抗辩”事实上是针对证据的可靠性的，并且这不足以证明运动员没有过错。如果他们面对的是一个纯粹的理论和极度不可能的假设，他们所能提出的最低程度的要求是与提供事实证据有关的，这将是该理论的一个目的。相应地，如果某运动员提供的证据达不到这种程度，仲裁庭就不会接受尿样被破坏的陈述。

鉴于运动员证明其体内禁用物质来源的故意或非故意的困难问题，2015 年版 WADC 增加了“非故意证明标准”的规定，并在 2021 年版的 WADC 规定了详细的阐述：“如果某兴奋剂违规行为既不涉及某一特定物质也不涉及某一特定方法，除非运动员或其他人能够证明该兴奋剂违规行为不是故意的（not intentional）”，否则禁赛期间应为 4 年。该条的评论指出，“尽管从理论上讲，运动员或其他人有可能在没有证明禁用物质是如何进入其体内的情况下，证明兴奋剂违规行为不是故意的，但在第 2. 1 款规定的兴奋剂案件中，运动员极不可能在没有确定禁用物质来源的情况下成功证明运动员的行为是无意的”。该条规定解决的主要是无法证明禁用物质确切来源的情况下的非故意证明的困难问题，对于运动员争取减免禁赛处罚有着重要意义。

---

[1] Matthieu Reeb ed. , *Digest of CAS Awards (1986 - 1998)*, Editions Stæmpfli SA, 1998, p. 223.

四、兴奋剂违规者的处罚

对服用兴奋剂的运动员实施的处罚措施取决于解决该争议所适用的有关规范的规定，取消服药运动员的参赛资格和对具体的争议所实施的处罚措施要有所区别。在处罚方面，CAS 的裁决显示了很大程度的灵活性。各个体育联合会的权力机关拥有的权力是相同的，处罚的主要依据是责行相称（proportionality）原则，并可以此作为依据而对有关国际单项体育联合会的裁决进行修改。不过 CAS 指出，它只能依据体育规范进行处罚，不能自己创设处罚措施。[1] 考虑到违反兴奋剂规范的情况以及运动员的人格和品行，CAS 尽力根据每个争议的具体情况来适用不同的处罚。在国际单项体育联合会的规范框架内，对使用兴奋剂的运动员的处罚可分为固定性的取消参赛资格（disqualification）的体育运动处罚和附加的或者灵活性的纪律性处罚（disciplinary sanctions）两种形式，而在大多数的案件中都涉及了取消参赛资格的处罚（见本章参考案例二）。

五、兴奋剂违禁运动员的基本权利

所有的国际体育组织基本上都把反对在体育运动中使用兴奋剂列为其政策的一部分，运动员在赛场内外接受药检的频率比以前更为频繁，报纸体育版的头条也经常刊登药检呈阳性的兴奋剂事件。一旦运动员的药检结果呈阳性，其面对的就是所属体育组织的纪律性处罚，而处罚结果也会在新闻媒体上公布，但是实际上的处理过程很少公开。尽管如此，处罚程序仍然要遵守公平原则，被指控的运动员依然能够享有一些最基本的权利，譬如听取双方之词的权利（the right of *audi alteram partem*）[2]，或者公平听审权（the right to be heard）。但是，诸如飞行药检或者随意的抽查检验不能被认为侵犯了有关运动员所享有的基本隐私权。

进行兴奋剂检验的运动员首先可以援引《世界人权宣言》的有关规定来保护自己的权利。尽管该宣言是由联合国于 1948 年通过的不具有法律约束力的文件，然而其中的一些规定要么是已经构成了法律的基本原则，要么体现的是人类的基本要求。对兴奋剂检验的随意抽查行为可能有违该宣言的第 12 条规定，也即“任何人的私生活、家庭、住宅和通信不得任意干涉，他的荣誉和名誉不得加以攻击。人人有权

---

〔1〕 Matthieu Reeb ed. , *Digest of CAS Awards Ⅱ (1998 – 2000)*, Kluwer Law International, 2002, p. 375.

〔2〕 “*Audi Alteram Partem*” 的意思是听取双方之词，且任何人不得下令不听取证词。或者说，应听取另一方的证词，而不得不经审讯即行判罪，含义有兼听则明之意。

享受法律保护，以免受这种干涉或攻击”。那些认为禁赛处罚不公的运动员也可以援引其中的第 10 条为自己辩护，即“人人完全平等地有权由一个独立而无偏倚的法庭进行公正的和公开的审讯，以确定他的权利和义务并判定对他提出的任何刑事指控”。类似的条款内容也可以在 1976 年 3 月生效的《公民权利和政治权利国际公约》中找到。

《公民权利和政治权利国际公约》第 14 条以及《世界人权宣言》第 10 条是衡量我们文明的一个标准。但是这两条规定的权利都只是具有程序方面的性质，目的是保护本国国民免受政府的伤害，担保对所有人都做到公平。尽管这种保证看起来可能是基本的，不过它却受到一些重要的限制，只有在个人受到刑事指控且公正性无法预料的时候才可能引用这些公约中关于权利和义务的规定。

对于涉嫌服用兴奋剂的运动员来讲，可能涉及的最重要的问题就是将有关争议提交到哪里去处理。对于针对国家内部的奥委会或者反兴奋剂机构的处罚不服的，可以将其上诉到 CAS，这也许是最好的一种选择。无论是对单个的运动员还是某一运动队来讲，CAS 也许是对抗民间体育组织裁决的唯一实体，因为类似国际法院的国际司法组织通常受理的是以国家名义提起的诉讼。而到类似欧洲人权法院〔1〕以及美洲人权法院这样的区域性国际司法组织去申诉也会遇到麻烦，因为只有有限的国家以及其国民能够到这些地方来提起维护自己权益的请求。

CAS 关于兴奋剂争议的裁决也多次表达了对人权问题的关注。〔2〕即使国际单项体育联合会的相关规范没有明确规定，允许运动员提供反证为自己开脱责任也是根据一般法律原则的规定以及保护被指控的运动员的人权所要求的。因此，CAS 在对兴奋剂违规行为进行严格处罚的同时也意识到了尊重人权的重要性。

总之，国际奥委会一直在不断主张采取更加有效的措施反对兴奋剂，成立世界反兴奋剂机构以及完善更加严格的兴奋剂检测程序就是明显的例证。但是，对于以国际奥委会为首的国际体育组织以及世界反兴奋剂机构来讲，基因兴奋剂的管理、规制、检测以及避免都是一个新的存在的障碍，而且还涉及法律、伦理、种族以及道德方面的问题。也许，制定一个全球统一适用的反兴奋剂规则、检测方法以及检验标准将会有助于控制体育运动中的兴奋剂现象。

---

〔1〕已经有相关 CAS 处理的兴奋剂争议裁决上诉至瑞士联邦法院后，再上诉至欧洲人权法院的案例。See ECtHR, *Mutu and Pechstein* v. *Switzerland*, appl. no. 40575/10 & 67474/10, Third Section, Judgment of 2 October 2018.

〔2〕See CAS 2007/A/1396 & 1402 WADA and UCI v. Alejandro Valverde & Real Federación Española de Ciclismo (RFEC), para. 43; CAS 2017/A/4999, para. 52.

与体育运动中服用兴奋剂的行为进行斗争是一个艰苦的过程，这可能需要规定严格责任的规范。但是规范的制定者和规范的应用者首先要严格要求自己，应当预见到该规范的实施有可能影响到献身于体育运动的运动员的一生。故必须有权威组织制定规范，而且规范的制定程序应当明确，并且应当适用符合宪法性文件规定的方式通过这些规范。不应当用一大堆互相质疑甚至互相对立的规范来规定运动员和体育官员之间的关系。应当承认，在兴奋剂的有关争议中适用严格责任原则在某种程度上有可能是不公平的，譬如运动员不是因为自己而是由于其他人的原因或者自己是无意识的行为被查出服用兴奋剂而受到处罚。然而，不可能为消除这种不公平性而修改体育规范。就像体育比赛不会因某一运动员身体有病而推迟举行一样，对服用兴奋剂的处罚也不能因为意外的原因而取消。不过，WADC 晚近规定的“非故意违规”为运动员减免相关的禁赛处罚提供了一定的根据。[1] 尽管如此，体育比赛的发展可能会遇到许多法律没有办法予以补救的不公平情况，原则上不用考虑这些不公平是因为意外的原因还是因为某些应负责任的个人的过错造成。

兴奋剂问题是世纪之交国际体坛面临的严重挑战之一。为保护运动员的身心健康，促进竞技体育的健康发展，国际社会长期致力于反兴奋剂斗争，取得了卓有成效的进展。但兴奋剂的蔓延还没有得到根本遏制，反兴奋剂斗争仍将是国际社会的共同责任。在反兴奋剂问题上，国际社会仍然需要承担更多的责任。

参考案例

一、佟某兴奋剂处罚撤销案

案例来源：CAS 2010/A/2161 Wen Tong v. International Judo Federation（IJF），award of 23 February 2011.

在众多国内外柔道比赛中获得奖牌（包括北京 2008 年奥运会金牌）的中国籍运动员佟某在 2009 年 9 月 8 日的兴奋剂检测中提供的 A 瓶样品为克伦特罗（瘦肉精）阳性，9 月 14 日科隆实验室把阳性检测结果告知国际柔道联合会（国际柔联）药物委员会。国际柔联并没有告知运动员本人检测结果，相反在两周后即 9 月 29 日向中国柔道协会发送了一封包括申请人检测结果的电子邮件。直到三周后的 10 月 18 日，中国柔道协会在一次会议上告知申请人本人之前，申请人并不知道其检测阳

[1] 参见周青山、梁婧：《论兴奋剂违规处罚抗辩中的非故意证明新路径》，载《体育科学》2022 年第 5 期。

性结果的信息。申请人指出其没有得到任何A瓶样品中克伦特罗含量检测结果的任何信息或相关文件，在场的中国柔协副主席兼国际柔联执委会委员的一名宋姓官员告知其不要与任何人讨论该事件，并指出，尽管其可以申请检测B瓶样品，但对申请人没有任何利益，检测结果不会是错误的，并且检测B瓶只会激起国际柔联的反抗。另外，据说该官员还告诉申请人，如果其要求检测B瓶，并且得到阳性的结果，任何可能给予的禁赛将会自B样品检测开始，可能会比仅检测A样品得到更长的禁赛结果。这种说法得到了在场的另一名中国柔联的熊姓官员的赞成。但是在这次会议上，没有任何人告诉申请人符合什么要求才能减轻不利的处罚以及任何长于6个月的禁赛处罚能否阻碍申请人参加2012年奥运会。在这种情况下，申请人坚持检测B瓶样品，但仍有中国柔联的人士劝告申请人与国际柔联和解并承担责任，还指出这是为了申请人的利益。后来中国柔道协会相关人员曾经在申请人不知道的情况下与国际柔联联系以撤销B瓶检测，并指示申请人签署放弃B瓶检测的文件。尽管如此，2009年11月25日，在国际柔联在没有通知申请人或提供申请人亲自参与或通过代理人参与的情况下对B瓶进行了检测，结果是克伦特罗阳性。

在大约6个月的时间内，申请人没有得到其案件的任何进一步进展的消息。其间，国际柔联反兴奋剂委员会已经建议对申请人禁赛2年，取消鹿特丹世锦赛成绩并于2010年4月4日得到国际柔联执委会批准。2010年4月9日申请人获悉该处罚，但不知道处罚的开始和终止日期。6月22日，申请人从中国柔协得到相关信息，7月6日根据相关规定向CAS提起仲裁诉求。仲裁庭于2011年1月24日举行听证会，国际柔联没有参加听证会。

仲裁庭认为，根据2009年国际柔联《反兴奋剂条例》（ADR），无论要求进行B样品检测的是运动员本人还是国际柔联，运动员都有权出席其B样品的打开和分析现场。同时，根据CAS仲裁实践，运动员参加B样品的开瓶和分析的权利是最基本的，如果该权利没有被尊重，就必须忽略B样品结果。即使否认这一权利也不太可能影响B样品分析的结果，情况也是如此。这是因为“运动员获得合理机会观察B样品的打开和测试的权利非常重要，即使在所有其他可用证据都表明申请人违反了反兴奋剂规则的情况下，也需要强制执行这一权利”。当B样品分析在没有通知运动员相关日期和时间的情况下进行时，运动员的这一权利将被完全剥夺。此外，与对运动员申诉权的侵犯相比，不可能通过仲裁程序来补救这种程序上的错误，仲裁不能取代（在其最广泛的定义中）运动员代表出席B样品检测开启的现场。

在本案中，无可争议的事实是，国际柔联根本没有通知申请人它打算进行B样品分析——更不用说通知她将在何处和何时进行分析——而且也没有给申请人亲自或通过委派代表的方式参加其B样品的开始和分析的机会。在这种情况下，应该忽略其B样品的检测结果。因此，上诉人B样品的分析不能有效确认上诉人A样品中发现的克伦特罗，故国际柔联未能根据2009年国际柔联反兴奋剂规则第2.1.2条确立反兴奋剂违规行为。

在得出这一结论时，专家组驳回了国际柔联的论点，即申请人不能就国际柔联没有通知她B样品分析的情况提出申诉，因为她已经放弃了让人分析她的B样品的权利。即使假设上诉人的弃权是有效的（这个问题不需要仲裁庭决定），仲裁庭的结论也不会改变。如前所述，无论要求检测B样品的是运动员还是国际柔联，运动员都有权被告知她的B样品将被分析以及分析的时间和地点，以及她亲自或通过代表参加开瓶和分析的权利。

仲裁庭最后裁定撤销国际柔联的相关禁赛裁决，因为B样品检测时申请人或其代理人没有到现场，因此检测结果无效。

二、俄罗斯花样滑冰运动员W兴奋剂案

案例来源：CAS 2023/A/9451 RUSADA v. Kamila Valieva，CAS 2023/A/9455 ISU v. Kamila Valieva and RUSADA，CAS 2023/A/9456 WADA v. RUSADA & Kamila Valieva，award of 29 January 2024；CAS ad hoc Division（OG Beijing）22/008 & 22/009 & 22/010 IOC & WADA & ISU v. RUSADA & Kamila Valieva & ROC，award of 17 February 2022（operative part of 14 February 2022）.

2021年12月25日，W在俄罗斯花样滑冰锦标赛女子个人赛中夺冠，并被指定进行赛后兴奋剂检查，样本被送往瑞典斯德哥尔摩的卡罗林斯卡研究所进行分析。2022年2月7日，她作为北京冬奥会俄罗斯花样滑冰团体项目成员参加了比赛并获得奥运冠军，其是第一位在奥运会上完成四级跳跃的俄罗斯女子花样滑冰运动员。2月8日,瑞典实验室通告了2021年12月25日进行的曲美他嗪阳性测试结果。因为该俄罗斯国内的兴奋剂事件，原定于2月8日举行的花样滑冰团体赛事的颁奖典礼被无限期推迟。基于阳性检验结果，俄罗斯反兴奋剂机构（RUSADA）于2月8日对W实施了临时停赛。运动员随后决定向RUSADA纪律委员会提出异议，运动员的祖父声称他正在服用曲美他嗪来治疗自己，并且在更换玻璃杯期间可能发生了污染。这一解释被RUSADA纪律委员会接受，并于2月9日解除了临时禁赛处罚。

针对RUSADA的临时禁赛决定，国际奥委会于2022年2月11日向北京冬奥会

CAS 特别仲裁庭提起申诉，要求 RUSADA 提供作出临时禁赛的解释理由，W、俄罗斯奥委会以及国际滑联被认为是利益相关方。晚些时候，WADA 和国际滑联对同一个 RUSADA 的裁决又分别提出仲裁申请，特别仲裁庭决定将这三个申请合并为一个案件进行审理。申请人要求仲裁庭推翻 RUSADA 纪律委员会的决定，特别是，申请人希望仲裁庭审查该决定，因为他们认为 W 女士作为 WADC 的受保护运动员的身份本身不能证明解除她的临时停赛和降低关于其无意使用兴奋剂指控的举证责任。2022 年 2 月 14 日，CAS 北京奥运会特别仲裁庭裁定对本争议具有管辖权，同时拒绝了国际奥委会、WADA 以及国际滑联的诉求，从而允许 W 可以参加女子单人滑冰比赛的短节目比赛。CAS 在一份声明中表示，由于“特殊情况”，包括与她作为“受保护人”（protected person）身份相关的具体规定（因为她是未成年人），允许“针对不同的证据标准和较低的制裁做出具体规定”。因此应允许 W 参加比赛。CAS 还注意到，W 在冬季奥运会期间没有检测出阳性，在作出决定时，仲裁庭考虑了“公平、相称、不可弥补的伤害的基本原则”。结论是，“在这种情况下，阻止运动员参加奥运会将对她造成无法弥补的伤害。”该决定并不反映 W 是否违反了反兴奋剂规则，而是在收集到更多信息后是否应该允许她继续参加比赛。

2023 年 1 月 24 日，RUSADA 反兴奋剂纪律委员会裁定，运动员应适用的责任证明标准不是盖然性平衡（balance of probabilities），而是“合理可能性”（a reasonable possibility），并且根据该标准，“运动员关于在其祖父烹饪的食物中无意使用曲美他嗪的说法符合合理可能性证明标准的要求”，因此运动员无过错，应当取消运动员在俄罗斯全国锦标赛而不是北京奥运会上的参赛成绩，并且不对 W 实施禁赛。

针对该裁决，RUSADA、国际滑联（ISU）以及 WADA 分别向 CAS 提起申诉，仲裁庭合并审理，2024 年 1 月 29 日，仲裁庭裁定维持国际滑联针对 RUSADA 反兴奋剂纪律委员会的决定提起的异议诉求，部分维持 WADA 针对同一机构的诉求，撤销俄罗斯反兴奋剂委员会于 2023 年 1 月 24 日作出的禁赛裁决，仲裁庭认为 W 违反了俄罗斯反兴奋剂规则的相关条款，自 2021 年 12 月 15 日起对 W 禁赛 4 年，剥夺 W 自该时间后的所有参赛成绩，包括北京冬奥会上的花样滑冰团体赛金牌等。

本案中的焦点问题主要是：

（一）关于北京奥运会 CAS 特别仲裁庭的管辖权问题

国际奥委会、WADA 和 ISU 对 RUSADA 的纪律委员会解除临时停赛的决定提出上诉，实质上是要求撤销该决定并宣布 W 没有资格参加比赛。在提交的材料中，ISU 支持对于“受保护的人”（包括未成年运动员）的临时停赛不应该有特殊的证明标准，并且仲裁庭不应将CAS规则授予临时措施的三个条件（即不可弥补的损害、利益平衡和成功的可能性）类推适用于与解除临时暂停有关的案件。RUSADA方面质疑CAS特别仲裁庭对此案的管辖权。作为初步问题，CAS特别仲裁庭裁定对W临时停赛的决定异议的申诉享有管辖权，因为该决定是在奥运会期间作出的，并且争议与奥运会有关。更具体地说，即使有关的兴奋剂违规行为不是发生在奥运会期间或者与奥运会无关，并且有关的临时禁赛处罚并不是特别针对奥运会的，但是因为此类争端涉及是否要确认临时禁赛的处罚以及争端的结果与相关运动员进一步参加奥运会有关，CAS特别仲裁庭就对该争议享有管辖权。换句话说，与奥运会的法律联系是由临时停赛将自动禁止运动员参加所有运动这一事实确立的，而属时管辖权则源于该决定是在特别仲裁庭的管辖窗口期间作出的。因此，仲裁庭认为，特别仲裁庭享有管辖权的关联因素是争议本身，而不是作出上诉决定的当局；RUSADA不是被列入CAS临时规则第1条的体育权威机构，这无关紧要。更无关紧要的是，临时停赛并不是专门针对运动员参加奥运会的决定。

（二）WADC中“受保护的人”的法律含义与临时禁赛的规定

2021年WADA新修订的《世界反兴奋剂条例》（WADC）将“受保护的人”和“未成年人”列为两个并列平行的不同种类的运动员。根据WADC的解释，“受保护的人”是指那些年龄不满16周岁的运动员；或者，不满18周岁并且没有被纳入注册检验名录（registered testing pool，RTP）以及从来没有参加国际赛事的运动员；或者，因年龄以外的原因被确定为根据其国家立法缺乏法律行为能力的人。一个受保护的运动员如果有兴奋剂违规行为，可以适用更多灵活的处罚规则。未成年人是指那种17周岁及其以下更年轻的运动员。如果一个16岁或17岁的杰出运动员有兴奋剂违规行为可以不公开其相关的处罚措施。

W尚属于WADC中“16岁以下受保护的人”，如果被认定使用兴奋剂将不会受到重罚。但按照条例规定，未成年人涉及违反兴奋剂规则时，她的教练和队医等随行人员必须接受调查。同时，W的未成年身份也意味着她不需要在药检呈阳性后进行正常的公开披露。事实上，W因为她还没有达到16岁而被WADC视为“受保护的人”这一事实而变得复杂。这意味着更多地关注为她提供建议的教练和支持团队，因为她是年轻人，可能并未充分认识和了解相关的反兴奋剂规则和政策。由于被认为是“受保护的人”，对她的制裁相对较轻。除了剥夺俄罗斯队的奖牌之外，这并不能免除她的随行人员可能受到的反兴奋剂处罚。

WADC中有关于“受保护人”特殊地位的规定，但在临时禁赛方面存在空白。

根据相关规定，"受保护人"在WADC中具有特殊地位，特别是在评估过失或疏忽以及举证标准方面。尽管有几项规定对这些运动员有不同的证据标准和较低的制裁，但仲裁庭承认，WADC对此类受保护人员施加的临时停赛没有任何规定。同时，如果运动员（作为受保护的人）不能证明其没有重大过错或疏忽，其可能会受到最低限度的制裁。尽管WADC没有规定对受保护人使用的非特定物质的强制临时禁赛豁免（因此属于强制临时暂停），但只有受保护人可能会受到谴责，并且没有无参赛资格期限的规定。仲裁庭认为，根据相关规则进行解释，在一定程度上证明未成年运动员的意图或过错的能力可能会很困难，但制裁可能处于范围的低端，而严格执行与临时禁赛相关的规则几乎肯定会导致临时禁赛的期限比最终实施的期限更长。因此，仲裁庭填补了WADC的空白，并坚持认为这是其"解释"，而不是对规则的重写。从仲裁庭的推理来看，WADC虽然载有在制裁方面给予受保护人优惠待遇的规定，但并未提供任何关于受保护人临时停赛的信息。根据仲裁员的说法，这种缺席构成了WADC中的一个漏洞，在这种情况下可能对运动员造成无法弥补的伤害。

（三）运动员服用兴奋剂的意图以及禁赛处罚的相称性

2024年1月底的CAS仲裁庭裁定，"根据俄罗斯反兴奋剂条例第12.2.1条，运动员没有证明其兴奋剂违规不是故意的责任。正如仲裁庭所说，很难证明是否定的，这里的情况也是如此。这并不意味着W女士是骗子，也不意味着她在2021年12月25日的俄罗斯全国锦标赛上作弊，或者她在北京奥运会（或任何其他时间）获得金牌时作弊"（第422段）。

仲裁庭接着裁定，申请人没有证明运动员故意实施兴奋剂违规，或者也没有这样做的义务。然而，必须承认，RUSADA（以及WADA在较小程度上）进行的调查结论是，没有证据表明她是故意行为的。因此，仲裁庭意识到，可能有些人认为，在没有确定一名15岁运动员故意实施反兴奋剂违规的情况下，对她实施四年禁令是严厉和不相称的。根据CAS以往相关裁决规定的比例原则，仲裁庭仔细考虑了是否有行使自由裁量权缩短无资格期限的余地，并认为，这一制裁完全符合俄罗斯反兴奋剂规则和2021年WADC的规定。

仲裁庭援引以往的裁决指出，"其意识到了一句被广泛引用的法律格言，即'困难的案件会导致糟糕的法律'（hard cases make bad law），仲裁庭不能试图违反WADC的界限，因为在特定案件中应用兴奋剂违规可能会对特定个人产生严重影响。法律确定性是一项重要原则，背离WADC将对其造成破坏，并涉及关于未来何时需要背离WADC的无休止的辩论。涓涓细流可以变成洪流；异常亦可变异为常态”。“它最好、实际上也有必要遵守WADC。如果需要改变，那是针对WADC迭代审查过程中的立法机构，而不是必须适用现行法的裁决机构，也不是拟议法的某个版本”（第424段）。

仲裁庭多数成员都同意这一点，即，“在这种情况下，仲裁庭最好，甚至有必要遵守俄罗斯反兴奋剂条例（以及基本的WADC），如果需要改变对年轻运动员的保护，那么任何此类改变都是WADC协商和迭代审查过程中的立法机构的事，而不是这个裁决机构的事”（第425段）。

（四）美国反兴奋剂法的域外适用

在W兴奋剂案的仲裁审理期间，有报道提到了美国反兴奋剂法的适用和处罚问题。根据2020年签署成为法律的《罗德琴科夫反兴奋剂法案》（Rodchenkov Anti-Doping Act，RADA），如果那些参与俄罗斯奥委会花样滑冰运动员W兴奋剂案件的人的行为影响美国运动员的成绩，或者，如果某人的行为影响美国运动员的结果，检察官可以寻求最高100万美元的罚款和最长10年的监禁。RADA允许美国起诉在涉及美国运动员的国际赛事中使用兴奋剂计划的医生、教练和政府官员，运动员本身不能被指控。暂未执行逮捕的人如果前往与美国签订引渡条约的国家参加比赛，他们可能会被捕。

RADA并非旨在追捕个别运动员，主要针对那些被指控在涉及美国运动员、赞助商或广播公司的任何活动中安排服用兴奋剂的教练、医生和运动员随行人员等其他成员。该法案得到了美国反兴奋剂机构等机构的支持，在国会两院一致通过，并于2020年12月签署成为法律。但同时，国际奥委会和世界反兴奋剂机构游说反对该法案的部分内容，主要是它让美国执法部门在监管其境外发生的反兴奋剂案件方面拥有了过多的影响力。如果美国决定根据RADA起诉W兴奋剂案的相关人员，该事件可能会升级为一场旷日持久的法律战。

该案确实对美国奥运会代表团产生了影响。在俄罗斯奥委会、俄罗斯花样滑冰协会以及若干运动员提起申诉后，2024年7月下旬，国际体育仲裁院就W兴奋剂案的后续问题作出了一项重大决定，裁定由于俄罗斯奥运花样滑冰团队的W不具备参赛资格，驳回俄罗斯奥委会等的诉求，剥夺了俄罗斯的花样滑冰团体金牌，并将其授予排名第二的美国队，日本队则被提升至银牌位置。

第六章　奥林匹克产权及其保护问题

奥林匹克产权是指与奥林匹克有关的奥运会以及奥林匹克标志等权利，是奥林匹克精神产品的一种产权形式，包括奥林匹克知识产权以及转播权等其他相关产品。概括而言，奥林匹克产权包括奥林匹克运动会的产权以及奥运会的主办权、广告发布权、电视转播权；国际奥委会的标志、徽记、格言、会歌、旗帜以及奥林匹克、奥运会、奥运等专有名称的特许经营权及使用权；国际奥委会对奥林匹克运动的组织、开发、转播、录制、重放、复制、获取和散发的全部权利；此外还包括申办、举办奥运会期间产生的会徽、吉祥物、歌曲、标识和其他创作成果以及奥林匹克标志、徽记、格言、会歌、圣火、火炬等知识产权。[1] 对奥林匹克产权的保护，实际上也是对作为知识产权客体的商标、特殊标志、专利、作品和其他创作成果的保护，这类客体中又以奥林匹克标志最为人们所熟悉。

能使奥运会圣火长盛不衰的不仅仅是崇高的奥林匹克精神，还有多年来被验证为成功的奥运市场运作。奥运经济的缔造者萨马兰奇在主政国际奥委会的20年间，通过世界知识产权组织推动制订了有四十多个国家参加的《保护奥林匹克标志的内罗毕条约》，重视奥林匹克知识产权的作用，以及独创国际奥委会特有的内部保护机制，即在《主办城市合同》中大量约定奥林匹克产权保护条款等方法，为奥运引入产权保护机制，使一向经济紧张的奥运会焕发了新的生机。

对于国际奥委会来讲，奥林匹克产权的保护具有非常重要的意义，其是国际奥委会财政收入的主要来源，而且，国际奥委会把绝大多数的市场收入分配给有关的奥林匹克组织，借以促进奥林匹克运动以及全球范围内体育运动的发展。譬如在奥运会主办城市的申办过程中，申办城市要确保其所在国有关政府已经或者将会制定有关的国内立法以确保奥林匹克标志和有关产权得到保护，而有些申办城市所在国

---

[1] 钟秉枢、邱招义、于静、董进霞：《奥林匹克品牌——中、美、澳三国奥林匹克品牌的比较研究》，北京体育大学出版社2006年版，第51页。

家则是通过临时立法的形式来保护奥林匹克标志。

第一节 奥林匹克产权概述

在对奥林匹克产权的渊源以及保护体制进行阐述之前，首先有必要对奥运产权的概况作简单介绍，包括奥林匹克产权保护的历史发展、奥林匹克产权保护的对象或者客体范围以及奥林匹克产权保护的主要内容。

一、奥林匹克产权保护的历史发展

尽管奥运会早在古希腊就已经出现，但是谈到对奥林匹克产权的保护问题只能从现代奥运会开始。现代奥运会的创始人顾拜旦于1913年创立了五个相互交织的奥运五环标记，并在1914年的巴黎奥林匹克会议上正式公开。随后，商人们很快便意识到了奥林匹克标志的价值。在1932年的洛杉矶奥运会上，赫尔姆斯（Helms）拥有的面包房获得了奥运村供应合同，将其出售的面包命名为“Helms Olympic Bread”，并在除华盛顿以外的其他州，因为在华盛顿境内有一个叫作奥林匹亚的地区注册了包括“Olympic”和五环标志在内的商标。由于当时既没有类似的商标注册，也没有有关的立法对此问题加以规定，因此奥运会后赫尔姆斯的奥林匹克面包继续出售。当时的国际奥委会主席布伦戴奇（Brundage）对于在商业广告中使用“Olympic”一词非常不高兴，决定阻止这种使用奥林匹克标志的行为，但直到1950年赫尔姆斯才主动同意停止使用奥林匹克标志和吉祥物。[1] 当时，国际奥委会在丹麦、奥地利以及法国等采取了保护奥林匹克标准的行动。

1949年，国际奥委会向各国奥委会发了一个通知，强烈要求各成员国协会在其国家内部要向有关行政当局申请保护奥林匹克用语和五环标志。如果在不涉及奥林匹克运动或者是商业目的运动会上使用奥林匹克用语和五环标志，各国奥委会要采取积极的应对行动，并应在收取提成费的情况下允许有关的实体使用奥林匹克用语和五环标志。美国首先作出了积极反应。1950年9月，美国通立法（Public Law 805）授予USOC法特许权，其第9部分规定要求USOC保护在美国境内的奥林匹

---

〔1〕 Robert Knight Barney & Stephen Wenn and Scott G. Martyn, *Selling the Five Rings: The International Olympic Committee and the Rise of Olympic Commercialism*, University of Utah Press, 2002, p. 45 – 46.

克标志，只有 USOC 及其授权机构才有权使用奥林匹克标志。

如果说 20 世纪上半叶国际奥委会的经济状况仅仅是“勉强”的话，那么在 20 世纪 50 年代电视转播体育的发展，尤其是 60 年代奥运会电视转播的飞速发展，几乎在一夜之间改变了国际奥委会的经济状况。国际奥委会依靠电视转播而获得的收入迅速增加，奥林匹克运动的商业化程度得到了进一步的加强，但同时也提出了需要对奥林匹克标志加大保护力度的问题，国际奥委会要求申办以及举办奥运会的国家要通过国内立法以对奥林匹克标志加以保护。在加拿大蒙特利尔成功获得 1976 年奥运会的主办权后，在加拿大奥委会的要求下，加拿大议会通过了专门保护与 1976 年蒙特利尔奥运会有关的商标和标志的加拿大奥林匹克法［Olympic（1976）Act］，这似乎是历史上的第一次。

1977 年，国际奥委会修改了《奥林匹克宪章》第 6 条的附则，要求国际奥委会采取一切可行的措施使奥林匹克标志在各国和国际上获得法律保护。尽管有如此规定，但是从法律上保护奥林匹克标志的行动并没有取得任何进展。而在国际层面上，国际奥委会开始和世界知识产权组织进行合作。国际奥委会首先在瑞士联邦知识产权局获得了五环标志的商标注册，然后要求世界知识产权组织在适用《商标国际注册马德里协定》的 24 个成员国进行国际注册。不过，国际奥委会并不满足于奥林匹克标志只在马德里协定的成员国得到保护，因此它在其第 79 次会议上决定修改宪章的附则，将在各国国内保护奥林匹克标志的责任改由各国奥委会承担。在 1981 年底，国际奥委会获得了足够多的政府支持，因此在世界知识产权组织的内罗毕会议上通过了《保护奥林匹克标志的内罗毕条约》。

二、奥林匹克产权保护的客体范围

关于奥林匹克知识产权保护的对象或者客体范围，根据有关的文件，主要有以下 4 种分类：

（一）永久属于国际奥委会专有的产权

主要是指国际奥委会专有的“奥林匹克”这个名称，具体来讲包括“奥林匹克”或者“奥林匹亚”的各国文字符号、奥运五环、奥林匹克徽记、奥运五环标志图案、奥林匹克会旗、奥林匹克格言（更快、更高、更强）、奥林匹克会歌以及奥林匹克的历史遗产等。

（二）各国家奥委会、各洲奥委会拥有的产权

此类产权包括，各国家奥委会和各洲奥委会的名称、徽记、会旗等。国家奥委会和各洲奥委会的知识产权应符合国际奥委会的有关规定，如要使用这类知识产权，也要征得国际奥委会的认可。各国的国家奥委会只能在取得国际奥委会执委会的批准之后，在非营利的活动范围内使用奥林匹克标志。国家奥委会徽记的使用只在该国奥委会所在国内有效。

（三）奥委会申办、筹备以及举办奥运会过程中形成的产权

根据国际奥委会起草的、适用于所有奥运会申办城市的《主办城市合同》的规定，主办城市与主办国奥委会之间应签署联合市场开发协议，该协议将奥组委和国家奥委会的全部市场开发权利和商业权利（包括使用奥林匹克标志的权利）结合在一起。因此，在协议期间，国家奥委会以参与组委会工作的形式介入组委会的市场开发工作，而自身不再单独从事对奥林匹克标志的使用与管理。

历届奥运会组委会继承了申办、筹建机构以及在举办奥运会期间形成的知识产权，这种组委会知识产权是临时性的，当奥运会闭幕后，按国际奥委会规定，以举办当年的 12 月 31 日为限，闭幕后奥运会组委会知识产权归国际奥委会所有，包括奥运会名称、徽记、旗帜、吉祥物、图形/宣传画/招贴画设计、证书和正式出版物等，以及为奥运会创作的图像/音像作品、奥林匹克火炬设计以及与之有关的任何铸模/徽章，奥林匹奖牌和纪念章设计及与奥运有关的数据库和统计数据等。

（四）有关组织或者个人通过合法渠道获得的与奥运会密切相关的产权

任何组织机构或个人均可通过合法渠道获得与奥运会密切相关的知识产权。这些知识产权包括奥运会电视转播权节目，授权使用奥林匹克知识产权的商品，与奥运会密切相关的作品，与奥运会密切相关的专利产品和专利技术等。奥运合作伙伴所得到的授权就是这种类型。

在这四类奥林匹克知识产权中，前三类产权的主体分别是国际奥委会、国家奥委会、各洲奥委会以及奥运会组委会，而这三种产权以规定和合约形式确定，其行使的依据是《奥林匹克宪章》和《主办城市合同》，还须由国际奥委会授权，具有强制性、无期限性和许可使用性，并且无论国家知识产权法律制度如何规定，都必须遵守。最后一类，即有关组织机构或个人通过合法授权取得与奥运会密切相关的

知识产权，主要依据各国知识产权法律制度进行保护。

三、奥林匹克产权保护的主要内容

作为奥林匹克标志的权利人，国际奥林匹克委员会、国家奥委会以及奥运会组委会对与奥林匹克有关的标志享有专有权。未经其许可，任何人不得为商业目的使用奥林匹克标志。至于国际奥林匹克委员会、国家奥委会和奥运会组委会之间的权利划分，依照《奥林匹克宪章》和《主办城市合同》确定。

（一）权利人自己有使用奥林匹克标志或者许可他人使用奥林匹克标志的权利

权利人既可以将有关标志用于商业目的，也可以用作非商业目的。权利人自己利用有关标志是权利固有的含义，而许可他人使用是固有权利的延伸。在奥运会的商业化运作中，许可他人在全球范围内或者奥运会主办国内使用有关奥林匹克标志在实践中占有越来越突出的地位，是保证国际奥委会和奥运组委会获得必要财政收入的重要保证，因此可以说，保障被许可者合法使用奥林匹克标志是知识产权保护的核心目的。当然，为商业目的使用奥林匹克标志的，应当同奥林匹克标志权利人订立使用许可合同，严格界定标志的授权管理和使用、使用的标志范围、商品范围、地域范围、时间范围以及使用人的权利和义务等。

具体而言，国际奥委会对保护奥林匹克知识产权提出的基本要求包括，在有关国家（地区）乃至全球范围内进行登记、注册；按规定由有权机构使用或授权使用。不管出于何种目的，未经许可均不得使用；保证合法使用者通过奥林匹克识知识产权获取商业收益，杜绝违规使用；对违规使用者追究法律责任，包括索取赔偿。总之，国际奥委会希望奥林匹克知识产权得到全面、充分和连续的法律保护。

（二）权利人可以依法排除他人未经许可而使用奥林匹克标志的行为

此类行为主要是为商业目的使用，这是由奥林匹克知识产权的排他性所决定的。由于侵犯奥林匹克知识产权的行为主要发生在商业领域，因此禁止或排除他人为商业目的而未经许可使用奥林匹克标志是权利保护的关键，而对于“为商业目的而使用”有关标志的界定就具有了非常重要的意义，它成为判断是否侵害有关权利的标准。至于“为商业目的而使用”奥林匹克标志的含义和范围，即以营利为目的，通常包括以下列方式利用奥林匹克标志的行为：将奥林匹克标志用于商品、商品包装或者容器以及商品交易文书上；将奥林匹克标志用于服务项目中；将奥林匹克标志用于广告宣传、商业展览、营业性演出以及其他商业活动中；销售、进口、出口含有奥林匹克标志的商品；制造或者销售奥林匹克标志；可能使人认为行为人与奥林匹克标志权利人之间有赞助或者其他支持关系而使用奥林匹克标志的其他行为。如果未经奥林匹克标志权利人许可，为商业目的擅自使用奥林匹克标志，就构成侵犯奥林匹克标志专有权，侵权人须对此承担侵权责任（见本章参考案例一）。

（三）公众也可以基于非商业目的而合理使用奥林匹克标志

如果对他人未经许可使用奥林匹克标志的非法行为限制在“商业目的使用”之内的话，从另一个角度来讲出于非商业目的而使用有关标志就可以理解为奥林匹克知识产权保护的一个“例外”。譬如，出于非营利目的，在有关科研交流会上使用宣传奥运的标志就属于合理使用的范围。这是因为，奥运会固然给举办国带来了巨大的商机，但同时奥运会也是一次全球性的体育盛会，关系着国家的形象，人们的参与正是奥林匹克精神的发扬，对于奥林匹克运动而言，这些使用不仅无害，反而有益。

如果有关组织或者个人未经奥林匹克知识产权的权利人许可而商业性使用有关标志，应承担由此而引起的相关责任，包括停止侵权行为、赔偿损失等。认定侵权行为成立的，除可采取停止侵权行为、赔偿损失、没收违法所得等措施外，还可以没收、销毁侵权商品和专门用于制造侵权商品的工具。在 20 世纪 80 年代，USOC 为维护自己的权益就主动将有关侵权者起诉到了法院，并得到了对自己有利的判决（见本章参考案例二）。

第二节　保护奥林匹克产权的国际性文件

这里所讲的国际性文件，应该包括由世界知识产权组织通过，并具有国际法效力的《保护奥林匹克标志的内罗毕条约》，国际奥委会制定的《奥林匹克宪章》以及国际奥委会与奥运会主办城市所签订的《主办城市合同》等。它们都应当是保护奥林匹克知识产权的依据。

一、《保护奥林匹克标志的内罗毕条约》

世界知识产权组织于 1981 年 9 月在非洲内罗毕举行的会议上通过了《保护奥林

匹克标志的内罗毕条约》，到2024年5月为止，已经有56个国家签署了该条约（中国目前尚未加入该公约），这也就意味着该条约应在这些得到批准的国家内发生效力，也即条约规定的奥林匹克标志应在这些国家得到保护。公约共有四个部分（实质性条款、国家集团、最后条款和附件），共计10条。

（一）实质性条款

这部分的内容共3条，主要是对成员国的义务以及例外作了规定。第1条指出，除第2条、第3条另有规定外，本条约成员国非经国际奥委会许可，有义务拒绝以国际奥委会宪章规定的奥林匹克会徽组成的或含有该会徽的符号作为注册标记或使其注册无效，并应采取适当措施禁止出于商业目的以此种会徽作为标记或其他标志使用。

第2条规定了成员国义务的例外。该条第1款首先指出了本条约成员国不受第1条规定义务约束的几种情况，包括：①在该条约对有关国家生效之前，或者根据第3条得知第1条规定的义务已视为在该国中止的期间，以奥林匹克标志组成或含有该会徽的任何标识已经在该国注册者；②任何人或企业出于商业目的在该国继续使用以奥林匹克会徽组成或含有该会徽的任何标识或其他标识的时间系在本条约对该国生效前，或者根据第3条得知第1条规定的义务已视为在该国中止的期间就已经合法地开始此种使用者。同时，第2条的后几款又作了一些补充规定：第1款的规定也适用于根据该国所参加的条约进行注册而在该国有效的标记；已被授权的个人或企业对奥林匹克会徽的使用应被认为是这些被授权者出于商业目的而使用有关标志；为宣传奥林匹克运动或其活动，本条约成员国没有禁止在宣传工具中使用奥林匹克会徽的义务。

条约第3条对条约成员国义务中止的情况作了规定，在国际奥委会和条约成员国的国家奥委会之间，就国际奥委会许可在该国使用奥林匹克会徽的条件和就该国家奥委会在国际奥委会因授予此种许可所得的收入中应享有的份额达成协议的期间，该成员国可以认为第1条规定的义务已经中止。

（二）国家集团

这部分的内容只有1条（第4条），也是对第一部分内容（实质性条款）所作的例外规定。该条指出，对于本条约成员国，同时又是某关税同盟、自由贸易区、任何其他经济集团或任何其他地区或分区集团的成员的国家，第一部分有关实质性条款的规定不得损害各国根据建立此类同盟、区域或其他集团的法定文件所承担的义务，特别是该文件有关商品或劳务自由流动的各项规定。

（三）最后条款和附件

“最后条款”部分对于条约成员国、生效、退出、签字、语言文字、登记、通知等事项作了规定，因为不具有实质性意义，故在此不作赘述。而条约的附件规定，奥林匹克标志由五连环组成，即蓝、黄、黑、绿、红，依此顺序自左而右。

总之，参加本条约的所有国家均有义务保护奥林匹克会徽 5 个交错的圆环，制止未经国际奥委会（奥林匹克标志所有者）的许可而用之于商业目的。而且，该条约的一个很重要的后果就是如果国际奥委会在某条约成员国内授权使用奥林匹克会徽，该国的国家奥委会就有权得到国际奥委会因为这种许可所获得的收入中的一部分。但是，需要明确的是，由于本条约的参加国有限，这也在一定程度上约束了其效力，对于没有批准该条约的国家而言，对相关奥林匹克会徽的保护就需要借助《奥林匹克宪章》《主办城市合同》以及有关国家的国内法规定。也许因为签署、批准《保护奥林匹克标志的内罗毕条约》的国家非常有限（譬如美国、中国、澳大利亚、法国、德国和英国等都没有批准该条约），该条约的重要性和适用范围也是有限的。条约第 1 条关于成员国义务的规定对许多国家来讲是个问题，要求获得国际奥委会而不是各国奥委会的授权也许是一个真正的障碍。因此，除了其形式意义外，较之于许多国家通过的保护奥林匹克产权的国内立法而言，《保护奥林匹克标志的内罗毕条约》的重要性也就相形见绌了。

二、《奥林匹克宪章》

国际奥委会通过并不断加以修改的《奥林匹克宪章》对奥林匹克知识产权问题也作了充分的规定。宪章中规定了“奥林匹克运动会的权利”“奥林匹克知识产权”，同时也有“奥林匹克标志的使用”等。具体来讲，其内容包括：

（一）奥林匹克运动会的权利

奥林匹克运动会是国际奥委会的专属财产，国际奥委会拥有其中有关的全部权利，特别是，而且不加限制地涉及该运动会的组织、开发、转播、录制、重放、复制、获取和散发的全部权利，不论以何种方式或以现存的或将来发展的何种手段或机制。

（二）奥林匹克知识产权

奥林匹克产权由奥林匹克标志、会旗、格言、会歌、标识（包括但不限于“奥运会”）、称谓、徽记、圣火和火炬之一或其组合组成；国际奥委会独占性享有对奥林匹克产权的专有权和使用权，包括但不限于为任何营利性、商业或广告目的而使用；国际奥委会可以按照国际奥委会执行委员会设立的条件将全部或部分权利授权特许经营。

（三）法律保护

国际奥委会可自行采取一切适当措施，使同奥运会有关的权利和奥林匹克知识产权在各国和国际上获得法律保护；国家奥委会必须为国际奥委会的利益努力保护国际奥委会拥有的奥林匹克知识产权。

（四）奥林匹克标志的使用

国际奥委会可以设计一种或多种奥林匹克徽记自行使用，可以自行决定使用奥林匹克标志、会旗、格言、会歌；国际奥委会或其所授权人可在某个国家奥委会所在国中将奥林匹克知识产权用于一切涉及赞助关系和供应关系以及任何市场开发性行为，但该使用不得对有关国家奥委会的利益造成严重损害，并且有关决定应由国际奥委会与该国家奥委会协商后作出；国际奥委会可以自行决定授权奥运会转播商使用国际奥委会和奥运会组委会的奥林匹克标志和徽记或其他奥林匹克知识产权以宣传推广其电视节目，但国际奥委会在某个国家奥委会所在国的授权不适用于本内容；国家奥委会对于奥林匹克标志的使用只能是非营利的并且事先获得国际奥委会执行委员会的批准，必须有助于奥林匹克运动的发展和不得有损于奥林匹克运动的尊严；国家奥委会和奥运会组委会在国际奥委会的批准下可设计、注册有关的奥林匹克标志，并按照国际奥委会的指导保护其标志；奥运会组委会的有关标志不得在其他国家用于任何广告、商业或营利目的，除非得到其他国家奥委会的书面同意；为奥运会专门创作的任何音乐作品的版权都归国际奥委会所有。

三、《主办城市合同》

在奥运会的主办城市确定后，国际奥委会要与主办城市签订《主办城市合同》，对本届奥运会有关奥林匹克知识产权进行保护，该合同主要规定的是主办城市、主办国奥委会及奥运会组委会的义务。尤其是，主办城市、主办国奥委会及奥运会组委会有义务承诺将与奥运会直接或间接相关的任何权利自费以国际奥委会执委会满意的方式和条件让与国际奥委会；自费在主办国内对未经授权而使用与奥运会有关的知识产权采取行动；确保奥林匹克会徽（即五环图案）、“奥林匹克”“奥林匹克运动会”名称和奥运会口号已经以国际奥委会的名义得到保护，并且已从主办国政府及（或）国家主管部门获得以国际奥委会名义、令国际奥委会满意并确认依照《奥林匹克宪章》获得连续性的法律保护；确保在奥运会组委会成立后一年之内，经与国际奥委会协商，已将奥运会组委会徽记、吉祥物和“城市 + 年份”奥运会标识以奥运会组委会和（或）国家奥委会的名义在主办国得到妥善保护，这种保护是以国际奥委会的名义进行的，并且要确保在奥运会结束当年的年底转让给国际奥委会；同时也要确保，由城市申办委员会、城市、国家奥委会或奥运会组委会自行或委托他人为其使用而开发的一切与奥运会有关的图像的、视觉的、艺术的或知识的作品或创作的一切知识产权，包括版权，须完全归国际奥委会所有，等等。

需要指出的是，与《保护奥林匹克标志的内罗毕条约》不同的是，《奥林匹克宪章》是由国际奥委会这个非政府组织制定的，不具有国际法的效力，但是由于其在国际体育运动中的作用和影响，可视其为具有习惯法效力的国际规制。而《主办城市合同》也仅仅是国际奥委会和奥运会主办城市当局签署的一个合同，其约束的对象仅仅是当事人，需要主办方切实按照有关合同以及《奥林匹克宪章》的规定来执行维护奥林匹克产权的义务。

第三节　奥林匹克赛事转播权

当前，现代奥林匹克运动会已经成为国际上最大规模的比赛之一。而其形成如此规模的理由之一与电视转播有很大关系，而近些年则主要是手机、网络等新媒体的赛事转播。借助于赛事转播，奥运会拥有其他国际比赛所无法比拟的影响、观众及可观的收入，一个没有赛事转播的奥运会是无法想象的。在奥运会的所有收入项目中，出售赛事转播权是迄今为止奥林匹克运动最大的一笔单项收入来源，其次才是赛事赞助。其中，电视对奥林匹克运动的发展起着举足轻重的作用，出售电视转播权已成为国际奥委会在奥运会上最重要的收入来源之一。

一、奥运会转播权的发展

体育比赛的转播权，指的是体育比赛的主办单位对于比赛进行电视/网络报道的许可及由此带来的直播/转播或者复制等权利。也就是说，比赛主办单位有权决定是否给予某一电视机构/网站对比赛进行电视报道的权利以及对于被授权进行电视报道的单位提出相应要求的权利。对于体育赛事转播权的开发，主要体现在对电视转播权的出售上，涉及直播、集锦以及新闻报道等权利。奥运会转播权具有与一般职业体育运动赛事转播不同的地方，那就是报价更高的转播机构不一定能得到本地区的奥运会转播权。对于奥运会的传播而言，所有人可以收到相关信号是非常重要的。最起码的一点，必须确保所有人都能顺利收看奥运会。如果转播机构在收视方面设置财务障碍，比如说只在收费频道播出，就存在一些风险。如果这种情况持续时间长的话，人们会失去对奥运会的兴趣。因此，向国际奥委会提供了更高报价的转播机构并不一定就能得到转播权。

对奥运会的首次电视直播是在柏林奥运会上。1936 年柏林奥运会期间，一辆闭路式的电视转播车转播柏林奥运会比赛。虽然如此，但是在当时，无线电台仍然是转播比赛的重要媒体。而奥运会转播权首次出售是在 1948 年的伦敦奥运会，该届奥运会转播权被 BBC 付费购得，但受众仅限于伦敦市 50 英里范围内的居民。尽管如此，体育赛事电视转播付费的基本原则已经确立。

虽然伦敦奥运会并未取得实际收入，但却给 1956 年墨尔本奥组委（MOCOG）提供了机遇。为此，MOCOG 开始寻求出售电视转播权的可能性，但却发现出卖转播权很困难，因为这个做法并未得到国际奥委会的支持和帮助。国际奥委会认为，允许有偿使用电视转播权与奥林匹克精神相矛盾，会导致奥运会商业化。而 MOCOG 则认为电视国际化的发展意味着电视转播权市场是一个不断增长的领域。虽然美国广播公司（NBC）已经为包括冰球、篮球和美式足球在内的体育比赛的电视转播权支付了大笔的资金，但拒绝为墨尔本奥运会进行投资。MOCOG 最后还是出卖了电视转播权，英国独立电视台提供了 25000 英镑并和西屋公司签订了价值 50 万美元的赞助合同。

1958 年，国际奥委会终于将奥运会的电视版权写进了《奥林匹克宪章》。其中第 7.1 条规定："奥林匹克运动会是国际奥委会的专属财产，国际奥委会拥有其中有关的全部权利，特别是，而且不加限制地涉及该运动会的组织、开发、转播、录制、重放、复制、获取和散发的全部权利，不论以何种方式或以现存的或将来发展的何种手段或机制。”同时，《奥林匹克宪章》第25条第1款指出：“国际奥委会可接受礼物和遗赠并寻求其他一切使之得以完成任务的财源。它利用实况报道权（包括但不限于电视转播权、赞助、特许费和奥林匹克产权）以及举办奥林匹克运动会来集资。”

从1972年的慕尼黑奥运会开始，国际奥运会更加明确了电视转播权的商业价值，真正主动参与了销售电视转播权费用的分成。但举办奥运会一直是政府行为，很多国家没有因举办奥运会盈利，反而负债累累，严重影响了人们申办奥运会的热情。直到1980年，洛杉矶奥运会组委会开创了商业经营奥运会的先例，使第23届奥运会大获成功，其中一个重要的手段就是大幅提高电视转播费，电视转播权的销售收入也呈现了几何级数增长，让电视转播费再一次救了奥运会。而经过1984年奥运会后，现代奥运会已经开始与顾拜旦理想的状态决裂，正式踏上了商业化的发展道路。到1988年汉城奥运会时，国际奥委会开始逐步掌握了销售电视转播权的主动权。随后的几届奥运会，国际奥委会加大了对转播权销售的干预力度，并相应地弱化了各国组委会的权力，给主办者提供了稳定的资金支持。

新近出现的问题是，随着互联网和移动技术的发展，利用网络、视频以及手机转播奥运会成为可能。相比电视而言，网络的信息量更大，内容可以随时更新。对于看不到电视的地方，互联网的意义就更大了，因此网络转播奥运会也就成为新课题。为了维护电视转播商的利益，国际奥委会长期以来一直不向互联网出售转播权。到了2004年雅典奥运会，国际奥委会迫于压力，在不影响电视转播商利益的同时，同意有条件地出售一部分网络转播权。[1] 从2008年北京奥运会起，国际奥委会创立的奥林匹克广播服务公司（OBS）将作为奥运会官方转播商（OBO）承担未来奥运会的转播工作。而且，北京奥运会的赞助商中第一次有了互联网公司，这对于利用互联网转播奥运会以及投放与奥运会有关的广告无疑是一个新的尝试。

除电视转播权持有人外，其他许多新媒体也想参与报道奥运会新闻、采访运动员和记录悉尼奥运会。因为没有转播权，这些媒体的工作人员受任命国际奥委会制度的约束。按照国际奥委会的规定，各国和地区奥委会是本国和本地区记者采访名额分配的唯一负责机构，没有获得转播权的媒体“ENR”[2] 记者的报名直接由国际

---

〔1〕 张伟、田雨普：《北京奥运会电视转播面临的挑战与对策》，载《体育文化导刊》2007年第7期。

〔2〕 这是一个未经国际奥委会授予电视/无线电转播专属权，在特定区域内转播奥运会的组织。这种组织可以经过国际奥委会的同意，按照“ENR”（非转播权持有者广播组织）类别进行注册。作为一个ENR组织或该组织任命的工作人员，在奥运会期间将会根据国际奥委会制定的“新闻准入规则”，并根据非转播权持有者广播组织同意和签订的“谅解备忘录”，有限制地出入相关的场馆。

奥委会管理。

二、奥运会转播权的法律性质

奥林匹克赛事转播权，主要是保护转播权的享有者在指定地区的独占性，确保该权利没有被削弱，尤其是在奥运会期间。虽然奥运会转播权是有偿出售，但是国际奥委会在确定权利持有人权利的同时，还要考虑其他付费主体（如顶级赞助商等）的利益，因此对奥运会转播权的行使提出了明确的限制。

（一）奥运会转播权的法律性质

根据《奥林匹克宪章》第25条第1款的规定，奥运会电视转播权属于国际奥委会所有。国际奥委会直接负责同所有电视转播商进行奥运会电视转播权合同的谈判，以保护奥林匹克运动长期的利益。对于每届奥运会的电视转播权，基于其专属性，国际奥委会通过竞标的方式，将电视转播权出售给参加竞标的电视组织。竞标成功的电视组织与国际奥委会签订合同后，即成为奥林匹克运动会电视转播权在该地区的权利持有人。通过与国际奥委会的合同，权利持有人取得通过电视、卫星电视、闭路电视、有线电视和高清晰度电视在规定地区直播奥林匹克运动会的权利。当然，该权利一般还包括前奥运会项目和文化项目的转播。

体育比赛到底是一种什么权利，不少媒体在报道这一情况时将其列入知识产权的范围。[1] 例如，美国国会于1976年通过的《版权法》明确职业体育联盟的比赛可以享受联邦政府的版权保护，为保护体育赛事电视转播权提供了法律依据。而事实是，当前许多国家的实践并不把体育比赛视作版权，运动员也不能对自己在体育比赛中的形象主张权利。除非有关的体育比赛符合国际公约（如《保护文学艺术作品伯尔尼公约》）中有关艺术作品的构成要件，否则运动员的体育比赛或者表演就不能依据版权法来得到保护。可能主要的原因在于，体育比赛具有唯一性、即时性和不可复制性，还有就是比赛结果的不确定性。

类似奥运会比赛也不具有版权或者著作权的性质，但不能因此就认为奥运会转播权也不具有著作权的某些权能。奥运会转播权实质上就是权利所有者通过合同许可他人将奥运会比赛通过电视台、电台或网络等媒体向公众直播、转播或者复制的

---

〔1〕 Kanchana Kariyawasam & Matthew Tsai, *Copyright and Live Streaming of Sports Broadcasting*, 31 (3) International Review of Law, Computers & Technology 265 (2017).

权利，是一种根据《奥林匹克宪章》规定而产生的权利。《奥林匹克宪章》是奥运会乃至奥林匹克运动的“宪法性”文件，也是任何参加奥林匹克运动的人和组织必须遵守的章程。宪章中规定了国际奥委会对奥运会电视转播享有所有权和处分权，这是国际奥委会对奥运会电视转播享有权利的法律根据，但其对奥运会转播权的性质并没有明确规定。不过，通过签署《主办城市合同》，奥运会组委会承认国际奥委会享有奥运会的全部权力，包括许可他人转播奥运会开闭幕式以及运动比赛的权利。可以讲，虽然国际奥委会并不是奥运会这个“作品”的原创者，但其享有的确实是实实在在的权利，因为奥组委几乎已经把有关奥运会的全部权利转让给国际奥委会，而这也是奥组委或者申办者获得奥运会主办权的前提条件。从这个角度来讲，奥运会电视转播权更像是受国际奥委会委托而由奥组委和参赛运动员共同创作的作品，国际奥委会享有其版权，通过转播权合同而又把该权利转让给出价合理的电视台或者网站。

国际奥委会通过授权某电视台等媒体转播奥运会比赛获得收入。在某一地区，只有购买了本地转播权的电视台或网站才有权转播奥运会比赛，否则构成侵权。而购买了转播权的电视台转播奥运会的信号应当受知识产权法尤其是著作权的保护，没有获得报道权的电视机构只能以字幕和口头播报的形式向全球观众发布奥运消息。至于得到授权的转播商，其对自己制作或者播出的奥运会节目或者录像等则享有版权或者著作权，未经其许可重播或者盗播者应承担法律上的侵权责任。

当然，对于奥运会电视转播权来讲，主要是保护转播权的享有者在指定地区的独占性，特别是保护该权利没有被削弱，尤其是在奥运会期间对于奥运会比赛项目的非官方节目的播放或者奥林匹克标志和形象的使用。

（二）奥运会转播权的权利限制

根据有关规定，奥运会转播权的持有人有权传送奥林匹克运动会的图像和声音，但是它对奥林匹克胶片却没有所有权，也不能依据版权法或者著作权法来获得保护。国际奥委会保留了奥林匹克资料的版权，并负责控制版权资料的使用。因此，奥运会的电视转播权持有人不拥有任何奥运会比赛胶片的版权，如果他们想在和国际奥委会的合同范围之外使用胶片，必须取得国际奥委会的批准或同意。这些胶片，除了权利人自己拥有的资料外，包括评论、访问、人物介绍、历史性的特辑镜头、音乐、图片、宣传或广告。简言之，电视转播权人对奥运会胶片只享有在指定地区的独占转播权，而如果权利持有人希望再次行使其权利，必须和国际奥委会另行协商。

对于国际奥委会和权利持有人来说，奥林匹克电视转播权的保护非常重要，国际奥委会在赋予权利持有人在指定地区转播权的同时，还通过对非权利持有人行为的限制来保护权利持有人的独占转播权。因此，国际奥委会通过立法在它们之间作出平衡和协调。例如，奥运会不能完全拒绝非权利持有人的采访权，非权利持有人可以编排新闻节目为目的使用奥林匹克比赛的部分胶片等。除此以外，非电视转播权人的电视组织者不能播放任何奥运会项目的节目、颁奖仪式、公开和非公开的庆祝或任何其他在奥运会赛区内的活动。该规定是以《奥林匹克宪章》为依据作出的。

新媒体的发展却是不可阻挡的。问题是如何能最大程度地推广奥林匹克运动和支持国际奥委会的利益，同时也尊重宪章的相关条款，尤其是怎样才能维护转播权所有者和各级奥林匹克赞助商等的权利。例如，对于运动员、教练、体育官员和所有注册奥运会的参与者来讲，遵守宪章中的两条原则是最主要的，第一，除非经国际奥委会执行委员会同意，参加奥运会的任何运动员、教练、官员、新闻随员或其他已注册的参加者不得在奥运会期间将其本人、其名字、图像或者运动比赛用于任何广告目的（第 40 条附则 3）；第二，在整个奥林匹克运动会期间，任何运动员、教练、官员、新闻随员或其他已注册的参加者决不能注册为记者或其他媒体身份或以这种身份行事（第 48 条附则 3）。这两条规定的核心意思就是在赛事报道方面，前述这些人可以自由地接受各种形式的采访，但他们自己不能像记者一样去采访、撰稿、摄影、录音等，个人收集的信息只能用于个人用途。

在奥运会转播权方面，还有一个很重要的问题，就是一些组织可以进入赛区独立拍摄比赛，并将那些资料利用视频设备或其他设备以数据形式进行传输。该资料会通过实况播放视频和音频进行上传。网络服务提供者则可以利用平常的方式制作并将其在网站上公开，使网民能够看到相关的节目。因为他们没有转播权，此类行为显然构成侵权，应当承担侵权责任。但是，因为奥林匹克胶片的所有权归属国际奥委会，在这种情形下，原告应当是国际奥委会或东道国奥委会而非转播权持有人自己。因此，在此类侵权事件中，转播权持有人必须依靠国际奥委会或东道国组委会或奥委会维护他们的独占使用权。

第四节　奥林匹克产权保护的启示

从国际奥委会最初准许美国面包商注册含有奥林匹克标记的商标到后来联合各

国奥委会以及奥运会组委会采取行动保护奥林匹克标志免于非法使用的发展过程来看，国际奥委会的商业化氛围越来越浓，与此相应的是保护奥林匹克产权的有关规则（包括国际奥委会和各国奥委会的有关规定以及相关的国际条约和国内立法）越来越丰富。奥林匹克产权保护的法律依据不仅有国际奥委会的有关规定，而且还有世界知识产权组织通过的《保护奥林匹克标志的内罗毕条约》、有关国家制定的保护奥林匹克标志的专门立法，以及奥运会主办国为保护奥运会产权而制定的特殊法律法规。因为批准《保护奥林匹克标志的内罗毕条约》的国家太少而且重要的国家不多，因此国际奥委会试图通过国际公约来对奥林匹克加以保护的目标没有实现，故对奥林匹克标志的保护依据主要还得借助于有关国家的国内立法以及国际奥委会的有关规则规定。在促使各国奥委会说服本国政府颁布奥林匹克标志保护的专门立法方面，国际奥委会取得了成功。不过事实是，有关国家的相关立法规定也有所冲突，尤其是在奥林匹克标志的保护期、对商业性使用奥林匹克标志的理解方面等，对同一事实可能会作出不同的裁决。

对于奥林匹克产权的保护对象，应当从一种更加广泛的角度来理解，除了某些特殊的情形外，应当禁止注册含有奥林匹克标志、用语或者其组成部分的商标，也不应当允许有关当事人未经许可而商业性地利用奥林匹克标志，这样才有利于保证奥林匹克运动的权威以及其精神。

在对奥林匹克标志进行保护的主体方面，除了非政府的国际奥委会和各国奥委会负有主要的责任以外，有关国家的政府机构（如法院、商标注册机构等）、世界知识产权组织以及某些国内或者国际性的政府组织也起着非常重要的作用。不过需要注意的是，在对同一问题的规定方面，不同国家的不同法院、同一国家的不同法院甚至相同法院对类似奥林匹克产权争议的处理结果可能有所不同，甚至截然相反，其中的主要原因在于不同主体对言论自由的认识、对奥林匹克的含义以及其商业化的理解有所不同，还有就是各国奥委会的有关规则以及相关国内立法不一致的原因。也许比较可行的解决方法就是修改《保护奥林匹克标志的内罗毕条约》，在其中对各国奥委会行使的自由裁量权进行指导性的规定；或者对保护知识产权的有关专门公约进行修改，扩大其适用范围，特别是将奥林匹克标志的保护纳入条约规定。

参考案例

一、美国保护奥林匹克标识的阻止奥林匹克监狱案和 SFAA 案

案例来源：Stop the Olympic Prison v USOC, 489 F. Supp 1112, 207 U. S. P. Q. 237（S. D. N. Y.）；Int'l Olympic Comm. v. San Francisco Arts & Athletics, Inc., 781 F. 2d 733, 728（9th Cir. 1986）；San Francisco Arts & Athletics, Inc. v. U. S. Olympic Committee & IOC, 483 U. S. 522（1987）.

美国对奥林匹克知识产权的保护早已有法律方面的规定，并且美国法院审理了若干涉及奥林匹克知识产权争议的典型案例，其中影响较大的两个判决分别涉及将奥运村改建为监狱以及同性恋奥运会的争议问题。在涉及将前奥运村改造为监狱的争议中，地方法院判决原告可以在其张贴的海报中使用"Olympic"以及奥林匹克标志。法院认为，国会立法的原意是在于避免产生混淆，也是为了规避赞助商的错误理解。反对将奥运村改造为监狱的团体是一个非营利组织，其大多数的海报都是免费分发的，尽管其为筹集资金而卖出了部分海报。法院判决张贴海报并不属于1978年《业余体育法》规定的禁止活动的范围之列，因为其目的并不是所谓的贸易或者买卖产品或者服务或者组织体育比赛或者竞赛，这与言论自由以及宪法第一修正案也没有任何直接的联系。

而在另外一个案件中，美国法院则作出了完全不同的判决。一些同性恋人士成立了一个非营利组织圣弗兰西斯科艺术和运动公司（SFAA），在其宣传中曾使用"同性恋奥运会"（Gay Olympic Games）名称。USOC 向加州地方法院提起诉讼，有关判决被上诉到联邦上诉法院第九巡回审判庭。SFAA 认为，作出有关禁令的请求是未经陪审团听审而作出的既决裁决申请，联邦上诉法院第九巡回审判庭的确认行为侵犯了言论自由权。同时，"Olympic"是一个一般的词语，任何一个民间团体都不能独自享有其专有使用权。美国国会应当能够知道自从 1896 年起"Olympic"就有了一个众所周知的第二个意义，这与商业使用是有明显区别的。美国最高法院最后判决，SFAA 使用"同性恋奥运会"名称的行为违反了 1978 年《业余体育法》第 110 部分[1]的规定。Olympic 并不是一个一般性的词语，其价值依靠的仅仅是 USOC 的努力付出。相应地，法院不会对能否授予民间团体使用权这个问题进行探

[1] 当时生效的有关法律条文是 § 110 36 U. S. C. 380，现在生效的是后来经过修改的条文，有关的规定是 36 U. S. C. A. § 220506，也即美国法典第 2205 章第 6 条。

讨。对未经授权使用 Olympic 可能会使公众产生混淆的问题，《业余体育法》没有进行规定，而且，为确保 USOC 能够得到自己经过努力获取的利益并同时使公众受惠，美国国会应当通过一个类似的法律。不过，提出反对意见的法官认为美国业余体育法的规定太广，因为其授予 USOC 同意或者拒绝第三方当事人非商业性使用 Olympic一词的自由裁量权没有指导性的规定。并没有任何的证据能够证明，非商业性、不产生混淆以及不是出于商业标记目的而使用 Olympic 就会降低或者减弱 USOC 的商业标记影响。该判决表明，《业余体育法》授权 USOC 独家使用“Olympic”的权利，该术语并不是一个通用术语，有权获得商业标记的保护；根据宪法第五修正案，USOC 不是一个政府组织；法院认为国际奥委会是一个有强大影响力的国际实体，美国司法系统承认和尊重国际奥委会和 USOC 的地位。因此，合理的推断就是，美国最高法院判决未经授权不得使用“Olympic”字样，也就意味着禁止其他有违《奥林匹克宪章》以及其他涉及奥运会的国际奥委会规则的行为。

在西方文化中，一个单一的实体可以享有某一个词语的专有使用权已经有很长的历史。在本案中，SFAA 使用奥林匹克一词的目的是想把同性恋群体的真实形象融入美国主流社会，而美国最高法院的判决似乎是把 SFAA 的活动看作是纯粹的商业活动，唯一出售的带有“同性恋奥林匹克”字样的商品的收入也是用来支付有关运动会规划的，因为 SFAA 是一个非营利组织。而阻止将奥运村改造为监狱的原告也是非营利组织，其出售部分海报的目的也是为了支付有关的花销。不过，SFAA 使用奥林匹克标志的行为可能更容易给人带来误解，因为其目的是想主办运动会。尽管事实有些类似，法院作出的判决却是相反的。

二、美国非商业使用奥林匹克标志的 AMI 案

案例来源：United States Olympic Committee v. AMI, No. 01 - K - 281, 2001 U. S. Dist.

该案对 SFAA 案确立的准则给予否定或修正。2000 年夏季奥运会前，AMI 出版了一份名为“Olympics USA”的杂志，里面有好几个版面涉及已经举办过的第 32 届奥运会，其中包括了对历届奥运会的介绍以及 2000 年悉尼奥运会的比赛日程及电视转播时刻表。USOC 起诉了 AMI，称其未经授权而在杂志中多次使用了“Olympic”和“Olympic 2000”两词，因此违反了《业余体育法》的规定。审理该案的科罗拉多州地区法院一开始就声明将依据 SFAA 案的法官对《业余体育法》的解释作为审理基础。法院首先探讨了 SFAA 案对商业言论与非商业言论的区别，裁定

SFAA 案对《业余体育法》的解释是：如果举办的是体育或戏剧活动，那么允许某些对非商业言论的例外限制，这些限制是合法的，并不构成对第一修正案的违反。法院接下来集中研究了 SFAA 案中商业言论的解释并得出结论，认为 USOC 仅在“Olympics USA”能够被定性为商业言论时才能依据《业余体育法》提起诉讼。法院认为，根据美国最高法院对“商业言论”的定义，尽管出版“Olympics USA”杂志的目的是盈利，但吸引消费者去购买杂志的行为本身还不足以构成商业言论。法院还认为，将该杂志认定为商业言论实际上就夸大了其有限的定义从而违反了宪法第一修正案。法院进一步认为，通过 SFAA 案，《业余体育法》赋予了 USOC 对“Olympic”以广泛权利，但《业余体育法》的措辞与范围必须严格解释；把《业余体育法》赋予 USOC 的权利扩展到商业性的言论上将违反第一修正案原则。据此，法院得出结论，USOC 不能根据《业余体育法》向 AMI 提出请求。不过，法院也指出，USOC 对“Olympic”一词享有传统商标法上的权利，因此它可以根据《兰哈姆法》起诉 AMI，这时对 USOC 就必须使用和其他商标侵权案件当事人相同的标准。

AMI 案是对 SFAA 案所确立的原则的一定程度的否定。第一，《业余体育法》给予 USOC 的空前广泛的保护范围被缩小了，对奥林匹克标志的非商业性使用一般不构成对《业余体育法》的违反。第二，在涉及侵犯奥林匹克标志的案件中，USOC 的地位应等同于一般商标所有人，同样需要证明存在“混淆的可能”。

第七章　国际体育仲裁机制（上）

国际体育界应确立何种解决体育纠纷的方式不只是一个理论问题，更多地是一个实践问题。在国际体育领域中，国际体育争议的解决主要是仲裁的形式，而目前仲裁国际体育争议的组织主要是国际奥委会设立的CAS，对其有关的制度进行研究是本章的重点。这些需要研究的问题包括CAS的产生和发展、管辖权、法律适用、仲裁过程以及体育仲裁裁决的撤销、承认和执行等。鉴于该部分内容比较丰富，把其分为上下两章加以阐述。

第一节　CAS的产生和发展

CAS从1984年正式成立，到目前已有四十多年的历史。CAS从其成立后一直由国际奥委会负责，这使得体育界尤其是运动员对其的独立性缺少信任，由此在一定程度上影响了CAS仲裁争议的数量。1993年，瑞士最高法院针对甘德尔（Gundel）案[1]的裁决使得国际奥委会感到有必要对CAS进行改革，即成立国际体育仲裁理事会以监督CAS的活动。因此，CAS的独立性也逐渐得到了尊重。这是CAS发展的第一个过程。

1996年，亚特兰大奥运会开始设立CAS特别仲裁庭，负责处理在奥运会期间发生的或者与奥运会有关的争议，对于奥运会的顺利召开起到了积极的作用。随后的长野、悉尼、盐湖城、雅典、都灵、北京、伦敦、索契、圣保罗以及东京奥运会和2022年结束的北京冬奥会等都设立了处理奥运会期间发生的体育争议的特别仲裁庭。另外，在英联邦运动会、亚运会、欧洲足球锦标赛以及足球世界杯上也设立了

[1] CAS 92/63 Elmar Gundel v. Fédération Equestre Internationale (FEI), award of 10 September 1992; Swiss Federal Supreme Court, Judgment of the 119 Ⅱ 271, 15 Mar 1993.

特别仲裁庭。随后，2016 年 CAS 成立了反兴奋剂庭，希望取代国际单项体育联合会负责兴奋剂违规初审听证，并在奥运会上派驻临时仲裁庭负责奥运会期间发生的相关兴奋剂争议。这是其发展的第二个过程。

进入 21 世纪后，CAS 在国际体育界的作用愈显重要，原来一直不承认 CAS 管辖权的两个最重要的国际单项体育联合会即国际田联和国际足联也相继在 2001 年和 2002 年接受 CAS 的仲裁条款，使得在奥林匹克范围内的全部的国际单项体育联合会都接受了 CAS 的管辖权。这是一个很重要的事件，应作为 CAS 发展过程中的一个关键节点来进行论述。当然，也有一些非奥运会项目接受了 CAS 的指出管辖权，譬如桥牌、国际象棋等体育联合会也承认 CAS 的管辖。

一、CAS 的成立和初期发展

自 20 世纪 80 年代开始，日益增长的国际体育争议以及缺乏独立的能够做出有约束力的专门裁决机构使国际奥委会开始考虑设立一个专门的争议解决机构。《奥林匹克宪章》规定了产生于世界体育运动领域具有技术性质的争议的解决方法，但是也有一些体育争议涉及体育运动的原则问题，或涉及履行体育运动或体育发展的合同。根据《奥林匹克宪章》，这些“非技术性的争议”具有自身的特点，通常涉及体育原则或有关金钱问题，并且其范围是广泛的，属于民间规范管辖的范围之内。这些争议如果没有得到及时解决，会给国际体育运动的当事人带来极大的困难，并且如果当事人陷入复杂的诉讼程序，还会花费其大量的金钱。

1980 年萨马兰奇当选为国际奥委会主席后的计划之一是建立一个专门管辖体育争议的机构，后由国际法院的大法官和副院长以及国际奥委会委员凯巴・姆巴耶主持的工作组予以讨论，并起草名为“国际体育仲裁院”的章程。1983 年，在新德里举行的国际奥委会第 86 次会议上决定成立 CAS，并通过了其仲裁规则。同时，国际奥委会正式确认了 CAS 的地位，CAS 于 1984 年 6 月 30 日开始正式活动。当时，CAS 规则的修改只能在国际奥委会执行理事会的建议下并经国际奥委会举行会议后才能进行。

1984 年 12 月 17 日，萨马兰奇主席正式宣布成立 CAS，其任务是解决所有的体育争议，其总部设在洛桑，并且国际奥委会将承担 CAS 的运行费用。CAS 可以在世界上的任何其他地方仲裁争议。也即，尽管 CAS 位于洛桑，但这并不排除它在其他地方仲裁案件的可能性。

当时，CAS 由国际奥委会、国际单项体育联合会、国家或地区奥林匹克委员会以及国际奥委会主席任命的40名仲裁员组成，并且国际奥委会主席任命的十名仲裁员必须在前三类组织之外选举产生。而且，CAS成员必须具有法律和相关的体育知识。CAS的工作语言是英语和法语，但是当事人可以选择另外一种语言，其条件是当事人之间达成合意并且得到了仲裁庭的同意。另外，根据有关仲裁规则，即使CAS在其他地方仲裁争议，仲裁地也视为在洛桑，这意味着所有的CAS的仲裁都受《瑞士联邦国际私法》（Private International Law Act，PILA）的支配，当事人的住所或登记地位于瑞士国外也是如此。该法是仲裁地法，并且适用于诸如可仲裁性、仲裁协定的有效性以及裁决的救济等问题。

CAS管辖权涉及与体育有关的任何活动，也即“CAS有权处理产生于体育运动的实践或发展中的具有民间性质的，并且一般来讲是指所有与体育有关的争议，并且其解决方法是《奥林匹克宪章》所未加规定的争议。这些争议可能与体育运动中的原则问题或其他利害关系有关，也即与体育有关的任何一种活动。”根据CAS这个最初的仲裁规则，CAS管辖的是具有民间性质的非技术性争议，即那些国际奥委会和国际单项体育联合会都没有管辖权的争议。后来，CAS仲裁规则和国际奥委会《奥林匹克宪章》都作了修改，CAS的管辖范围扩大了。[1] CAS没有权力去解释涉及诸如某运动的特殊规则以及比赛计划之类的纯粹的技术规范问题的争议。相反，它可以解决譬如运动员的参赛资格和禁赛问题、药检产生的兴奋剂争议、体育合同争议，以及参加某项比赛的运动员的国籍等问题。

1986年，CAS仲裁员人数从40名增加到60名，其中，国际奥委会从其成员或其他人士中任命15名，国际单项体育联合会任命15名，国际奥委会联合会任命15名，国际奥委会主席从奥委会、国际单项体育联合会以及国家奥委会和其他成员之外任命15名。CAS于1987年1月30日作出了第一个裁决，[2] 其涉及的是体育联合会针对某俱乐部处罚的问题。

1992年，把CAS作为最终的上诉机构的国际单项体育运动联合会的数目达到了15个，其结果是在解决体育争议方面，CAS作出的裁决具有既判案件的效力。这些国际单项体育联合会在其内部章程中规定，CAS为唯一一个有权受理针对其裁决所提起的上诉的机构，因此其下属的国内单项体育协会成员及其俱乐部必须遵守这种规定。根据这些条款的规定，国内体育协会，其所属俱乐部以及其成员有义务

---

〔1〕 Keba M' baye, *The Court of Arbitration for Sport*, Olympic Review, Nov. 1983, p. 762.

〔2〕 TAS 86/1 HC X. v. Ligue Suisse de Hockey sur Glace (LSHG), sentence du 30 janvier 1987.

将有关适用该国际单项体育联合会的章程而引起的争议、各体育协会之间以及它们与其成员之间不能通过友好途径解决的争议等提交国际单项体育联合会内部的争议解决机构。当用尽这些国际单项体育联合会内部裁决机构的方法后，可将该争议上诉到 CAS，并由其作出最终的裁决。因此，CAS 作出的裁决是约束当事人的可以强制执行的裁决。这些上诉条款的引入意味着，不服国际单项体育联合会裁决的有关当事人不能向任何国内法院寻求救济。

在 20 世纪 90 年代初期，CAS 得到了一定程度的发展，但是因为其与国际奥委会的关系，其独立性受到了一些当事人的怀疑。1993 年，瑞士的最高司法机构即瑞士联邦法院在所作的一个涉及德国骑士甘德尔因其马匹服药而禁赛的上诉判决中还是承认了 CAS 的独立地位。由于对该裁决不满意，随后甘德尔试图根据瑞士法来推翻 CAS 裁决，便就该裁决向瑞士联邦法院提起上诉。联邦法官在判决中明确承认 CAS 是一个真正的仲裁组织，其裁决完全是国际水准的仲裁裁决，因此 CAS 是国家法院的可替代机构，这个中立的和独立的组织能够作出和国家法院判决具有同等效力的有约束力和强制执行力的仲裁裁决。因此通过将争议提交 CAS 仲裁，体育组织、运动员和其合伙人可以避免将他们之间可能产生的任何争议提交一般的国内法院。瑞士联邦法院所作的上述裁决承认了位于洛桑的 CAS 是一个独立的，并且能够对产生于体育运动的中的体育争议具有管辖权的仲裁组织。[1]

然而，瑞士联邦法院的裁决也注意到了 CAS 与国际奥委会之间存在的诸多联系：CAS 几乎由国际奥委会独家提供财政资助；国际奥委会有权力修改 CAS 规则；国际奥委会和其主席有权力任命 CAS 成员等。联邦法院的观点是，在国际奥委会为仲裁案件的一方当事人的情况下，此类联系足以使人对 CAS 的独立性产生怀疑。其意思是很清楚的，即 CAS 应当在组织和财政上更加独立于国际奥委会。该裁决导致了 CAS 的重大改革，主要的变化是设立国际体育仲裁理事会以取代国际奥委会来监督 CAS 的运营和财政状况。CAS 的改革在一个新的《体育仲裁规则》中得到明确的体现，该准则于 1994 年 11 月生效。

二、CAS 的改革以及国际体育仲裁理事会的成立

1993 年 9 月，在奥林匹克博物馆举行的“国际法律与体育大会”上，出席会议的著名法学专家们提出建立一个新的机构，也即由国际体育仲裁理事会（ICAS）取

---

〔1〕 Judgment of the Swiss Federal Tribunal 119 Ⅱ 271, 15 Mar 1993.

代奥委会对 CAS 实行财政行政管理及监督。这样，CAS 的独立性便得到了加强。1994 年 6 月 22 日，国际体育界的领导者和国际奥委会执行理事会经过会谈后签署了巴黎协定，旨在成立国际体育仲裁理事会以监督 CAS 的活动以及规定 CAS 新的组织结构。该协定的导言指出："为了促进体育争议的解决，已经建立了 CAS，并且为了确保到 CAS 进行仲裁的当事人的权益以及 CAS 的完全独立性，签约各方同意并决定设立监督 CAS 仲裁活动的国际体育仲裁理事会。"对于国际体育运动来说，这是一个历史性的时刻。

国际体育仲裁理事会由 20 名高水平的法学家组成，它一年举行一次或两次会议。其 20 个成员中的 16 个将会来自"奥林匹克家族"内的高水平法学家，也即，他们将会由国际奥委会、国际单项体育联合会、国家奥委会以及运动员来担任。作为独立性的预先保障，其他 4 个成员将从"奥林匹克家族"外选任。独立性的主要保证是，20 个法学专家不亲自裁决案件，只是对提名审理案件的专家小组负有监督责任。以此类方式组成的理事会的目的是保证国际体育机构代表的充分平衡。除此之外，国际体育仲裁理事会列出了一个可作为 CAS 仲裁员的名单。[1] 它可以修改体育仲裁规则，监督 CAS 的财政状况并任命 CAS 的秘书长。

设立国际体育仲裁理事会是为了更好地保护提请 CAS 进行仲裁的当事人的利益，是将保证 CAS 完全自治的责任转移给一个更高级的团体，使 CAS 完全独立于国际奥委会。该制度的目的是避免 CAS 的主要经济来源方国际奥委会干涉 CAS 的活动，同时用来监督 CAS 的活动并保证它的完全独立。为了 CAS 的有效运作，它将承担必要的行政管理和财政方面的作用。《体育仲裁规则》第 S6 条规定了这些职能，包括修改体育仲裁规则、保持和发展仲裁员名单、质疑 CAS 仲裁员以及在必要时取消仲裁员的仲裁资格、管理其运作所需的资金、任命秘书长以及应主席的建议取消秘书长的资格，以及监督 CAS 的日常工作等。这对于增加 CAS 的独立性和名声是重要的，因为它消除了国际奥委会对其施行直接监督的尴尬。

最初的 CAS 仅规定了一种类型的争议解决程序，后因一些国际单项体育联合会以及一些国家或地区单项体育协会在其章程中纳入由 CAS 解决争议的仲裁条款，故 CAS 又发展出了上诉仲裁程序，并通过修改其规则于 1994 年正式把 CAS 分为普通

---

〔1〕 根据 2024 年 5 月初的 CAS 网站统计，所有的仲裁员名录有 464 人，其中有一般仲裁员（不包括反兴奋剂仲裁员）421 人，足球仲裁员 169 人，当事人指定的反兴奋剂案件仲裁员 20 人，不需当事人指定的首席或独任的反兴奋剂仲裁员 22 人。See CAS, List of arbitrators (general list), CAS (2 May 2024), https://www.tas-cas.org/en/arbitration/liste-des-arbitres-liste-generale.html.

仲裁庭和上诉仲裁庭两部分。自从 1994 年 9 月 22 日起，新的体育仲裁规则规定 CAS 由两个部分组成，一个是对从体育运动的实践或发展中产生的具有民间性质的体育争议行使管辖权的普通仲裁庭；另一个是基于运动员同意的强制性承诺以及有关体育组织章程中的上诉条款而对体育组织特别是对国际单项体育联合会作出的包括与兴奋剂有关的裁决行使上诉管辖权的上诉仲裁庭。

CAS《体育仲裁规则》第 R27 条第 2 段规定，CAS 解决的“争议可能涉及有关体育的原则问题或金钱性问题或其他在体育的实践或发展中起到作用的利害关系，以及一般而言，任何一种有关体育的活动”。也即，任何一个直接或间接与体育有关的争议，不论是否是商业性的或是否与体育运动的实践或发展有关或是否因体育组织的决议而引起的，都可以提请 CAS 仲裁解决。

而在有关 CAS 仲裁员方面，新规则作了稍许修改，不再允许国际单项体育联合会、国家奥委会以及国际奥委会直接任命仲裁员，而是要求这些机构提名仲裁员，这些成员被承认为仲裁员要经过国际体育仲裁理事会根据规则规定的分配名额来决定。

三、CAS 成立常设和奥运会特别仲裁庭

1996 年是 CAS 权力下放的一年。CAS 虽然位于瑞士洛桑，然而，根据《体育仲裁规则》第 S6. 8 条的规定，它可以设立常设的或临时性的分庭（division）。根据该条款，国际体育仲裁理事会设立了两个永久性的仲裁庭，一个设在澳大利亚悉尼，另一个设在美国丹佛（后迁往纽约）。这些仲裁庭依附于设在洛桑的 CAS，有权进行仲裁活动。洛桑的 CAS 负责处理大多数的体育争议，然而，如果有需要也可以在其他地方进行仲裁程序。悉尼或澳大利亚仲裁庭主要处理在澳大利亚产生的体育争议，而在纽约（以前在丹佛）的仲裁机构则不像澳大利亚那么活跃，它最初设立的目的是为奥运会考虑的。在世界的不同地方常设的 CAS 地方仲裁庭方便和有效地执行了 CAS 的仲裁程序。纽约和大洋洲仲裁庭的成功有可能会导致 CAS 另外再设立其他的分院，并且，允许 CAS 设立仲裁庭的条款同样包含可以设立奥运会特别仲裁庭。

同时，为在奥运会期间设立特别仲裁庭打下基础，国际奥委会第 106 次会议对《奥林匹克宪章》作了修改，修改后的宪章第 49 条附则第 5 段 5. 1 关于运动员签字的报名表包括参赛资格条件和下列声明：“我同意遵守现行有效的《奥林匹克宪章》，尤其是有关奥运会参赛资格（包括第 45 条及其附则），国际奥委会药物条例

（第48条），大众媒体（第59条及其附则），有关在奥运会上穿着和使用的衣服及设备上的商标的辨认（第61条附则第1段）以及由CAS仲裁体育争议的《奥林匹克宪章》的规定。”

在亚特兰大百年奥运会上，CAS第一次在奥林匹克城设立了旨在解决在奥运会期间发生的体育争议的特别仲裁庭，这是与其向运动员和其他奥运会参加者提供一个明确解决争议以及跟上体育比赛节奏的权威机构的目标相一致的。为了使其程序能够适用于所有的参与者，CAS所进行的程序和组织工作必须符合基本的法律原则。CAS亚特兰大特别仲裁庭裁决了6个具有不同法律背景的体育争议，这些争议涉及兴奋剂、纪律问题以及不同技术规则的适用，并且其作出的所有仲裁裁决都得到了有关当事人的立即执行。

经过亚特兰大奥运会上第一次设立特别仲裁庭后，基于同样的法律根据，国际体育仲裁理事会又在1998年第18届长野冬季奥运会上设立了一个特别仲裁庭。长野冬奥会特别仲裁庭在组织结构方面的组成类似亚特兰大特别仲裁庭。然而，考虑到冬奥会的参加者和体育项目少了将近2/3，仲裁员的人数（亚特兰大为12人）减少至6人，长野冬季奥运会特别仲裁庭只受理了5个仲裁请求。因为有两个仲裁请求涉及的是同一争议，因此有可能在同时进行仲裁，这意味着特别仲裁庭只仲裁了4个不同的争议。2000年悉尼奥运会设立的特别仲裁庭则仲裁了15个体育争议，显示奥运会特别仲裁庭仲裁的体育争议数量明显上升。2002年的盐湖城冬奥会特别仲裁庭也仲裁了6个争议。此后，每一届的夏季和冬季奥运会都设立了CAS奥运会特别仲裁机构，只是根据夏季和冬季奥运会所设项目的不同和参赛运动员数目而在分配的仲裁员名额方面有适当不同。此外，欧洲联举办的欧洲杯比赛以及国际足联2006年世界杯比赛期间也设立了CAS特别仲裁庭。

奥运会特别仲裁庭适用的是国际体育仲裁理事会根据《体育仲裁规则》第S6.8条规定的专门为奥运会的召开而制定的奥运仲裁规则，最初是每逢奥运会就制定一次，在2003年底，国际体育仲裁理事会专门制定了解决奥运会争议的《奥运会仲裁规则》。最初制定的几次奥运仲裁规范的内容大同小异，只是在一些具体条文上有些不同。该仲裁规范是CAS《体育仲裁规则》不可分割的一部分，然而，特别仲裁庭的仲裁专门适用奥林匹克仲裁规范，而不适用《体育仲裁规则》的其他条款。不过，如果《体育仲裁规则》规定的解决方法与奥运会特别仲裁程序的约束尤其是时间的强制性规定相一致，在《奥运会仲裁规则》没有规定的时候，仲裁员当然也可以援引《体育仲裁规则》作为指导。

四、国际田联和国际足联接受 CAS 仲裁条款

国际田联和国际足联对于本联合会内部的体育争议一直都是由本联合会的仲裁组织进行解决，这种解决方法在一定程度上引起了运动员和其他当事人的不满。在属于奥林匹克运动范围内的其他国际单项体育联合会纷纷都承认 CAS 的管辖权后，这两个“重量级”的国际单项体育联合会也跟上了形势，分别在 2001 年和 2002 年通过决议，承认 CAS 的管辖权。至此，所有的属于奥林匹克运动范围内的国际单项体育联合会都承认了 CAS 的管辖权。

国际田联公布的争议很多是与兴奋剂有关的案件，这些以及其他有争议的案件被国际田联提交到自己内部设立的仲裁机构，这些争议仲裁的结果表明国际田联的仲裁机构缺乏独立性，易于产生困难和问题。另外，在悉尼奥运会上涉及国际田联的争议有三个，尽管在前两个仲裁中国际田联以没有接受 CAS 仲裁条款为由提出了管辖权异议，但是奥运会特别仲裁庭仍然以《奥林匹克宪章》第 74 条关于仲裁奥运会争议的规定对国际田联行使了管辖权。[1] 这也在一定程度上使国际田联认识到应当对 CAS 的作用予以重视。

2000 年 9 月底，在洛桑举行的国际田联理事会上，所有成员签名建议废除国际田联仲裁机构，并将所有的争议提交 CAS 仲裁。在 2001 年 8 月 1 日在加拿大埃德蒙多举行的国际田联会议上，国际田联通过了理事会提出的将所有的体育争议提交 CAS 仲裁的决议，其目的是使田径运动跟上其他主要的奥林匹克运动的行动步骤。

国际足联和国际体育仲裁理事会在 2002 年 12 月签署协议，规定 CAS 有权仲裁与足球有关的法律争议，裁决作出后即产生效力。如果某争议在经过国际足联和各地区的足球联合会的内部程序后仍不能解决，CAS 将是该争议的最终裁判机构。经过争议解决委员会投票表决之后，足球运动员和俱乐部有机会将其争议上诉到一个独立的裁决机构，即到 CAS 申请进行仲裁。仲裁足球争议的仲裁员名录由 80 人组成。为了确保公正和照顾地区平衡，该仲裁员的组成是 6 个地区足球联合会各任命 10 名仲裁员，国际职业足球联合会（FIFPro）任命 10 名仲裁员，国际足联任命 10 名仲裁员。

---

〔1〕 CAS ad hoc Division (O. G. Sydney) 00/006 Dieter Baumann v. IOC, National Olympic Committee of Germany and IAAF, award of 22 September 2000; CAS ad hoc Division (O. G. Sydney) 00/013 Bernardo Segura v. IAAF, award of 30 September 2000; and CAS ad hoc Division (O. G. Sydney) 00/015 Mihaela Melinte v. International Amateur Athletic Federation (IAAF), award of 29 September 20.

为了遵守该协议，国际足联在其2003年10月修改了《国际足联章程》，增加了由CAS仲裁有关争议的规定。该章程第59条第1款规定："国际足联承认设在瑞士洛桑的CAS有权仲裁国际足联、足球协会、其成员、足球俱乐部、足球运动员、体育官员以及足球比赛的经纪人和球员经纪人之间的任何争议。"该条的第2款同时指出："在仲裁的程序问题上适用CAS体育仲裁规则。至于实质性问题的解决，CAS适用国际足联制定的有关条例和规范，并且可以适用足球联合会、成员、联盟、俱乐部的规范和条例，以及瑞士法的有关规定。"而且第60条也指出："只有CAS才能对国际足联用尽所有的内部救济后最终作出的有关纪律性争议拥有管辖权。"

至此，所有的国际奥林匹克单项体育运动联合会的成员都承认了CAS的管辖权，这在CAS的发展历史上是一个重要的时刻。

五、国际篮联成立独立的仲裁机构

虽然国际篮联（FIBA）承认CAS的管辖权，并在其章程里规定了提交CAS仲裁的相关条款，但是鉴于这项运动的职业性和商业性特别强，以及在国际上的普及程度较为广泛，自2006年开始设立了独立的主要处理合同争议的仲裁机构即国际篮球仲裁庭（Basketball Arbitration Tribunal，BAT），并分别把BAT仲裁处理的争端与提交CAS受理的争端分开管理。后一类争端主要是违反FIBA规则和施加处罚，包括反兴奋剂处罚的争议交由FIBA纪律委员会处理。因此，BAT是一个处理国际篮球争端的独立机构，得到FIBA的官方认可并遵守FIBA总章程规定，为通过仲裁快速简单地解决球员、经纪人、教练和俱乐部之间的合同纠纷提供服务。BAT的主要特征是：其是根据瑞士法律成立的一个真正的中立仲裁机构；由BAT主席任命的8名独任仲裁员进行仲裁，当事方无权指定仲裁员；仅应申请才进行听证会和听取证人证词；可适用临时和保全措施，6周内结束仲裁程序；仲裁员根据对公平正义的一般考虑作出决定，而不参考任何特定的国家或国际法（*ex aequo et bono*，公允及善良原则）。不遵守BAT裁决可能会受到FIBA的制裁，例如罚款、吊销FIBA代理执照、禁止球员国际转会或禁止俱乐部注册新球员等。

早期BAT遵守CAS仲裁条款，当事人不满意其仲裁裁决的，可以上诉至洛桑的CAS，那时候BAT仲裁实际上是一个初审机构。2010年，BAT对其仲裁规则进行了修改，规定BAT仲裁裁决应当被视为在其仲裁地日内瓦做出的独立仲裁裁决，当事人有异议的，只能根据《瑞士联邦国际私法》第12章的相关规定，到瑞士联邦法院提起撤销诉讼，其实际上就将 BAT 看作一个和 CAS 平行的仲裁机构，可能主要是因为 BAT 受理的纠纷多为篮球运动员与俱乐部的合同纠纷，以及转会、薪酬纠纷等篮球相关的商事纠纷。国际篮联的一些非合同性质的体育争端，尤其是涉及国际篮联与其会员之间、各会员相互之间以及球员和相关篮协的争端，还是首先提交国际篮球联合会的相关内部裁决机构，其后当事人不满意的可以上诉至 CAS。

国际篮联 BAT 作出的裁决，在不同的国家主要通过《纽约公约》执行。对于不服从国际篮联 BAT 裁决的当事方，由国际篮联根据国际篮联内部管制条例予以惩戒。虽然 BAT 无法协助执行裁决，但是当事方可以通过国际篮联对不执行裁决的相对方予以制裁。希望得到国际篮联协助的当事方需要向其提交书面申请，这包括了对所要求的薪金、奖金、赔偿、利息、法律和其他费用的详细分析。对应国家的篮球联合会，需要协助国际篮联对受处分方实施制裁，否则国际篮联将会对其予以相应处分。败诉方如不服裁决的，可以上诉至国际篮联上诉小组，并依据国际篮联内部规定处理其上诉。另外，根据国际篮联规定，凡因总章程、内部条例、其他规则以及国际篮联的决定所引起的争端，如不能由国际篮联内部上诉程序解决的，可上诉至 CAS。有关各方应承诺遵守 CAS 的章程和规则，并真诚地接受和执行其裁决。就 CAS 上诉程序而言，当事方只有在已用尽有关体育组织内部补救办法时才可提出上诉。而针对 CAS 的裁决允许向瑞士联邦法院提起上诉的理由非常有限，如缺乏管辖权、违反基本程序规则或不符合公共政策。

自 BAT 及其前身 FAT 设立以来，其受案快速、便捷，案件类别涉及程序法与实体法的多个方面。BAT 裁决的执行与 CAS 一致，均依照《纽约公约》的规定，不履行 BAT 裁决的当事方可能会受到国际篮联的制裁。在实际中，BAT 的裁决一般都能得到相应篮球俱乐部与球员的配合，拒绝执行的情形较少，上诉案件在总体案件中占比不高。

六、CAS 设立反兴奋剂特别庭

根据国际奥委会、奥林匹克项目的国际单项体育联合会以及 WADC 的任何其他签署方的授权，2016 年 3 月，国际奥委会将奥运会期间反兴奋剂工作的任务交给一个新的 CAS 反兴奋剂庭（CAS ADD）处理，作为一审机构审理和裁决反兴奋剂案件，以代替国际奥委会纪律委员会来听证和裁定奥运会期间的兴奋剂案件。鉴于其权力有限且不具处罚权，2019 年 CAS 在原有的仲裁部门的基础上设立了反兴奋剂仲裁庭，将其作为和一般仲裁和上诉仲裁并列的，专门处理有关兴奋剂纠纷的一审仲裁机构。

CAS ADD 是第一审机构，在涉嫌违反兴奋剂规则的行为被提交给 CAS ADD 时进行诉讼和发布决定，并根据裁定违反兴奋剂规则的行为实施任何制裁。CAS ADD 有权代表任何已正式授权 CAS ADD 进行反兴奋剂程序和实施适用制裁的 WADC 签署方作为一审机构进行裁决。此类申请可能因 WADC 签署方的反兴奋剂规则中的仲裁条款、合同或特定协议而产生。这些程序规则仅适用于通过一审仲裁解决向 CAS ADD 提交的涉嫌违反反兴奋剂规则的决议。它们既不适用于针对本条中提及的实体作出的任何其他决定的上诉，也不适用于针对 CAS ADD 作出的任何决定的上诉。另外，CAS ADD 也对涉嫌与任何样本重新分析相关的兴奋剂违规行为或本规则中明确规定的违规行为具有管辖权。

CAS ADD 作出的决定应根据 WADC 予以应用和认可。如果根据 WADC 第 13. 2. 2 条，国家上诉机构不存在或在上诉时不可用，则根据 WADC 有权上诉的运动员或其他个人/实体可以向 CAS ADD 提出任何此类上诉。在这种情况下，虽然 CAS ADD 将管理和监督仲裁程序，但 CAS《体育相关仲裁规则》第 R48 条及以下条款中规定的上诉程序规则将适用。根据 WADC 第 13. 2. 3. 2 条的任何进一步上诉应提交给 CAS 上诉仲裁庭。

除了在 CAS 总部设立反兴奋剂庭外，每届奥运会召开的地方以及应其他运动会邀请，也可派驻特别仲裁庭审理相关的兴奋剂争议。

第二节　CAS 的管辖权问题

如同一般的国际仲裁一样，CAS 解决争议的前提是它对有关的争议具有管辖权。管辖权是 CAS 受理争议的前提条件，只有具备了对某争议的管辖权，才能排除其他组织对该争议的管辖，作出的裁决才对当事人具有拘束力，当事人应当遵守。而判定 CAS 是否具有管辖权的基础是所谓的管辖根据问题，在国际体育仲裁中主要表现为各种形式的仲裁协议。随着 CAS 的日益广为人知和其仲裁的体育争议的增多，有必要对其仲裁的管辖问题加以探讨，这是仲裁庭受理案件的前提，也是有关裁决能够获得后期执行的根据。

一、CAS 的管辖体制

国际奥林匹克运动是一个金字塔式的结构体系，国际奥委会是奥林匹克运动的最高权力机构，而国际奥委会制定的基本原则、规则和附则的汇总即《奥林匹克宪章》的效力是最高的，对所有的奥林匹克运动的成员，包括国际单项体育联合会、国家奥委会、国家体育协会以及单个的运动员等都具有约束力。在国际奥委会最高权力的指导下，奥林匹克运动吸收愿意遵守《奥林匹克宪章》的组织、运动员和其他人员。

参加奥林匹克运动的条件是取得国际奥委会的承认。在某运动员或者运动队参加奥林匹克运动相关的比赛之前，其所属的国际单项体育联合会和国家奥委会必须得到国际奥委会的承认。譬如，在对国际单项体育联合会的承认方面，《奥林匹克宪章》第29条规定："国家（地区）单项协会要想取得国家（地区）奥委会的承认并被接纳为该国家（地区）奥委会成员，必须从事具体的、真正的、正在开展的体育活动，必须隶属于一个国际奥委会承认的国际单项联合会，服从并在各方面遵守《奥林匹克宪章》和该国际单项联合会的规则。"另外，《奥林匹克宪章》第61条规定："在奥林匹克运动会举办时发生的或与奥林匹克运动会有关的任何争议，须按照CAS《体育仲裁规则》提请CAS独家仲裁。"故从前述奥林匹克运动的体系构成以及第61条的规定我们可以得出结论，CAS的管辖权主要是来自《奥林匹克宪章》第61条关于管辖权规定的条款。

从CAS《体育仲裁规则》的规定可以看出，CAS有三个特殊的作用。第一个作用是根据合同中的仲裁条款或争议发生后当事人签署的提交仲裁的协定，CAS作为初审仲裁院立即和直接仲裁争议。在这个作用方面，CAS可以解决产生于诸如赞助合同、运动员和管理者之间的合同、与体育运动有关的电视转播权合同等争议，这些争议适用普通仲裁程序。普通仲裁庭拥有广泛的管辖权，可以仲裁"在体育运动的实践或发展中与体育、金钱或其他利害关系有关的争议，一般地讲，是指与体育有关的所有活动"。也即，所有的因当事人之间的法律关系而引起的但又不能提请上诉仲裁程序解决的争议都通过普通仲裁程序解决，这包括所有的因合同的解释或不能履行合同而引起的争议，范围涉及赞助、电视转播权、体育设施及用品的供应、劳动合同等。另外，那些涉及民事责任的争议也可以申请CAS仲裁，譬如体育比赛中的突发事故而引起的争议。其他体育争议，不管其是否具有金钱性质，只要当事人达成协议也可以提请CAS仲裁。

第二个作用是如果一方当事人对体育联合会的决定不服向CAS提出上诉申请，CAS的上诉仲裁庭就是终审的仲裁庭。这里，CAS的管辖权也必须基于仲裁协定或仲裁条款，譬如体育联合会章程或条例中规定的仲裁条款。和普通仲裁庭相比，上诉仲裁庭的管辖权是有限的，它仅处理那些争议当事人已用尽体育联合会、体育协会或体育团体的所有的内部救济而意图将其裁决上诉到 CAS 的争议，包括兴奋剂争议。上诉仲裁程序解决的争议主要具有纪律处罚性质，通常是因体育协会或联合会就纪律性问题所作的最终裁决而产生，它是目前适用最广泛的程序，其例子包括某个国际单项体育联合会所作的裁决以及那些涉及选拔运动员参加奥运会或世界锦标赛的管理性或程序性争议。

第三个作用是应某些体育组织（譬如国际奥委会、国际单项体育联合会、国家奥委会）的请求，CAS 可以就与体育有关的法律问题发表咨询意见。不用说，咨询意见并不是有拘束力的仲裁裁决。

由于 CAS 普通仲裁庭和上诉仲裁庭的管辖范围不同，因此其管辖根据也略有不同。普通仲裁庭审理的争议基于当事人之间所缔结的将争议提交 CAS 仲裁的协议，该协议可以在争议发生之前缔结，也可以在争议发生之后缔结。上诉仲裁庭的管辖基础则是体育组织在其章程或条例中规定的将争议提交 CAS 仲裁的强制性仲裁条款，或当事人缔结了一个特定的仲裁协议并且上诉人在提起上诉之前已经根据有关体育组织章程或条例的规定用尽了内部救济，以及有关体育组织章程明确规定可以就 CAS 普通仲裁庭审理的案件上诉至上诉庭。运动员为了参加某体育协会或联合会主办的比赛，必须遵守包括强制性仲裁条款在内的协会章程。而且为了参加国际单项体育联合会主办的比赛，运动员必须签署此类注册许可合同，因此，合同中的仲裁条款为强制执行针对某个运动员所作出的裁决提供了基础。根据《体育仲裁规则》第 R47 条的规定，当事人可以根据这些条款将对有关体育联合会的裁定的质疑上诉到 CAS 裁决。参加奥林匹克运动的运动员将国际奥委会或者某国际单项体育联合会的裁决上诉到 CAS 进行仲裁是其权利，该运动员就该争议放弃向法院提起诉讼而将其申请仲裁也是强制性的规定。

任何自然人或者法人，只要具备行为能力，都可以作为 CAS 仲裁的当事人，包括运动员、俱乐部、体育协会、体育比赛的组织者、赞助商以及电视转播公司等。运动员通常是 CAS 的申请人，CAS 对其实行管辖的根据在于运动员所属的单项体育运动协会或者联合会的章程里的规定、运动员签署的仲裁协议等。而对于国际奥委会、国家奥委会、国际单项体育联合会、体育运动协会、国内体育协会等，它们都参与了奥林匹克运动，其活动已属于奥林匹克运动范围内的活动，根据《奥林匹克宪章》第 61 条的规定，仅存在争议事实就足以确立 CAS 对它们的管辖权。换句话说，因为它们参与奥林匹克运动和参加奥运会的结果，它们被认为实际上是已经同意了《奥林匹克宪章》中的仲裁条款。更何况所有的奥林匹克国际单项体育联合会的章程里面都规定了 CAS 仲裁条款，而国家奥委会有发展奥林匹克运动和确保《奥林匹克宪章》在其本国得到实施的任务，国内单项体育协会则是大国际单项体育联合会的成员而接受管辖。至于“一般有权利解决争议的任何自然人和法人”，已有的裁决表明这类当事人主要包括在其章程里规定接受 CAS 管辖条款的非奥林匹克国际体育运动联合会、通过签署仲裁协议接受 CAS 管辖的体育器材的生产供应厂商等。

二、奥运会特别仲裁庭的管辖权

在奥林匹克历史中，亚特兰大百年奥运会第一次设立了 CAS 特别仲裁庭，其目的是解决在奥运会举行期间发生的争议。1995 年，国际奥委会修改了《奥林匹克宪章》，增加了允许设立奥运会特别仲裁庭的第 74 条，该条规定：“在奥运会上发生的或与奥运会有关的任何争议都应当提请 CAS 根据仲裁规则行使专属管辖权。”1996 年夏季奥运会举办前，国际奥委会尤其担心参加奥运会的运动员向美国的法院寻求解决救济的途径，故它要求所有的运动员、教练和官员必须签署包括一个强制性的和有拘束力的仲裁条款在内的报名表，以此作为参加奥运会的先决条件，任何拒绝签署报名表的运动员将不得参加比赛。同时，一些国际单项体育联名会在其章程中规定有 CAS 仲裁的条款，如果它们的章程中没有作出这些规定，根据《奥林匹克宪章》第 61 条的规定，仍然须受特别仲裁庭的管辖；再者，国际奥委会和奥运会组织委员会之间的《主办城市合同》也有 CAS 仲裁条款；最后，因为国家奥委会受《奥林匹克宪章》第 61 条的约束，并且根据第 29 条有义务执行并遵守《奥林匹克宪章》的规定而受 CAS 管辖权的约束。基于以上几点，CAS 奥运会特别仲裁庭对奥运会举办期间发生的争议享有管辖权。

根据《奥林匹克宪章》第 61 条的规定，在奥运会上发生的或与奥运会有关的任何争议都应当提请体育仲裁院行使专属管辖权。问题是，并不是所有的人都能向奥运会特别仲裁庭提起仲裁的请求。根据《奥林匹克宪章》的规定，参与特别仲裁庭审的当事人所属的体育运动协会必须是其本国奥委会的正式成员。如果其本国奥委会不承认该体育协会，那么该运动员也就没有资格参加奥运会，他/她也就不是奥运会特别仲裁的合法当事人，特别仲裁庭对该运动员提起的争议没有管辖权。

2003 年，国际体育仲裁理事会通过了《奥运会特别仲裁规则》，规定奥运会特别仲裁庭仲裁的争议是“根据《奥林匹克宪章》第 61 条和奥运会报名表中的仲裁条款所规定的奥运会期间和开幕前 10 天发生的争议。”奥运会特别仲裁庭的管辖权必须同时符合《奥林匹克宪章》第 61 条和奥运会报名表中的仲裁条款的相关规定，它们之间是并列的关系，也即一个争议只有同时符合这两个文件关于管辖权规范的条款，特别仲裁庭才对该争议行使管辖权，只符合其中的一个规定则不能向特别仲裁庭请求仲裁。对于特别仲裁庭行使管辖权的依据的报名表，除了有运动员的签名外，还要有本国奥委会的签署认可。一个未经运动员所属国家奥委会签署认可的报名表是一个不具有法律效力的单方面文件，当事人不得以该报名表为依据提起仲裁。

与 CAS 根据《体育仲裁规则》的规定管辖的争议有些不同，由于奥运会特别仲裁庭有自己单独适用的仲裁规则，其受理的争议主要是具有上诉性质的争议。根据《体育仲裁规则》的规定，CAS 对涉及商事性质的争议具有管辖权。所以，如果该争议的当事人签署协议将该争议提交 CAS 进行仲裁，CAS 是具有管辖权的。

综上所述可以看出，CAS 的管辖权根据是基于在争议发生前或争议发生后当事人决定把争议提交 CAS 仲裁而缔结的仲裁协议书；体育联合会或体育协会的内部章程或相关条例中规定的强制性仲裁条款；奥运会报名表、《奥林匹克宪章》第 29 条和第 61 条规定的强制性仲裁条款；以及体育联合会或协会与运动员所签署的注册许可合同中的强制性仲裁条款等。第一个仲裁协议在缔结、内容、成立等方面与一般国际商事仲裁中的仲裁协议的缔结大致相同，而后几种仲裁根据则是所谓强制性仲裁条款，两者在一些具体事项上有所不同，须予以分别探讨。

三、国际体育仲裁中的强制性仲裁问题

CAS 上诉仲裁庭以及奥运会特别仲裁庭管辖的争议主要是针对国际或各国体育联合会或体育协会所作的纪律性或惩罚性事件而产生的争议，其仲裁的最主要根据是不同体育组织的章程性文件以及注册许可合同中的强制性仲裁条款。当然，根据《体育仲裁规则》第 R27 条的规定，当事人也可以缔结专门的协议将纪律性的争议提交仲裁。

目前，越来越多的奥林匹克和非奥林匹克国际单项体育联合会在其内部条例或章程中规定了由 CAS 管辖的仲裁条款，此类条款的纳入使得相关的国际单项体育联合会能够避免到国内法院采取诉讼行为。这类条款承认 CAS 对国际单项体育联合会或其成员之间的争议具有管辖权，而且是国际单项体育联合会作出决议的最终上诉机构。在此种情况下，该体育协会或联合会的成员就必须遵守并承认 CAS 的管辖权。因为参加国际比赛的运动员的参赛资格主要取决于其作为国际单项体育联合会

组成部分的国内单项体育协会的身份，还有就是对该单项体育联合会规范的接受。为了参加国际单项体育联合会举办的比赛，运动员必须同国内体育协会签订注册许可合同。这些合同中的强制性仲裁条款履行了国际单项体育联合会对 CAS 的承诺，并且有助于确保 CAS 的裁决对单个运动员有拘束力。另外，由于单项体育协会极力想完全控制其与下属的运动员之间的争议，故它们认为除体育组织外，任何其他机关都不能处理纪律性问题。由于产生于体育法环境下的体育争议的特殊性，国内法院不适合处理这些争议。

国际奥委会的意见是，当一个运动员和主管单项体育联合会签订了注册许可合同时，在运动员和该体育联合会之间发生争议的情况下，这种签字就是将争议提交 CAS 的一种承诺，故运动员诉诸国内法院的案件限制在严重违反正当法律程序、基本权利或公共秩序方面的争议。所以在发生争议的情况下，运动员必须将其争议提请 CAS 仲裁，否则就不能参加有关的国际比赛。

注册许可合同通常规定运动员有义务遵守单项体育联合会或者体育协会的内部章程，相应的运动员的签名也就意味着运动员同意注册许可合同的条款，也意味着同意该单项体育联合会或者体育协会的章程规定。但事实上，运动员通常可能并不知道有仲裁条款，尤其是该条款隐藏在长达数十页的体育联合会章程里时更是如此，但无论如何，体育主管部门应确保至少让运动员意识到强制性仲裁条款的含义。

为了参加比赛或训练，一个运动员必须从单项体育联合会得到许可或成为其成员。如果注册许可合同规定有任意性仲裁条款，运动员选择不同意仲裁，他/她仍然能够得到参加体育比赛或训练的机会，而同时保有将其申诉诉诸国内法院的权利。然而，如果注册许可合同中包含有强制性仲裁条款，运动员只能作出以下两者之一的选择，或者签署合同，因此同意仲裁条款，参加体育比赛；或者拒绝签署该合同，没有资格比赛。面对毫无吸引力的后一种选择，大多数运动员都会选择签署合同，只是希望永远不启用有关的条款。考虑到仲裁所要求的基本前提是双方当事人的自愿，体育注册许可合同的强制性仲裁条款是否应当予以被承认和执行呢？它是否真正反映了当事人尤其是运动员的自愿呢？

另外一个强制性仲裁条款便是 CAS 奥运会特别仲裁庭所涉及的问题。1995 年国际奥委会修改了《奥林匹克宪章》，增加了第 74 条（2023 版第 61 条），规定“在奥运会上发生的或与奥运会有关的任何争议都应当提请 CAS 并由其根据《体育仲裁规则》行使专属管辖权”。另外，参加奥运会的报名表必须包括自愿提交 CAS 仲裁的条款。参加奥运会的运动员、教练和官员必须签署同意提交仲裁的报名表，将所有争议提交 CAS 仲裁，并以此作为参加奥运会的先决条件。

在决定是否签署报名表时奥林匹克运动员没有任何选择余地。如果一个运动员不签字，其就不能参加比赛。不管一个运动员参加奥运会的原因何在，譬如想实现个人训练期望或比赛的目标，完成金钱方面的需求，或者仅仅是想参加这个一生可能只有一次的传统聚会，唯一的实现该目标的出场机会是签署报名表。《奥林匹克宪章》要求所有的与奥林匹克运动有关的人或组织都应当承认国际奥委会是奥林匹克运动的最高权威的规定，并且同意执行国际奥委会的决议。一个单个的运动员没有权利对抗国际奥委会的要求并且仍然能有权参加比赛。故运动员对奥运会报名表中的强制性仲裁条件款也是“订不订由你”的态度，运动员没有其他任何合理的可替代方法，只有同意这个强制性和有约束力的仲裁。运动员需要依靠参加奥运会来实现谋生或获取商业赞助的目标，参加奥运会的机会四年只有一次。尽管也有例外，但一个运动员一生可能只有一次参加奥运会的机会。这个机会目前与同意 CAS 奥运会特别仲裁庭解决争议的强制性仲裁条款联系在了一起。或者说，在奥林匹克运动领域内，任何运动员或体育联合会如果拒绝接受 CAS 的管辖将会被拒绝参加奥运会。

尽管体育仲裁因其时间短和花费低而越来越受欢迎，但强制放弃寻求法院救济的权利而同时接受前述强制性仲裁条款可能会受到责难，而从法律的角度来对其进行评价则是最恰当的。如果从法律的角度来讲，强制性仲裁条款更类似于合同中的格式条款或标准条款，各国对其的态度基本上是一致的，即“订不订由你”，唯一的可替代完全同意的方法是完全拒绝。但如果从合同法以及公平的角度来分析，仍有以下几方面值得注意：

（一）可仲裁性问题

根据 CAS 仲裁指南的规定，CAS 仲裁裁决的承认和执行适用 1958 年缔结的《纽约公约》。因此，CAS 作出的仲裁裁决可以在那些签署《纽约公约》的国家得到强制执行。然而，应当注意的是，根据《纽约公约》的规定，如果请求承认和执行地国家的主管当局认为根据本国法律体育争议是不可仲裁的，它就可能会被拒绝承认和执行。这样一来，当事人就有可能以请求仲裁的体育争议的不可仲裁性来对抗强制性仲裁条款。

（二）公共政策问题

公共政策问题即体育仲裁是否符合道德和正义的标准。从英美法的角度来讲，任何旨在排除法院管辖权的签约意图都是不合宪和违反公共政策的。当事人可以将争议提交仲裁，但是其不能规避法律所授予法院的管辖权。国内法院是否应当遵守国际奥委会要求放弃诉讼权利的条款？另外，《纽约公约》规定，如果一个国内法院发现承认和执行某外国仲裁裁决将违反本国的公共政策，它可以拒绝执行该仲裁裁决。在各国有关法律中以及在前述公约中，公共政策被作为拒绝承认和执行外国裁决的一项理由。由于各个国家所奉行的经济政策、法律、基本道德信念、政治制度、宗教不一，对是否与本国的公共政策相抵触所持标准也不一。所以，承认和执行某项裁决是否构成了对公共政策的违反将取决于特定国家的法律、标准或解释。由于公共政策实际内容的不确立性和含糊性，用它来作为拒绝执行 CAS 裁决的理由也未尝不可。

（三）胁迫和不合理性问题

作为合同的一种，强制性仲裁条款的缔结也应遵守合同法的一般原则。对因胁迫而缔结的合同，无论是大陆法还是英美法均规定为可撤销合同。而且较之于主管体育协会来讲，运动员是处于弱者的地位，以胁迫和不合理性为由来规避强制性仲裁条款仍有其可取之处。另外，在英美法系，在对合同的内容发生歧义的情况下适用“不利于文件起草者或者提出者的解释”（*contra proferentum*）原则，据此法院对合同的认定将是有利于运动员而不是国际奥委会。

（四）不平等的议价能力问题

这方面的表现就是运动员毫无选择，只得签署有关文件。对于许多运动员来讲，能够参加奥运会是他们最大的目标。他们不停地训练以便获得选拔和参加奥运会的机会，而奥运会只是四年一次。在某些情况下如果某运动员错过了奥运会，在这四年期间就有可能错过了其运动生涯的最高峰。因为这些压力运动员只得签署报名表，否则就不能成为奥运选手。

（五）当事人缔结能力问题

由于体育运动的特殊性，很多运动员在签署报名表或注册许可合同时并没有达到法定的成年年龄，而尽管法定成年年龄在不同国家之间是否一样对参加运动会来讲可能会显得无关紧要，但对于未成年人的签名是否有效就不一样了。未成年人所签合同是否有效，各国立法规定不同，可以分为有效、无效或可撤销几种情况。对未成年运动员签署的强制性仲裁条款一律视为有效，这在某些国家可能会与法律的规定相抵触，这就需要相应的体育组织作出灵活的规定。通常，在签订有关合同或启动申诉请求时，都要求运动员签名，同时未成年的运动员其父母一方或监护人也必须签名。

每个具体的体育争议都要作具体分析，但是体育组织并不是不受任何约束，它们仍应遵守合同法和普通法的法律规则。前述许多问题都可以作为对 CAS 的强制性仲裁条款提出反对的理由。譬如 CAS 的裁决对职业运动员的职业生涯或者运动员的谋生手段可能具有不利的经济影响，运动员可能会失去缔结利润丰厚的赞助合同的机会，或者因违约而被终止现有的合同。虽然国际体育组织明显处于优势地位，但是要想证明强制性仲裁条款违反了竞争规范以及具有歪曲或者限制国家之间贸易竞争的效果还是有点困难。

四、CAS 管辖权的限制

从传统的理论角度来讲，法律学说和司法实践一直认为，法官不能对严肃的体育运动规范行使管辖，因此只有那些“损害运动员的人身或者财产权利”的裁决才能向法院或者仲裁组织提起审查的请求。但是 CAS 接受一种新的观点，即在高水平的体育运动中适用体育运动规范的后果是经常与运动员的人身或者财产权利相联系的，因此应当承认可以对这些裁决进行的审查。如果某裁决是武断作出的或者不合法的，就可以将相关争议提交仲裁。

CAS 的管辖权涉及与体育有关的任何活动，也即“此类争议可能涉及有关体育的原则问题或金钱性问题或在体育的实践或发展中起到作用的利害关系，以及一般而言任何一种有关体育的活动”。任何一个直接或间接与体育有关的争议，不论是否是商业性的或是否与体育运动的实践或发展有关或是否因体育组织的决议而引起的，都可以提请 CAS 仲裁解决。但是，CAS 没有权力去解释涉及诸如某项运动的裁判规则以及比赛计划之类的纯粹的技术规范问题的争议，也即 CAS 对体育运动官员就比赛所作的裁判的结果不具有管辖权，不得干涉体育官员就比赛所作的裁决。另外，对于其他裁判组织（法院或仲裁机构）作出的裁决，CAS 也不得再另行仲裁。在这方面有一些判例可作说明。悉尼奥运会期间，内科娃（Neykova）以在女子单人双桨比赛中她获得第二名的设备是不准确的为由向特别仲裁庭提请仲裁，特别仲裁庭适用不干涉原则裁定它不能推翻在比赛期间裁判就技术性问题所作的裁决。然而，它却对比赛设备是否有瑕疵具有管辖权。在该争议中，特别仲裁庭裁定技术设备是完好的，并没有其他的证据表明它是不好的。因此，该申请被驳回。[1] 至于对其他仲裁庭或仲裁组织已经作出的裁决，当事人又另行向 CAS 或其特别仲裁庭提请仲裁的，CAS 也不应受理，应对此类争议拒绝行使管辖权。

从 CAS 仲裁与体育有关的争议的数量的不断增长可以看出，目前它已成为国际体育运动的参加者、参与者以及从事与体育有关的活动的自然人或法人解决争议的首选场所，国际体育仲裁正在显示出良好的发展前景。这是因为，通过 CAS 解决体育争议除具有一般仲裁所具有的迅速、一裁终局、保密、花费少以及更灵活的特点之外，还具有一般仲裁及诉讼所不具有的下列特点：一是更适于解决国际体育争议，可以避免出现管辖权、仲裁程序、法律运用、仲裁语言等方面的困难；二是它是专为解决体育争议而设立的，其仲裁员具有一般法官和仲裁员所不具备的扎实的法律知识和体育知识，更有助于体育争议的解决。因此，可以讲 CAS 在解决体育争议方面的作用将会比以往更重要。

随着时间的推移，CAS 不断修改其章程并加以完善，并以此丰富自己的管辖权。适用普通程序审理的争议在管辖权、仲裁协议、法律适用、裁决执行等方面与国际商事仲裁可以讲没有什么区别。需要指出的是，尽管《体育仲裁规则》规定 CAS 针对与体育有关的争议具有管辖权，但 CAS 从来没有否认它对与体育无关的争议的管辖权。而且它处理的商事性质的争议，譬如赞助合同、电视转播合同争议等也完全可以适用普通国际商事仲裁程序处理。

至于奥运会特别仲裁庭的管辖权，在奥运会期间作出的裁决已经明确表明，奥运会特别仲裁庭对在奥运会期间发生的一切争议都具有完全的管辖权，只有有限的几个争议不在它的管辖权范围之内。就如前述德国速滑协会争议所显示的那样，对于那些涉及商事性质、不直接影响运动员或者不要求立即裁决的争议，特别仲裁庭将会拒绝管辖并作出裁决，这些争议应在普通仲裁庭或者民事法院进行审理。

至于上诉仲裁庭和奥运会特别仲裁庭仲裁的争议，由于它们是属于纪律性或惩戒性的争议，并且是因即决裁决而引起的争议，需要运用专门的体育知识和法律知识进行仲裁，适用强制性仲裁条款约束有关的当事人并以此确立自己的管辖权不失为一种恰当的选择。只是在承认和执行裁决时，有关当事人可能会在胁迫、可仲裁性、公共政策、未成年人缔约能力等方面对强制性仲裁条款提出疑问并以此对抗

[1] CAS ad hoc Division (O. G. Sydney 2000) 012 Rumyana Dimitrova Neykova v. FISA and IOC, award of 29 September, 2000.

CAS 的裁决，这需要对国际体育仲裁中的强制性仲裁条款作进一步的研究。

需要明确的是，强制性仲裁条款的广泛应用以及多元化的纠纷解决机制的改进并没有阻止诉讼的发生。体育诉讼并没有减少，部分原因是因为职业或半职业运动员的大量增加，部分原因是因为与经济有关的争议引出了管理机构和非正式裁判庭的管辖范围，这些争议典型地涉及基本人权。尽管如此，法院也不是审理体育争议的理想场所，此类诉讼不仅花费大，而且法官通常缺少体育领域的必要专门知识。

第三节　CAS 的仲裁过程

CAS 的仲裁活动由普通仲裁和上诉仲裁两个部分组成，所适用的仲裁程序也有所不同。而奥运会特别仲裁庭的仲裁程序也有自己特殊的地方，因此，有必要予以单独探讨。

一、CAS《体育仲裁规则》的演变

国际奥委会决定设立 CAS 后，于 1983 年在新德里会议上通过了其仲裁规则。当时，仲裁员由体育领域中的知名人士担任，由国际奥委会主席管理，但由选任的可以连任 4 年的“执行主席”直接领导。每个争议都将由三名仲裁员作出裁决。CAS 将会在 1984 年正式运作。尽管其所在地将是在洛桑，它将可以在世界上的任何地方仲裁案件。

当时的仲裁规则[1]规定的多是一般仲裁规则。譬如，第 3 条规定，CAS 可以就涉及当事人自由决定的权利作出裁决，这包含了“可仲裁性”的原则，因此，当事人没有权利达成协议的事项，CAS 就没有管辖权；第 4 条规定，CAS 处理具有民间性质的争议并不排除它对国家或国内公共团体的管辖权；CAS 有权就提交其仲裁的争议进行解释并根据自己的意志作出裁决；在仲裁庭就裁决不能达成一致的情况下，或者有必要结束某案件或作实质性改动的情况下，仲裁规则规定 CAS 有权采取此类行动。以上只是对国际奥委会设立的这个仲裁组织的一个简单叙述。

CAS 成立后的最初几年，其仲裁的争议并不是太多，这可以从其统计中可以看

---

〔1〕 参见 CAS 成立之初适用的仲裁规范。James A. R. Nafziger, *International Sports Law*, New York: Transnational Publishes, Inc. , 1989, Appendix.

出（从其1986年受理第一件争议时起，1986年至1990年每年受理的仲裁和咨询请求的数额分别是2、8、12、9和13），其中的原因是一方面大多数人对这个新的仲裁种类不太了解，另一方面也是对其的独立性产生怀疑而导致不愿将争议交于CAS仲裁。故为了吸引更多的当事人将争议提请CAS仲裁，在1990年9月于东京举行的国际奥委会第87次会议上，与会代表提交了对CAS仲裁规则的修正案。对CAS仲裁规则的修改主要包括，CAS的组织，考虑到允许连任加入了CAS仲裁员的四年任期的规定；在当事人同意的前提下仲裁员可以依公平原则而不是法律为依据做出裁决；导入了独任仲裁制度，同时当事人选任的仲裁员可以在仲裁员名单中选出第三个首席仲裁员而不是由当事人自己来选任等。

1992年，CAS所作的甘德尔裁决[1]因为当事人的不服而向瑞士法院提起了上诉，1993年3月15日，瑞士联邦法院在裁决中承认CAS为一个真正的仲裁机构，但在国际奥委会为仲裁案件的一方当事人的情况下，此类联系足以使人对CAS的独立性产生怀疑，因此CAS应当在组织和财政上更加独立于国际奥委会。该裁决导致了CAS的重大改革，主要的变化是设立国际体育仲裁理事会以取代国际奥委会来监督CAS的运营和财政状况。CAS的改革在一个名为《体育仲裁规则》中得到明确的体现，即于1994年11月生效的《体育仲裁规则》规定了CAS的仲裁分为适用普通仲裁程序进行的仲裁和上诉仲裁程序进行的仲裁这两种情况。2003年底，CAS又对该规则进行了修改，新的规则名为《解决体育争议之组织规范》，简称《体育仲裁规则》。同时为了解决在奥运会上产生的争议，国际体育仲裁理事会又通过了在奥运会上进行仲裁的《奥运会仲裁规则》。这样CAS的仲裁就有了三种不同的仲裁程序，而且还包括对争议进行的调解程序和咨询程序。

二、CAS普通仲裁程序

根据CAS《体育仲裁规则》的规定，在仲裁地（瑞士洛桑）、仲裁的工作语言（英语和法语）、代理和协助（当事人可由其选择的人代理或协助）、通知和通信（拟送达当事人的所有通知和通信均应通过仲裁院办公室作出）、时限的确定、临时救济措施、仲裁员的独立性和资格以及仲裁员的回避、撤换、替换等方面的规范是一般性的程序规定，适用于所有的仲裁程序。另外还有专门适用于普通仲裁程序和

---

[1] CAS 92/63 Elmar Gundel v. Fédération Equestre Internationale (FEI), award of 10 September 1992; Judgment of the Swiss Federal Tribunal 119 Ⅱ 271, 15 Mar 1993.

上诉仲裁程序的特殊规定。

适用于普通仲裁程序的特殊规定主要有：

（一）仲裁程序的开始

当事人提起仲裁应向 CAS 秘书处提交申请书。申请书包括被申请人的名称和地址；提交 CAS 裁决事项在内的争议事实和法律依据的简单说明；申请人请求的救济；载有仲裁条款的合同副本，或规定应根据本规则进行仲裁的文件副本；关于仲裁员的人数和人选的有关资料，特别是如仲裁协议约定有三名仲裁员，则写明申请人从 CAS 仲裁员名单中选择的一名仲裁员的姓名及地址。申请人在提起申请时应向 CAS 办公室支付第 R64. 1 条规定的费用。

CAS 或者其仲裁庭拟送达当事人的所有通知和通信均应通过 CAS 办公室作出。通知和通信应送达至仲裁申请书或咨询申请书上载明的地址或其后说明的地址。另外，当事人向 CAS 或其仲裁庭作出的所有通信，包括仲裁申请书、上诉申请书、咨询申请书以及请求第三人加入申请书连同答辩书等均应向 CAS 送达，副本数应足够当事人、顾问和仲裁员一人一份，并另加一份给 CAS。

除非一开始就很明显地没有提交 CAS 仲裁的协议，CAS 办公室应采取一切适当步骤以启动仲裁程序。为此目的，其应将仲裁申请书送达被申请人，要求当事人明确适用于争议实体的法律，确认被申请人提交关于仲裁员数目和人选的任何相关资料，特别是从 CAS 的名单上委任仲裁员以及答复仲裁申请书时的时限。答复应包括答辩的简要说明，无管辖权的抗辩，以及可能的反请求。

在这个阶段，当事人应当注意程序性规范所规定的时限要求，时限应自 CAS 收到通知之日起算。另外，如果有正当理由的申请，且有必要，仲裁庭的主席或者庭长也可以延长规则规定的时限。

（二）临时和保全救济

任何一方当事人在向 CAS 申请仲裁或提出上诉申请之前均不得根据程序规则申请临时或保全措施，因为只有向 CAS 办公室提出申请后才能开始仲裁程序。一旦接受当事人请求临时或保全措施的申请，相关庭的首席仲裁员在将案卷移交仲裁庭之前或之后均可应一方当事人申请命令采取临时或保全措施。当事人同意将争议按程序规则通过上诉仲裁程序处理，则表明其明示放弃向有关国家机构请求此类措施的权利。此种弃权不适用于通过普通仲裁程序解决争议的临时或保全措施。

如申请采取临时或保全措施，仲裁庭主席或相关庭的首席仲裁员应要求相对方在15日内或者情况需要时更短时限内表明其观点。仲裁庭主席或首席仲裁员应迅速作出命令。另外，经提供担保，临时和保全措施也可以是附条件的。

（三）仲裁庭的组成

一旦CAS接到了仲裁申请书并且对方当事人提交了答辩状，就要组成仲裁庭。根据当事人的协商，仲裁庭可以由一名或者三名仲裁员组成。如果仲裁协议未约定仲裁员人数，普通仲裁庭主席应在考虑到争议金额及复杂程度后确定仲裁庭的组成人数。

当事人可以自由约定委任仲裁员的方法。如无此约定，或者按照仲裁协议或者普通仲裁庭主席的决定委任一名独任仲裁员或者三名仲裁员，则申请人应在其申请书中或在关于仲裁员人数的决定中所确定的时限内委任仲裁员，被申请人应在仲裁院办公室收到申请书后确定的时限内委任仲裁员。如当事人未作此委任，普通仲裁庭主席应代其委任。依照这种方式委任的两名仲裁员应在仲裁院办公室确定的时限内共同选定一名首席仲裁员。如该两名仲裁员未达成一致，则普通仲裁庭主席应代其委任首席仲裁员。仲裁员仅在普通仲裁庭主席确认后才视为已被委任，并且只有在这个时候才能向仲裁庭移交案卷。

需要注意的是，在有多方当事人仲裁的时候，仲裁员的任命稍微有些不同。如果仲裁申请书列有数个申请人及/或被申请人，并且当事人在仲裁员的人数和任命方法方面已达成一致，那么CAS应根据当事人约定的仲裁员人数及委任方法组成仲裁庭。如果当事人未作此约定，则仲裁庭主席应根据规则第R40.1条的规定确定仲裁员的人数。如委任独任仲裁员，则适用第40.2条。如委任三名仲裁员而申请人有数个，则其应共同委任一名仲裁员；如委任三名仲裁员而被申请人有数个，则其亦应共同委任一名仲裁员。如未共同委任，仲裁庭主席应代申请人/被申请人委任。如应委任三名仲裁员，而有数个申请人或数个被申请人，且申请人和被申请人均未共同委任该方的仲裁员，则应根据第40.2条由分院主席委任该两名仲裁员。在任何情况下，首席仲裁员均应根据第40.2条由另外两名仲裁员选任。

如果被申请人拟使第三人参加仲裁程序，则其应在其答复中写明并附具理由，答复亦应增加一份副本。仲裁员办公室应将副本送达被要求参加仲裁的人，并确定该人就其参加仲裁提出看法，并提出答复的期限。仲裁院办公室亦应确定申请人就该第三人参加仲裁提出看法的期限。

如果第三人拟作为当事人参加仲裁，在为被申请人所确定的对仲裁申请书进行答复的期限内应向 CAS 提交相应的申请书并附具理由。如有可能，此类申请书应具备仲裁申请书应有的内容。仲裁员办公室应将该申请书的副本一式一份送达各当事人，并确定其就该第三人参加仲裁提出看法及可能根据第 R39 条提出答复的期限。

不管第三人是被申请参加仲裁还是主动参加仲裁，必须证明的是其与该争议有足够大的利害关系并且受仲裁协议的约束，或者在与其他的当事人达成书面协议的情况下方可参加仲裁程序。分院主席应决定第三人是否能够参加仲裁，如果同意第三人参加仲裁，则 CAS 应根据仲裁员人数及委任方式组成仲裁庭。如无此约定，分院主席将根据第 R40. 1 条和第 R40. 2 条的规定组成仲裁庭。

（四）仲裁庭进行的程序

申请人提出了申请，被申请人作了答复并且就仲裁庭的组成达成了一致意见之后就可以开始争议解决程序。如果争议的问题比较紧急，经当事人同意，仲裁庭可以以加速的方式进行仲裁程序，并且应为此给予适当的指示。不过，如果当事人没有要求加速审理争议，仲裁庭所进行的普通仲裁程序一般包括两个相互连接的阶段，即一个书面阶段（如果仲裁庭认为适当）和仲裁庭保留可随时通过调解解决争议的权利的口头阶段。

如果仲裁庭认为书面阶段毫无疑义，也可以放弃该阶段。如果要进行书面程序，一旦接到案卷且首席仲裁员认为适当，应发出书面提交有关材料的指示。一般地讲，这将包括一份请求说明书、一份答辩、答复和第二次的答辩。当事人可在请求说明书及答辩中提出其未在仲裁申请书及答辩中提出的请求。此后，没有对方当事人的同意，任何一方均不得提出新的请求。当事人应将拟用作依据的所有书面证据连同书面材料一并提交，并应在提交的材料中说明其拟传唤的证人和专家。书面材料提交完毕后，当事人不得提交进一步的书面证据，除非双方同意或者仲裁庭根据案件的特殊情况予以同意。

（五）庭审

一旦双方陈词交换完毕，首席仲裁员应作出开庭的指示，特别要确定庭审日期。一般地，应进行一次庭审，仲裁庭可以聆讯当事人、证人以及专家，并听取当事人的最后陈述。如果一方当事人能够表明另一方当事人拥有或者控制了有关文件并且该文件与争议是相关的，该当事人可以要求仲裁庭命令另一方当事人提交其占有或者控制下的文件。同样，如果仲裁庭认为补充当事人的陈述是适当的，则其可随时命令提交补充文件或询问证人，委任和聆听专家以及其他的程序性措施。如果仲裁庭想委任专家，仲裁庭必须就专家的委任及其权限问题征询当事人的意见，并且仲裁庭所委任的专家应保持独立于当事人，并应立即向当事人披露任何可能影响某方当事人的独立性的情况。

（六）裁决

原则上讲，仲裁庭应在开庭数周后将最终的裁决交给当事人。如果仲裁庭是由三人组成的，裁决应依多数意见作出；如未形成多数意见，则由首席仲裁员单独作出。裁决应是书面的，注明日期并由仲裁员签名。除非当事人另有约定，裁决应简要说明理由。不过，裁决由首席仲裁员一人签名即已足够。除非裁决有此规定或者当事人所有的当事人同意，否则裁决不应公开。

裁决是终局的，并应对当事人均有拘束力。一旦经由仲裁院办公室送达当事人，裁决即对当事人有效。对裁决提出异议或者上诉是极其罕见的，并且当事人应在收到裁决之日起 30 日内向瑞士联邦法院提起申请。对于裁决的承认与执行则适用《纽约公约》。

三、CAS 上诉仲裁程序

CAS 主要是作为一个对国际体育组织内部裁决进行审查的上诉机制进行运作的。适用于上诉程序的特殊规定主要有以下几个方面：

（一）上诉仲裁程序的开始

在出现上诉程序的情况下，只有当事人用尽了体育协会、体育联合会或者体育组织所有的内部救济措施，并且这些体育组织的章程或者条例里面有如此的规定，或者当事人达成专门的仲裁协议的情况下，当事人才可以将相关体育协会、体育联合会或者体育组织的裁决上诉到 CAS。如果相关体育协会、体育联合会或者体育组织的章程或者条例里或者事先达成的协议里未就上诉时限问题作出规定，则当事人应当在收到被上诉的裁决之日起 21 日内提起上诉的请求。

上诉人向 CAS 上诉仲裁庭提交上诉说明书时开始上诉程序，也可以通过网络提交电子申请。上诉说明书应当包括以下内容：被上诉人的名称和地址；被上诉的裁决；上诉人的救济请求；上诉人根据第 S18 条从 CAS 仲裁员名单中委任的仲裁员

(除非当事人约定仲裁庭由独任仲裁员组成)；停止执行被上诉的裁决的申请书（如适用)；规定 CAS 具有上诉管辖权的体育组织的章程或者条例或者特别协议的副本。上诉人在提交上诉说明书时还应根据规定向仲裁院办公室支付费用，直到此时仲裁庭才会确认上诉说明书。上诉所用的语言包括英语、法语和西班牙语，足球争议中使用西班牙的频率比较多。

（二）上诉的根据

上诉期限届满后的 10 日之内，上诉人应向 CAS 提交一份写明引起上诉产生的事实和法律根据的摘要，并附具其拟作依据的所有证据及其他证据的说明。当事人未如此行事则视为撤回上诉。被上诉人在收到上诉理由之日起 20 日内应向 CAS 提交一份答辩，并且其应包括：一份答辩说明书；无管辖权的抗辩；被上诉人拟作依据的证据或其他证据的说明。如被上诉人在规定时限内未提交答辩，仲裁庭可以继续仲裁程序直至作出裁决。除非当事人另有约定或者首席仲裁员依据特殊情况另有指令，提交上诉理由和答辩后，当事人无权补充其主张、提交新的证据或详述其拟依据的新证据。

（三）仲裁庭的组成

一般地讲，上诉应提交由三名仲裁员组成的仲裁庭进行仲裁。不过，除非上诉人在提交上诉说明书时说明当事人已约定一名独任仲裁员进行组成仲裁庭，或上诉仲裁庭主席认为鉴于有关事项紧急，上诉也可以由一名独任仲裁员审理。如果需要委任三名仲裁员，上诉人应在其上诉说明书中委任一名，被上诉人应当在收到上诉说明书后的 10 日内委任另一名仲裁员，或者由分院主席代为委任。首席仲裁员由分院主席委任，仲裁庭一旦组成，仲裁院办公室即应将案卷移交给仲裁庭。

（四）仲裁庭进行的程序

一旦仲裁庭收到上诉说明书和被上诉人的答辩，案卷就会移交给首席仲裁员。案卷一经移交，首席仲裁员即应发出有关聆听当事人、证人和专家以及口头陈述的指示，并且可以确定开庭日期。另外，在上诉仲裁庭进行仲裁的过程中，仲裁庭可以不承认先前的裁决机构据以作出裁决的任何事实。仲裁庭拥有审查整个案件的事实和法律的充分权力，并且首席仲裁员也可以要求被上诉人提交与上诉有关的整个争议的卷宗。在法律适用方面，仲裁庭应当适用当事人选择的法律适用规范或者条例来裁决争议。如果当事人未就此达成一致，则根据被上诉人所在地的国家的法律来裁决争议。

（五）裁决

裁决应由多数决定作出，或在多数票缺席的情况下，由首席仲裁庭单独作出。它应该是书面的，注明日期和签名，并应简要说明理由。仲裁庭主席的唯一签名或两名共同仲裁员的签名（如果主席未签名）就足够了。专家组可决定在说明原因之前将裁决的执行部分告知双方。执行方通过快递、传真和/或电子邮件发出此类通知后，裁决应可强制执行。

由 CAS 法院通知的裁决是终局的，对各方具有约束力，但根据瑞士法律，在通过邮寄或快递方式通知裁决后 30 天内，在某些情况下可追索。如果双方在瑞士没有住所、惯常居所或商业机构，并且其在仲裁协议中明确排除了所有撤销程序，则随后不得通过撤销诉讼的方式对仲裁提出异议，特别是在仲裁开始时。

裁决书的执行部分应在文件移交专家组后三个月内通知双方。应仲裁庭主席的合理请求，上诉仲裁司司长结束证据程序后，该时限最多可延长四个月。如果不遵守时限，ICAS 委员会可根据第 R35 条的规定罢免仲裁员，并根据每个个案的具体情况减少仲裁员的费用。在任何情况下，该部门的主席都应将情况告知各方，并确定是否授予专家组最终时限或采取哪些特定措施。

原始裁决、摘要和/或载有诉讼结果的新闻稿应由 CAS 公开，除非双方同意对其保密。在任何情况下，案件记录的其他内容均应保密。裁决应是终局的，并在仲裁院办公室送达当事人的时候对当事人具有约束力。只有在非常有限的情况下才能对裁决提起上诉，并且该上诉应当在当事人收到裁决之日起 30 天内向瑞士联邦法院提起。法院是否接受上诉将取决于争议的性质，譬如对体育组织的规范或者条例的适当性的质疑。

另外，需要注意的是，不同于依普通程序作出的裁决必须是保密的要求，上诉仲裁程序作出的裁决不需要遵守任何的保密规范的要求。仲裁裁决、概括程序结果的摘要和/或新闻发布应当由 CAS 公开，除非当事人协议应予保密。

四、奥运会特别仲裁程序

为了解决在奥运会上发生的体育争议，自从 1996 年美国亚特兰大奥运会开始，国际体育仲裁理事会在奥运会上设立 CAS 奥运会特别仲裁庭。奥运会特别仲裁庭将主要解决针对国际奥委会执行理事会的决议所提出的上诉，其仲裁程序适用为奥运会制定的奥林匹克仲裁规范，这是国际体育仲裁理事会根据《体育仲裁规则》第S6.8条的规定专门制定的。不过需要注意的是，在夏季和冬季奥运会上，奥运会特别体育仲裁适用的是专门为特别仲裁庭制定的仲裁规范。2003年10月14日国际体育仲裁理事会在新德里通过了《奥运会仲裁规则》，规定对那些发生在奥运会开幕前10天至奥运会结束期间的争议适用该规则进行仲裁。其后的每届夏季和冬季奥运会，都会规定专门适用于某一特定奥运会的仲裁规范。奥运会仲裁规则是CAS《体育仲裁规则》不可分割的一部分。然而，奥运会特别仲裁专门适用奥运会仲裁规则，而不适用《体育仲裁规则》的其他条款。当然，在奥运会仲裁规则没有规定的时候，仲裁员也可以援引《体育仲裁规则》作为指导。

（一）仲裁过程

奥运会仲裁规则的主要特点和奥林匹克仲裁的主要步骤可以概括如下：

1. 申请

如果在奥运会期间一个合格的自然人或体育组织希望将争议提交特别仲裁庭仲裁，他们只需要向秘书处提交一份用英文、法文或西班牙文书写的申请书即可，该申请书应包括争议案件的简单叙述、请求的法律依据以及仲裁请求。秘书处会在接到申请书后应立即把仲裁书副本以及庭审通知立即移交给仲裁员、被申请当事人以及其他与争议有利害关系的当事人。

2. 仲裁庭的组成

在接到当事人的申请并考虑到当事人的身份与国籍后，特别仲裁庭的主席组成一个三名仲裁员组成的仲裁庭并且任命其首席仲裁员，偶尔也可以有一个独任仲裁员组成仲裁庭进行仲裁。为了节省时间以及减少当事人要求仲裁员回避的风险，奥运会特别仲裁中当事人没有选择仲裁员的权利。在组成解决争议的仲裁庭的时候，应当考虑即将仲裁某一特定争议的仲裁员的独立性以及争议当事人的身份和国籍。仲裁员随后要签署一个新的专门的中立声明。奥运会仲裁规则也规定了特别仲裁庭主席有权要求某仲裁员进行回避的制度。

3. 临时救济

奥运会特别仲裁庭主席或者已经组成的仲裁庭可以颁发暂缓执行某一裁决或者其他单方面的程序性救济措施。在接受该请求的时候，仲裁庭必须考虑该救济对于保护申请人免受不可弥补的伤害是否是必要的，申请人能否胜诉以及申请人对该争议所具有的利害关系是否超过作为奥林匹克运动成员的被申请人所具有的利害关系。

4. 审理和证据

仲裁庭有自由组织仲裁程序以及考虑到特殊争议的需要而制定证明程序的权力，并且仲裁庭原则上只组织一次听证会。在进行听证的过程中，当事人可以委托律师或其他人代理出庭答辩，而不用考虑后者是否具有法律知识，同时当事人应当出示包括证人证言、有关专门文件以及专家证言等证据。对于仲裁庭来讲，如果一次听证会不足以审查所有有关的证据，仲裁庭也可以组织其他的听证会。而实际情况是，仲裁庭不但要求当事人应当出庭，它也给予其他有利害关系的当事人出庭参加仲裁的机会，譬如可能受到未来的裁决影响的国家代表队或者国家体育协会。

5. 确定争议事实的全部权利

仲裁庭有充分的权力来确定争议的事实。换句话说，它有权利来审查所有有关事实的证据，包括那些已经在先前的裁决中被认可的证据。

6. 适用的法律依据

仲裁庭根据《奥林匹克宪章》、所适用的法律规范、其认为适当的一般法律原则以及规范来解决争议。对于商事仲裁的参与者来讲，这最后一种适用的法律依据是众所周知的，但是对于体育争议没有任何实际的意义。大多数的争议实际上涉及的是对“所适用的规范”的解释，譬如由体育组织所制定的规范的解释而引起的争议，而不用考虑这些规范是否是国际单项体育联合会的规范、《奥林匹克宪章》或者奥林匹克反兴奋剂规章。与奥林匹克仲裁有关的一般法律原则并不是像国际商事仲裁那样一般是从合同法中推导出来的，而其更多的是基于刑法或者行政法中的一般法律原则，譬如存疑时有利于被告原则或者法无明文规定者不罚。

7. 裁决

在召开听证会后，除非特别仲裁庭主席授权延长仲裁期限，仲裁庭应当在收到仲裁请求后的 24 小时之内作出仲裁裁决。尽管奥运会仲裁规范仅规定“原则上裁决中要简单叙述理由”，实际上是仲裁裁决一般都包含详细的理由。裁决一经作出应立即送达当事人并且裁决立即生效，对该裁决不得提出上诉或反对意见。如果时间紧急，可以在稍晚些时候把裁决的理由送达当事人。

8. 转到常设 CAS 进行仲裁

根据具体争议的具体情况，仲裁裁决可能包括一个最终的裁决，或者将该争议转到 CAS 普通仲裁庭或者上诉仲裁庭进行仲裁的指示。对于那些案情复杂且并不需要在奥运会结束前进行裁决的争议来讲，这后一种方法可能会是一个比较好的选择。

仲裁庭也可以将这两种方法结合起来使用，就部分争议作出一个有约束力的最终裁决，而将未解决的部分转到CAS进行仲裁。譬如前述2004年雅典奥运会上发生的韩国运动员梁太龙案就是将比赛期间的争议转到奥运会后的CAS进行的仲裁。[1]

9. 裁决的公开

在裁决送达当事人之后，除非仲裁员决定或者当事人同意不公布裁决，CAS特别仲裁庭通常举行一个新闻发布会公布该裁决。的确，在CAS进行的奥运会仲裁中，因为明显的公共利益问题仲裁裁决通常并不是保密的。

（二）仲裁的速度问题

在传统的商事仲裁中，对仲裁的速度讨论得较多，同时包括公正、裁决质量、自由和灵活性等问题。在奥林匹克运动中，速度不是一个可以讨论而是必须考虑的问题。仲裁庭必须要在24小时内作出裁决，仲裁规范规定了下面几种主要的提高速度的方法：

对有关当事人的通知可以采用传真、电话、电子邮件以及不能采用上述方法时将有关文件放置于仲裁院办公室等形式；除仲裁的申请书（通常是当事人亲自提交并且由仲裁院在申请人的代表在场的情况下审查以确保完整性，随后该申请书被复印，并作为参加审理的传票的附件送给所有的当事人）要求是书面格式之外，不要求书面的抗辩文件；因为审理通常是在通知后几个小时进行，实践中是通过电话的形式确认是否收到了出庭通知；当事人与仲裁庭的组成无关，仲裁庭主席任命仲裁员，可能发生的争议要事先得到确认；仲裁规范规定只有一次审理；在不同的情况下可以加快作出裁决的程序，主要是在说明作出裁决的理由之前可以将参加的处理意见告知当事人；如果24小时仍然太长，可以颁发临时救济措施；如果有可能，在争议的法律适用方面应避免适用国内法，这不仅反映奥林匹克仲裁的全球性质，而且没有必要花费时间来查找国内法的内容。

但是只有运营良好的规范还不是足够的，当时间紧迫的时候，基础设施和符合逻辑是仲裁程序的一个主要部分。CAS规定的仲裁程序在时间方面当然是最紧急的，但如果其能够有效裁决争议，就能节省更多的时间。

（三）正当法律程序问题

前段探讨的识别当事人的问题直接影响到仲裁过程中的正当法律程序，但是该

---

[1] CAS 2004/A/704 Yang Tae Young & KOC v. FIG, award of 21 October 2004.

程序还有许多另外的含义。真正的问题不再是仲裁员的速度有多快，而是CAS要求当事人的行动是多迅速。这是正当法律程序中的一个困难问题，它主要与要求适当通知与提取证据有关。

一般的评价是，奥运会特别仲裁庭的实践证明，正当法律程序是一个不确定的概念。尽管应当维持它的基本定义，但是在评估它的严格定义的时候必须考虑争议解决机制的性质及其终局性。因为速度以及奥运会特别仲裁程序速决性质的需要，正当法律程序标准必然要低于正常的商事仲裁程序的标准。由于同意了特别仲裁庭的仲裁体制，当事人也就接受了这些较低的标准，那么真正的问题就变为什么是该标准的适当水准。

第一是通知方面的规定，适当通知的要求一般被承认为是正当法律程序的一个组成部分。譬如《纽约公约》第5（1）（b）条规定，如果被申请人“没有得到适当的任命仲裁员或者参与仲裁程序或者提出答辩的通知”，可以拒绝执行该仲裁裁决。当某通知被确切地告知了当事人时，该通知才是适当的，这要取决于个案的具体情况。类似的情况是，如果某当事人事实上被排除出仲裁程序，它就不能就该争议提出自己的意见。法院系统一直在探讨的问题是，被告是否真正地得到了参与仲裁的通知，而不是是否符合技术上的要求，没有给予适当的通知是极少出现的事实。另外，一个得到了适当的通知但是却没有出庭的当事人不能以缺少适当通知违反正当法律程序为由对仲裁裁决提出疑问。

仲裁规范的确规定由仲裁庭组织仲裁程序，除了考虑到争议的特殊需要、当事人的利害关系以及他们参与仲裁程序的权利，还考虑到“速度的特殊需要以及现行特别仲裁程序特有的效率”。这些规范还规定，仲裁庭“应在接到仲裁申请后立即发出参加仲裁的传唤通知”并且可以用电话的形式发出通知。因此，根据奥运仲裁规范，通知与举行审理的时间可能非常短。

第二个问题是证据问题。正当法律程序包括有提取证据以及对相反的证据进行评价的机会。然而，该机会限制于下面两种方法，其一，该证据必须对争议的解决具有实质性意义；其二，证据的出具必须根据所适用的规范规定的时间和其他程序要求，而不用考虑其是仲裁组织的组织规范还是其所作的程序指示。在这方面，奥运会仲裁规范规定，当事人必须在庭审时出示他们所有的证据，这种要求也适用于相关的文件和证人，包括专家证人。另外，如果当事人要求出具因为法定原因不能在审理时出具的额外证据，基于争议解决的必要，仲裁庭可以在一定限度内允许其出示。

《奥运会仲裁规则》也规定，仲裁庭有完全的权力来确认所有有关的事实。换句话说，当仲裁涉及对一个体育组织已经作出的裁决构成挑战的时候，运动员有权利基于事实和法律要求对争议进行再次审理。譬如在梅林特（Melinte）争议中，情况特别紧急，需要在几小时内作出裁决，并且很明显的是，在仲裁过程中不可能完全出示有关服用兴奋剂的证据。所有的当事人都意识到了这个事实，因此仲裁程序被限制在仅对梅林特服用兴奋剂问题的答辩进行扼要审查。为了避免出现模糊不清的问题，仲裁庭明确指出，尽管其最终解决了梅林特参加奥运会资格的争议，但是它在服用兴奋剂的争议上没有得出最终的裁决。在该争议中，相关体育协会的内部救济已经用尽了，因此，再将该争议转到正常的 CAS 仲裁将会是不太恰当。另外，奥运会仲裁规则也允许仲裁庭就梅林特的参赛资格问题作出一个部分裁决，并且把对服用兴奋剂问题的全部处理工作转到正常的 CAS 进行仲裁。[1]

（四）符合自然正义的基本原则

特别仲裁庭适用包括与自然正义或者正当法律程序的基本原则相一致的类似于法院判决的程序。尤其是，该程序确保仲裁庭的公正性，包括独立的要求、披露的义务、排除程序以及任命程序；当事人提起仲裁的同等待遇和机会，譬如参与仲裁的通知、审理时的证据的出示、超过 24 小时后作出裁决的可能性、将争议移交正常的 CAS 在奥运会后进行仲裁的可能性等。

在奥运会上特别仲裁庭解决许多了争议，有些争议当时还未得到解决，而且在将来必定还会出现新的争议。可以期待的是奥运会上特别仲裁庭取得的经验对于将来特别仲裁庭的实践将会提供一个坚实的基础。

由上所述可以看出，CAS 的普通仲裁程序和上诉仲裁程序以及奥运会特别仲裁程序有许多与一般性的仲裁共同的地方，譬如在申请书的递交、送达、临时救济措施、对证据的采用等。但是由于奥运会特别仲裁程序仲裁争议的时间要求较紧张，所以这个程序也有一些与 CAS 的普通仲裁和上诉仲裁程序不一致的规定，主要表现在当事人不能选任仲裁员、仲裁庭必须在 24 小时内作出裁决、有关仲裁文件的送达可以采取电话以及电子邮件等形式，这在一定程度上体现了 CAS 仲裁制度的灵活性。

---

〔1〕 See Gabrielle Kaufmann - Kohler, *Arbitration at the Olympics: Issues of fast - track disputes resolution and sports law*, Kluwer Law International, 2001, p. 36 - 39.

另外，由于全球化的发展，国际性的仲裁程序正在趋于一致。作为仲裁的一种形式，CAS 的仲裁程序也不能脱离这种全球化的发展趋势而独自发展，所以 CAS 在发展和完善自己的仲裁程序的同时也要考虑其他仲裁程序的有关规定，这样才不至于落后于时代。但是同时，CAS 又考虑到了自己仲裁的国际体育争议的特点，尤其是体育运动的时间性和紧迫性要求迅速解决体育争议，所以又有自己的一些特殊性的规定。从 CAS 以及其奥运会特别仲裁庭仲裁的争议不断增多的事实可以看出，CAS 的仲裁程序总体上还是适应国际体育运动的发展的，是一个顺应了时代的发展的产物。

第四节　国际体育仲裁中的法律适用问题

国际体育仲裁的主要作用是通过适用相关的法律和规范而裁决与体育运动有关的争议，从而维护有关当事人的合法权益。这里的法律适用是一个值得注意的问题，因为法律适用的正确与否直接关系到当事人的权益。它不但涉及仲裁实体争议的法律适用，也涉及仲裁程序的法律适用。

各国法律在考虑法律适用问题时，都首先将所涉问题分为实质问题和程序问题。如果一个问题被识别为程序问题就适用法院地或者仲裁组织所在地法；如果被识别为实质问题就可能适用外国法。但是在如何确定什么是实质问题和什么是程序问题方面，各国并没有识别的统一标准，不同国家、不同学者对实质问题和程序问题的划分标准提出了不同的看法，它们可以因不同的目的而作不同的划分。在国际体育仲裁领域也出现了实质问题和程序问题的划分。CAS 认为，不同的法律体系对相同的问题可以作不同的识别。譬如，在某一个法律体系中被认为是实体法上的争议而在另一法律体系中则可能会被认为是程序性的问题。CAS 正是以此为依据而裁定，从比较法的角度来讲，争议是否可仲裁的问题大多都被识别为程序性的问题，而关于《奥林匹克宪章》和奥林匹克运动反兴奋剂规则的解释则被识别为实体问题。[1] 因此，其法律适用也是不同的。

一、CAS 裁决实体问题的法律适用

国际体育仲裁适用的实体法是确定争议双方当事人权利义务、判定争议是非曲

〔1〕 CAS 2002/O/373 COA and Beckie Scott v. IOC, award of 18 December 2003, paras. 45 – 46.

直的主要法律依据，对仲裁结果具有决定性影响。而由于 CAS 与奥运会特别仲裁庭仲裁争议的法律适用原则不一致，因此有必要分别予以阐述。

（一）CAS 普通仲裁程序仲裁体育争议的法律适用

CAS《体育仲裁规则》就仲裁庭解决争议适用的实体法作了规定。《体育仲裁规则》第 45 条指出："仲裁庭将根据当事人自由选择的法律规范来裁决争议，如果当事人没有选择则适用瑞士法。当事人也可以授权仲裁庭根据公允及善良（*ex aequo et bono*）的原则来裁决相关争议。"这是关于适用一般仲裁程序解决争议的法律适用的规定。

故从上可以看出，CAS 适用一般仲裁程序仲裁体育争议的法律适用原则首先是当事人自由选择的实体法，这是当事人意思自治原则在国际体育仲裁中的体现，而仲裁中的当事人意思自治则几乎被所有的学者或国家所承认或接受。适用普通仲裁程序解决具有民间性质的体育争议的国际体育仲裁也理应首先适用这一原则。如果当事人没有选择，则适用仲裁组织所在地的瑞士法。当然，当事人也可以明确选择适用瑞士法来解决相关的争议。

另外，《体育仲裁规则》第 45 条的规定确认了《瑞士联邦国际私法》（2021 年修改）第 12 章规定的法律选择原则。该章第 176 条规定："本章的规定应适用于所有仲裁庭所在地位于瑞士且至少有一方当事人在仲裁协议订立时在瑞士无住所、惯常居所或居所的仲裁。"同时，该法第 187 条授权仲裁庭应依当事人所选择的法律规则进行仲裁，当事人没有选择时，则依与案件有最密切联系的法律规则进行裁决。这里当事人的选择既包括国内法，也包括民间组织的规范。由此可见，作为一所在地位于瑞士的民间组织，CAS 的规范中关于法律适用方面的规定大多与《瑞士联邦国际私法》第 12 章关于国际仲裁的规定相一致的，这种规定是符合《瑞士联邦国际私法》规定的精神的。

在有些情况下，即使相关的当事人没有明确同意适用有关的法律，但是如果这些法律是所谓的强制性规范，仲裁庭也可以考虑适用该规范。《瑞士联邦国际私法》关于此内容的规定是第 19 条。[1] 根据第 19 条的规定，设在瑞士的仲裁组织应当考

---

〔1〕《瑞士联邦国际私法》第 19 条规定："1. 如果根据瑞士法律概念，合法且明显占优势的利益有此要求，则可以考虑除本法提及的法律之外的法律的强制性规定，前提是所处理的情况与该法律有密切联系。2. 在决定是否考虑此类规定时，应考虑其目的及其适用的后果，以便根据瑞士法律概念做出适当的决定。" See The Federal Assembly of the Swiss Confederation, Federal Act on Private International Law (PILA) of 18 December 1987 (Status as of 1 July 2022).

虑适用外国的强制性法律规范，即使该法律不同于当事人通过意思自治选择的法律。该条通过巧妙使用法律冲突规则而避免当事人得以规避为瑞士法律所没有、值得予以尊重且无损于瑞士国家利益或瑞士法律的基本原则的外国法律规定。不过该条规定使得裁判机关得以考虑外国强行法而必须具备的限制性条件。该外国的强制性规范只要符合以下条件就可以适用，首先，此类规范必须是那种应当适用的属于特殊类型的规范；其次，在争议的标的和适用该强制性规范的地区之间必须有最密切的联系；最后，该强制性规范的目的必须是保护合理且明显占优势的利益，并且其适用应当能作出一个适当的裁决。CAS 正是以此为依据在某一争议中适用了当事人没有明确选择的欧盟竞争法。[1] 而在另一争议中，CAS 也是以此为依据适用了有关劳工自由流动和自由竞争的欧盟条约。[2]

上述《体育仲裁规则》第 45 条的规定基本上是与《瑞士联邦国际私法》第 187 条的规定一致的。根据《瑞士联邦国际私法》第 187 条规定，仲裁庭应依当事人所选择的法律进行仲裁，或当事人无法律选择时，依与案件有最密切联系的法律规则进行裁决。另外，该条第 2 款还规定当事人得授权仲裁庭依公平原则进行裁决。由此可以看出，在选择准据法方面，《瑞士联邦国际私法》第 187 条给予了当事人很大程度的自由，特别是表现在当事人可以选择（决定适用实体法的）冲突规范、某国的国内法或者民间组织制定的条例等。这种体育仲裁规则与《瑞士联邦国际私法》有关法律适用规定的一致性在很大程度上是由 CAS 的所在地位于瑞士洛桑所决定的。

（二）CAS 上诉仲裁程序仲裁体育争议的法律适用

CAS《体育仲裁规则》第 R58 条就适用上诉仲裁程序解决争议的法律适用作了如下规定：“仲裁庭将根据当事人选择的有关规范以及法规来解决争议。在当事人没有就法律适用作出选择的情况下，就适用有关的体育联合会、体育协会或者体育组织所在地的国内法。”

从上可以看出，CAS 适用一般仲裁程序和上诉仲裁程序解决争议的法律适用原则有所不同，即两者首先都主张适用当事人意思自治这个国际私法中的基本法律适用原则，即国际体育仲裁中的法律适用也首先适用当事人意思自治原则。另外，在

〔1〕 CAS 98/200 AEK Athens and SK Slavia Prague v. UEFA, award of 20 August 1999, para. 10.

〔2〕 CAS 98/201 Celtic Plc v. UEFA, award of 7 January 200, para. 4.

当事人没有作出意思自治选择法律的情况下，一般仲裁程序适用瑞士法或者根据当事人的授权适用公允及善良原则，而上诉仲裁程序则适用有关的体育组织所在地的国内法。作者认为这是与两个仲裁程序解决的争议性质不一样所决定的。一般仲裁程序主要解决与体育运动有关的具有民间性质的争议，而在已经公开的裁决中大多是具有商业性质的争议；而上诉仲裁程序则是解决因不服体育组织的内部机构所作的裁决而引起的纪律性或者处罚性的争议，这些裁决大多具有行政管理的性质，所以在法律适用方面的根据是有些不同，体现在法律适用方面也应有所不同。

不过需要注意的是，上诉仲裁中当事人意思自治通常是通过体育协会或者联合会的章程里规定的仲裁条款来表示的。如果某当事人根据某国际体育组织章程规定将某争议提交 CAS 仲裁时，CAS 有义务适用该体育组织章程的有关条款。不过，当事人可以选择其他国家的法律来解决相关的争议而不适用有关体育组织所在地的国家的法律。

（三）CAS 奥运会特别仲裁的法律适用

CAS 奥运会特别仲裁规范规定仲裁员“根据《奥林匹克宪章》、适用的规则、仲裁员认为适当的一般法律原则以及法律规则”来解决争议。众所周知，这最后的一种情况是商事仲裁的做法，但是它在体育法中并不起主要作用。需要引起注意的是“适用的规则”以及“一般法律原则”。

《奥林匹克宪章》的适用毋庸置疑，“适用的规则”一般是指有关国内体育运动协会或者国际单项体育联合会的内部规范，包括国际奥委会医务委员会制定的有关兴奋剂问题的规范、国际单项体育联合会各自制定的有关其管辖的单项体育运动的运作以及体育比赛组织的规范等。“适当的规范”的适用类似于国际商事仲裁中的情况，包括有关最密切联系的冲突法规范或者与争议有最密切联系的法律。

至于一般法律原则，其范围则比较广，可以恰当地解释为是世界范围内得到普遍遵守的而不是某一特定地区或者特殊领域专有的一些规范，既包括有关国家主要是普通法系国家国内法的规定，也包括一些国家共同采用的法律原则。或者讲，一般法律原则是适用于体育运动的各主要法律体系的共同规定。譬如在裁定哪些规范可以加以审查的时候，CAS 在亚特兰大奥运会上的一个裁决适用了源自美国、法国和瑞士的国际惯例。[1]

---

〔1〕 TAS（J. O. Atlanta）96/006 *M. v. AIBA*, sentence du 1er août 1996, paras. 9 – 11, etc.

在体育运动中，也许比较重要的是涉及国际合同法的一般法律原则，因为合同法是各种体育法律关系中最重要的决定因素。合同法中最普遍适用的一些原则包括合同自由、有约必守（*pacta sunt servanda*）、[1] 不可抗力（*force majeure*）、[2] 情事变更（*clausula rebus sic stantibus*）、[3] 诚实信用、保护合法可得权益、探求当事人意图的必要性、有歧义时作不利于文件起草人或提出者的解释（*in dubio contra proferentem*）、存疑时有利于被告[4]以及合同无规定即不存在义务的原则等，其中后两项原则是有关合同解释的一般法律原则。另外，由于提交到 CAS 裁决的争议主要是有关纪律性处罚问题而引起的争议，这种情况更多地类似于行政法或者刑法的规定而不是合同法。解决国际体育争议涉及的公法和刑法领域中的一般法律原则主要有法无明文规定者不为罪（*nullum crimen*, *mulla poena sine lege*）、[5] 公平待遇、相称原则以及诚信原则等。

体育规范的起草越草率，仲裁员适用一般法律原则的机会就越多，这必然具有使体育法统一化和全球化的效果。在直接涉及体育运动比赛的争议中，仲裁员适用的一般法律原则通常不像国际商事仲裁那样来自合同法，更多的是根据刑法和行政法规定的原则，譬如法无明文规定者不罚和存疑时有利于被告的原则。譬如，在长野冬奥会仲裁的一个裁决中，仲裁员指出，“为了作出裁定，我们不能认为目前应当允许服用大麻，我们也不认为体育组织有权取消发现服用大麻的运动员的参赛资格。但是如果体育组织希望对那些违反公共行为规范的运动员附加自己的处罚，它们必须以明确的形式作出……从伦理和医学的角度来看，仲裁庭认为服用大麻是一个会引起社会严重关注的问题。然而，CAS 并不是一个刑事法院，它不能颁布也不能适用刑法规范。我们必须在体育法的关系范围内作出裁决，并且不会作出从未有过的制裁或处罚。”[6] 这就是所谓的“法无明文规定者不为罪”。

在纪律性处罚的争议中，奥运会特别仲裁庭的活动尤其类似于适用行政或者甚

---

〔1〕 See CAS 2021/A/8221 *Kayserispor KD v. Robert Prosinecki*, award of 21 April 2022, para. 74; CAS 2021/A/7888 Yeni Malatyaspor FK v. Fabian Ceddy Farnolle, award of 1February 2022, para. 164, etc.

〔2〕 CAS 2021/A/7888 *Yeni Malatyaspor FK v. Fabian Ceddy Farnolle*, award of 1February 2022, para. 164, etc. See also Mark Hovell and Rustam Sethna, *Covid – 19 Jurisprudence in Football*, (1) CAS Bulletin 7 (2023).

〔3〕 CAS 2019/A/6171 J*osué Filipe Soares Pesqueira v. Osmanlispor FK* & CAS 2019/A/6175 *Osmanlispor FK v. Josué Filipe Soares Pesqueira & Akhisar Belediyespor FC & FIFA*, award of 3 April 2020, para. 92, etc.

〔4〕 See CAS 2022/A/8651 *Edgars Gauračs v. UEFA*, award of 14 June 2023, paras. 136 – 139, etc.

〔5〕 See CAS 2014/A/3665, 3666 & 3667 *Luis Suárez, FC Barcelona & Asociación Uruguaya de Fútbol* (*AUF*) *v. FIFA*, award of 2 December 2014, paras. 69 – 74, etc.

〔6〕 CAS ad hoc Division (O. G. Nagano) 98/002 R. v. IOC, award of 12 February 1998, para. 26.

至刑事法律而不是合同法，因此所适用的一般法律原则也多是从这些法律中找出来的。这也在悉尼得到了确认，悉尼奥运会上特别仲裁庭认为这些原则应得到同等的适用[1]，即罚责的适当性以及法无明文规定者不罚的原则。而就哪些原则应当属于一般法律原则的问题，特别仲裁庭还在裁决中作了解释。譬如特别仲裁庭认为，当事人不得推翻其已经作的陈述。仲裁庭引用的是一个普通法上的基本原则即“禁止反言”，并且该原则在其他法律体系中也得到了体现，只是用词有所不同而已。仲裁员认为该原则为一般法律原则。[2]

大多数的争议涉及对体育组织所规定的规范的解释，而不用考虑这些规范的制定者是由国际单项体育联合会还是国际奥委会制定的。几乎在每一个争议中都表明这些条文是不完全的、前后内容不一致的或者是起草时的问题，如果在起草的时候更加明确些，有些规范也不至于会产生有关的争议。

（四）法律的证明

当事人是否必须证明法律，以及不能证明的后果，可以佩雷斯案为例加以说明。佩雷斯案的第一个裁决和第二个裁决对这些问题提供了一个详细的解释和可能的答案。在第一个争议中，该争议的申请人指出根据美国法，佩雷斯在 1999 年以前就应当获得美国国籍。基于缺少有能力胜任该领域的律师提供法律意见，仲裁庭驳回了申请。[3] 作为与取得美国国籍有关的一个争议，申请人指出美国法并不是决定性的，并且应根据国际法来对《奥林匹克宪章》进行解释。为支持自己的观点，他们引用了国际法院关于诺特鲍姆案[4]的裁决的观点，即在某些情况下可以忽略某人的正式国籍。仲裁院查阅了诺特鲍姆判决，指出该判决在本争议中不适用。

佩雷斯争议的第二个裁决中，申请人提出了一个他在 1993 年就已经成为无国籍人的抗辩理由。他引用的是一个古巴律师的专家证言，根据该证言，他实际上被剥夺了公民权利。该意见并没有受到反驳，因为当时古巴奥委会没有出庭参加仲裁。仲裁庭认为这是国内法方面的证据，但是仲裁庭自己并没有对古巴法律规范进行调查。仲裁庭裁定在缺少相反证据的情况下，该法律意见基本上确立了剥夺公民权的问题。该方法是特别仲裁的国际性以及迅速解决争议所必需的：“当国内法问题提

---

[1] TAS（J. O. Sydney 2000）004，COC et Jesus Kibunde v. AIBA，sentence du 18 September 2000，para. 11.

[2] CAS ad hoc Division（OG Salt Lake City）02/006，NZOC v. SLOC，award of 20 February 2002，para. 4，9.

[3] CAS ad hoc Division（O. G. Sydney 2000）005，Angel Perez v. IOC，award of 19 September 2000，para. 10.

[4] *Nottebohm*（*Liechtenstein v. Guatemala*），Judgment of 6 April 1955.

交到类似本仲裁庭的国际仲裁组织的时候，必须有当事人提交的可以接受的证据所确认。仲裁庭认为该意见可能被承认为重要的证据或者被反驳，但是在没有提出相反证据的情况下，仲裁庭没有理由来质疑该证据。这种情况尤其在下述情况下更是如此，即考虑到奥运会日程安排的紧急情况，所有的当事人都知道或应当知道 CAS 应当加速运作以确保其裁决并不是无的放矢。”[1]

在认定由于古巴国内法佩雷斯被剥夺了公民权之后，仲裁庭转向考虑是否有一个国际上公认的关于无国籍的定义来对《奥林匹克宪章》第 46 条进行解释。为了此目的，仲裁庭查阅了当事人引用的权威文件，尤其是有关的条约、联合国通过的一个决议以及联合国秘书处的惯常做法。在这种情况下，仲裁庭认为《奥林匹克宪章》的规定应当包括无国籍状态，因此接受了佩雷斯的请求。很明显，在本争议中，仲裁庭的行为根本没有因缺少宪章和国际法的有关证据而有所耽搁。

证明方法的不同也是显著的，国内法必须有当事人看作事实的形式来加以证明，而国际法的内容则由仲裁庭自己查明并实施自由裁量权。这个区别类似大陆法系国家和普通法系国家在对待外国法问题上的不同态度。在大陆法系国家，外国法通常被看作一件事实，其内容由法官根据自己的理解或者律师的意见来确定；而在普通法系国家，外国法必须像任何事实一样得到证明，通常是通过有专家证人提供的书面证言或证据来确认。[2] 必须承认的是，两个法系国家的国内法院在这方面是有很多不同的地方，并且这两个不同之间的距离正在变小甚至有时会消失，至少在书本上是如此。

在奥运会特别仲裁中，在查明法律的内容方面，仲裁庭可以依当事人提供的证据行使自己的自由裁量权，或者在缺少证据的情况下驳回当事人的请求，或者基于自己的理解以及当事人的意见来做出裁决。该问题的困难之处在于它完全缺少指导性和可预测性。幸运的是，佩雷斯案在实践做法上开了一个先例，即在确定所适用的规范的内容方面，仲裁庭有完全的自由裁量权，但是原则上仲裁庭行使该自由裁量权时应考虑下述因素：国内法的内容必须有当事人像提供事实一样来加以证明，但可以有例外，譬如仲裁员很容易查明该法律；国际法、《奥林匹克宪章》以及具有国际性质的体育规范的解释、奥林匹克运动反兴奋剂规章或者国际单项体育联合会的规范等由仲裁员根据当事人提交的意见以及自己的调查理解来进行。

---

〔1〕 CAS ad hoc Division（O. G. Sydney 2000）001，USOC and USA Canoe/Kayak v. IOC，award of September 2000，paras. 16－24.

〔2〕 韩德培主编：《国际私法》，高等教育出版社、北京大学出版社 2000 年版，第 137 页。

如果仲裁庭解决争议涉及独立地调研，不管这是否可行（譬如仲裁庭在审理之前进行的调查），它都应当给予当事人对该结果进行评价的机会。然而，奥运会召开的时间压力并不总是可能得出此结论。

这些方法可以加快仲裁裁决程序，有时经过调查很难查明的国内法的内容，在采用该方法后就节省了时间，也不用担心翻译的延误了。同时，它与该争议解决机制的国际性质以及经常处理的争议相一致的。例如，尽管《奥林匹克宪章》是一个根据瑞士法而不是国际法成立的所谓民间性质的组织文件，但是它所起的国际作用以及调整世界体育运动的效果等同于甚至超过一个国际条约。

二、国际体育仲裁中程序问题的法律适用

国际体育仲裁中程序问题的法律适用也可以从国际商事仲裁中得到某些启示。国际商事仲裁程序的适用法律是指进行仲裁程序应当适用的法律，其解决的主要问题包括仲裁员的指定或撤销此项指定、仲裁庭的权力和责任、仲裁裁决的作出及对裁决异议的处理、仲裁裁决的承认与执行等问题。对于仲裁程序的法律适用，与诉讼程序适用法院地法的一般规则不同，现代各国立法和实践允许当事人合意选择仲裁程序的准据法；若无此种选择，往往适用仲裁机构自己的仲裁规则或仲裁地法。

而在国际体育仲裁领域内，根据《体育仲裁规则》的规定，所有的提交 CAS 仲裁的程序都同样适用于瑞士的法律，不考虑其提交的是特别仲裁庭、普通仲裁庭还是上诉仲裁庭，因此不管仲裁审理的地点位于何处，在仲裁程序方面所适用的规范都是统一的。倘若一方当事人的住所或者居所不在瑞士，仲裁地位于瑞士的结果就是适用《瑞士联邦国际私法》，尤其是适用该法的第 12 章规定的有关规范。而且，按照国际法上的国家主权和地域原则以及国际私法上的“场所支配行为”的原则，在一国进行的仲裁，该国的仲裁法理所当然地应当予以适用，因为仲裁裁决的法律效力来源于仲裁地国的法律。只有在仲裁地国有效的仲裁裁决，才能得到各国法院的承认与执行。各国的仲裁立法均毫无例外地适用于在本国进行的仲裁。这种法律理论在 CAS 体育仲裁中的体现就是适用瑞士有关国际仲裁的法律，主要是《瑞士联邦国际私法》第 12 章的规定。

需要引起注意的是奥运会特别仲裁过程中的程序问题的法律适用。尽管奥运会特别仲裁庭从开始至结束都是在奥运会的举办地点仲裁争议的，仲裁的实际地点是在奥运会的举办地，但是，它们与瑞士有着直接的联系。这不仅因为作为一个仲裁组织的 CAS 位于瑞士且属于瑞士籍的社团法人，最主要的是因为特别仲裁每个仲裁

庭的地点都被指定为瑞士洛桑，这种选择的结果是使得这些仲裁程序适用《瑞士联邦国际私法》第12章。据此，瑞士联邦法院对维持和撤销国际体育仲裁裁决具有管辖权，并且为根据《纽约公约》执行有关的仲裁裁决，就应赋予奥运会上作出的仲裁裁决为瑞士“仲裁裁决”的地位。

奥运会的主办基本上是从一个国家到另一个国家，把仲裁与瑞士法相联系稳定了解决争议的法律框架，而同时也避免了因为奥运会举办地点的改变而带来的仲裁程序上的变动。当然，除了东道国的代表队，考虑到奥运会的参加者、仲裁争议的可能当事人与举办奥运会的东道国并没有任何实际的联系，他们在那里比赛就像在任何其他地方比赛一样，这种把仲裁地认为是瑞士的方法看起来是比较可行的。把仲裁地规定为瑞士也导致奥运会仲裁体制与CAS的其他程序相一致，它们都适用《瑞士联邦国际私法》，即使因为实际原因在其他地方进行仲裁也是如此。

不过，事实是这种选择权并不能排除可能存在的困难。作为一个仲裁组织，CAS的仲裁员适用《瑞士联邦国际私法》本身并不会产生什么问题，这也是与仲裁程序应受仲裁地法支配的传统观点一致的。可能出现的问题是瑞士法院的管辖权，仲裁程序的速度以及仲裁组织处理所有的类似仲裁庭的组成、仲裁员的更换、申请的合并以及临时救济等问题使得法院不可能插足仲裁过程。事实上，根据争议的性质以及裁决的内容，裁决的执行通常是通过手段而不是法律行动来加以保证的。

撤销仲裁裁决的问题还是存在。考虑到因为仲裁地在瑞士其法院具有管辖权，瑞士最高法院是否会根据《瑞士联邦国际私法》第190条的规定裁定撤销仲裁裁决而不考虑仲裁实际上是在奥运会举办地进行的这样一个事实呢？根据瑞士的法律精神，仲裁地是一个法律上的概念，而不是一个实际上的或者地理上的概念。这种连接因素可以由当事人设立，它完全是基于当事人的意思而定。另外，一个仲裁庭可以故意在任何地方而不是仲裁地进行听证会、商议案情和作出裁决。确定仲裁地在某种程度上对认为仲裁裁决是在该地点作出的具有重大意义，它与举行听证会或者作出裁决的实际地点是无关的。

总之，在裁决争议事实的法律依据（实体法）方面，CAS普通仲裁庭将根据当事人自由选择的法律规范来裁决争议，如果当事人没有选择则适用瑞士法，当事人也可以授权仲裁庭根据公允及善良的原则来裁决相关争议；上诉仲裁庭根据当事人选择的有关规范以及法规来解决争议，在当事人没有就法律适用作出选择的情况下，就适用有关的体育联合会、体育协会或者体育组织所在地的国内法；而对奥运会特别仲裁而言，仲裁庭根据《奥林匹克宪章》、适用的规则、其认为适当的一般法律原则以及法律规则来解决争议。不管哪一种仲裁程序，有关仲裁庭在解决实体争议的时候都不能不考虑在各国法律中通用的一般法律原则的适用。至于适用于仲裁程序的法律，则是所有的提交 CAS 仲裁的程序都同样适用于仲裁庭的法律所在地瑞士的法律，不考虑其提交的是奥运会特别仲裁庭、普通仲裁庭还是上诉仲裁庭。

参考案例

一、俄罗斯自由滑雪运动员 A 和 S 参加冬奥会资格案

案例来源：CAS OG 22/2, *Andrei Makhnev*, *Artem Shuldiakov and the Russian Olympic Committee v. FIS*, award of 1 February 2022.

2021 年 5 月 23 日，国际滑雪联合会（FIS）发布了 2022 年北京第二十四届冬奥会自由式滑雪资格赛系统。持续的 COVID－19 大流行导致几项世界杯滑雪赛事被取消，从 2020 年 12 月到 2022 年 1 月 14 日只有十场资格赛，以及 2021 年 FIS 自由式滑雪世界锦标赛。俄罗斯滑雪明星 A 和 S 参加了前六场资格赛。最后四场比赛原定于 2022 年 1 月 7 日至 8 日和 2022 年 1 月 12 日至 14 日分别在加拿大魁北克和美国犹他州举行。2021 年 11 月，美国和加拿大的入境要求进行了修订，以限制在各自国家/地区接种过 COVID－19 疫苗的个人入境。A 和 S 都接种了俄罗斯授权接种的卫星－V（Sputnik V）疫苗。但是，这种特定疫苗并不在美国或加拿大的授权疫苗清单中。

尽管俄罗斯奥林匹克委员会（ROC）和俄罗斯自由式联合会做出了努力，但美国单板滑雪联合会于 2021 年 12 月 4 日通过电子邮件向 ROC、美国奥林匹克计划委员会、FIS 和国际奥委会发出了通知，声称美国政府不会给予任何例外，不允许 A 和 S 前往美国。

经过多次沟通，此事于 2022 年 1 月 17 日定论，即国际雪联公布了 2022 年冬奥会自由式滑雪名额清单（资格清单），其中不包括任何额外的 ROC 主席要求的运动员名额。2022 年 1 月 25 日，A 和 S 向 FIS 请愿，要求确认将向 ROC 授予两个对他们有利的男性滑雪明星的额外配额。第二天，FIS 回应称，增加配额的请求不在其职权范围内，并请 A 和 S 向国际奥委会提出这个问题。2022 年 1 月 27 日两人向 CAS 奥运会临时仲裁庭提交了申请。

在听证会上，FIS 提出这个问题不属于 CAS 临时仲裁庭的管辖范围，因为 A 和 S 需要确定的问题不在 2022 年冬季奥运会开幕式即 2022 年 2 月 4 日之前的 10 天的

期间内发生的。2003年10月14日通过并于2021年7月8日修订、7月17日生效的《CAS奥运会临时仲裁规则》第1条的目的是为快速解决《奥林匹克宪章》第61条规则所涵盖的争议，即“只要它们在奥运会期间或奥运会开幕式前十天内产生”。为了理解“产生”一词，专家组参考了简单的英语定义，即“开始存在或开始被注意到；发生”。

在这一定义的指导下，专家组确定争议最早出现在2021年12月31日，当时ROC致函FIS，讨论是否有可能增加运动员名额以允许A和S参加比赛，尽管他们错过了最后的世界杯赛事。A、S和ROC辩称，直到2022年1月17日之后才出现争议，因为资格清单不是最终的，并且在2022年1月26日之前就额外名额请求进行了进一步沟通，当时FIS告知ROC有关配额的任何问题需要向国际奥委会提出。仲裁庭不同意该观点，指出CAS临时规则要求争议必须在规定的时间段内发生，就同一事项提出的新请求不会为CAS临时仲裁庭的管辖权创建新的基础。仲裁庭认为，争议显然是在必要时限之外产生的，因此裁定自己没有管辖权。

这是一次新冠疫情大流行导致相关运动员不能及时出国参加预选赛而最终丧失2022年北京冬奥会参赛资格的一个典型案例，其表明，新冠疫情期间各国可以根据自己的卫生状况制定注射疫苗和海关进出方面的政策，不遵守的运动员不能进入该国国境，当然丧失参加资格预选赛的机会，也就失去了最终参加奥运会的资格，这些资格赛的时间应当远远早于奥运会开幕式前10天。因此，运动员和有关体育主管领导应当明白，奥运会等大型体育赛事上的临时仲裁受理的案件都有既定的时间要求，这也是由大型国际体育赛事的临时性质所要求的，超过这个期限的争端要提交CAS才有可能获得救济。

二、德国滑冰运动员C案

案例来源：CAS ad hoc Division（OG Vancouver）10/004 Claudia Pechstein v. Deutscher Olympischer Sportbund（DOSB）& IOC, award of 18 February 2010；Tom Coates, Mandatory Sports Arbitration After the Pechstein Decision, Sportslaw Bulletin（24 Jul 2017）, https：//www. sportslawbulletin. org/mandatory - sports - arbitration - after - pechstein - decision/.

C是德国女子速滑运动员，多次获得奥运会冠军。2009年3月5日，国际滑联向其纪律委员会申诉，指控C使用了禁用物质和/或禁用方法，违反了《国际滑联反兴奋剂规则》第2.2条。7月1日，国际滑联纪律委员会裁定C因为使用禁用的血液兴奋剂方法而违反了相关规定，取消其2009年2月7日世界全能速滑锦标赛上的比赛成绩，剥夺其积分并禁赛2年。2009年7月21日，C和德国滑联诉至CAS，后者于11月25日驳回上诉，重申自2009年2月8日起C就没有参赛资格。2009年12月7日，C上诉至瑞士联邦法院，法院于2010年2月10日驳回上诉。

2010年2月12日，申请人向德国滑联发函，指出其获得了新的医疗证据，请求允许其参加德国奥运会代表队以参加2010年2月底的温哥华冬奥会。没有获得回音后，申请人于2月15日向温哥华冬奥会临时仲裁庭提起诉求，希望能够获得参赛资格。仲裁庭认为，根据奥运会临时仲裁规则，其受理的案件应当是针对“国际奥委会、国家奥委会、某国际单项体育联合会或奥运会组委会作出的裁决”提起的诉求，本案中相关的一个裁决是CAS于2009年11月25日作出的维持国际滑联纪律委员会的裁决，即C禁赛期限从2009年2月8日至2011年2月7日；2010年2月10日瑞士联邦法院的判决的影响就是C没有参加温哥华冬奥会的资格。最终特别仲裁庭裁定其对该案没有管辖权，即使其有管辖权，也无权作出取消有约束力的无参赛资格处罚并因此允许其参加冬奥会的裁决。

在瑞士法院用尽了所有可用的诉讼但都无济于事后，C在德国提起诉讼，声称相关禁令是非法的，她应该获得损害赔偿。德国法院诉讼的核心问题是在诉至CAS的仲裁协议是否有效，尤其是违反反垄断法的协议是否构成滥用国际滑联在速滑赛事相关市场的支配地位。这个问题取决于CAS是否是一个足够独立和中立的法庭，以公平地对运动员施加影响。C女士争辩说，CAS选择仲裁员的方式会产生对运动员不利的仲裁庭，特别是，负责起草CAS仲裁员名单的国际体育仲裁委员会（ICAS）本身就是不平衡的，因为其60%的成员是由体育联合会选出的，而据推测，20%代表运动员的利益（其余20%显然独立于两个群体）。ICAS组成的不平衡可能反映在可能的仲裁员名单的不平衡上。

这一论点在慕尼黑高等地方法院取得了成功。上诉至德国联邦法院后，后者不同意C女士和地方法院的意见。然而，法院认为，诚然，CAS仲裁员的任命存在明显的结构失衡，但这只有在运动员和体育联合会被视为占据对立“阵营”且始终存在不同利益的情况下才有意义。至少就反兴奋剂行动而言，情况并非如此，运动员和联合会在确保反兴奋剂规则得到一致和严格应用方面具有共同利益。此外，在仲裁员承诺的保持公正方面有保障措施，并且有反对和罢免仲裁员的程序。以及，CAS中的每一方都有权选择自己的仲裁员。最后法院裁定，尽管C与国际滑冰联盟（ISU）进行了长期斗争，但CAS仲裁争端的强制性协议并不存在任何违法行为。

由此强调的一点是，尽管 CAS 并不完美，但其足够中立和独立，因此仲裁协议有效。

虽然德国联邦法院的判决没有批评 CAS 内在不公平，但其仍然表明 CAS 也有某些缺陷，尤其是在强制性仲裁方面，国际体育组织在要求运动员接受 CAS 仲裁方面似乎带有某种程度的强制性。更一般地说，联邦法院似乎认为 CAS 的结构平衡令人遗憾但不可避免，并指出，“迄今为止，还没有人成功地制定出一套能够维持国际体育仲裁的规则体系，同时又完全避免了由国际体育联合会和奥林匹克委员会行使重大影响而导致的仲裁员任命和一般程序方面的缺陷”。因此，德国法院给予 CAS 一份勉强清白的评论，即虽然 CAS 并不完美，但足以根据强制性协议对有关争端进行仲裁而不构成滥用。

根据 C 案的推理，其决策者完全由体育管理机构任命的争端解决机构可能不会被视为足够独立，这在很多国家的国内体育机构中都是如此。譬如英足总（FA）纪律委员会就是一个明显的例子（尽管英足总明确将其定性为非仲裁）。这些委员会的成员都是由英足总自己的各个委员会任命的，初审和上诉小组的成员来自同一个有限的人选，这意味着同一个人经常审查彼此的决定，这当然会引起人们对其独立性和中立性的担忧。同样，在运动员和体育管理机构的利益截然相反的争议中，可能会引起对独立性的担忧。譬如关于国家队球员合同的争议，运动员的利益与管理机构的利益之间发生的直接冲突更加明显，CAS 所遭受的那种仲裁员名单的不平衡可能对中立性会构成更大的威胁。

无论如何，德国法院的裁决可能会为体育界对强制性争议解决协议的合理性提出进一步的挑战打开大门，无论是基于反托拉斯法还是其他法律。

三、上海申花与外籍球员 P 之间的合同争议

案例来源：FIFA DRC 4 February 2005，no. 25247；CAS 2005/A/840 P. v. Shangai Shenhua SVA SMEG FC，award of 21 December 2005.

2003 年 3 月，申花引进外援 P，双方签订了 2006 年 2 月 28 日终止的合同。合同第 8 条指出，“如果 P 一个赛季首发出场率不超过 70%（只有首发或者全部出场时间占到 45 分钟以上的比赛才能算数），申花有权单方面解除合同并将球员转会至其他俱乐部，除非由俱乐部指定的医生或者医院确认该球员生病”。第 12 条指出“球员获得国际转会证明后合同生效”。在合同签订后，由于 P 单方面终止与巴西达伽马俱乐部签订的本应在 2003 年 6 月 20 日到期的合同而被国际足联禁赛。因此，

巴西俱乐部将其告上国际足联，国际足联随后作出决定，在P转会纠纷解决前，他将被无限期停赛。因此P在华期间，一直不能代表申花队上场比赛。直到2003年6月20日，国际足联才签发了国际许可证，但是因为国际足联禁赛的结果，该球员已经错过了2003赛季的5场比赛。他的第一场比赛是在2003年7月2日，并且在3月至6月没有收到任何薪资。

2004年3月，申花通知P解除合同。根据俱乐部统计，申花俱乐部在2003赛季共打了28场比赛。其中，P因为禁赛有5场比赛没有参加，另外还有5场比赛因为出场时间不足45分钟而不算数，因此P实际出场18次，约占2003赛季全部28场比赛的64%，不符合合同的要求。以此为由，申花解雇了P。在与申花沟通未果后，P于2004年5月将申花诉至国际足联，理由是其出场率已经超过70%，申花终止雇用合同的行为是违约，并要求其赔偿2004赛季和2005赛季的合同总额220万美元。离开申花后，P先后到达伽马（2004年5月至2004年12月）、伊蒂哈德俱乐部（2005年1月至2005年8月）和弗鲁米嫩塞俱乐部（2005年8月起）。

2005年2月4日，国际足联DRC裁决拒绝了P的请求。根据DRC裁决，球员合同第8条第1款终止条款的适用必须考虑不同赛季的情况。另外，第8条第1款的第2句“by his own will”应当被解释为俱乐部的“will”，比如教练的决定。DRC认为，如果将其解释为球员的“will”该条也就没有什么意义了，因为如果P违背自己“will”不参加比赛，俱乐部有权采取纪律处罚措施。基于以上考虑，国际足联裁决P参加了2003赛季的28场比赛中的18场赛事，因此只有64%的出场率。在国际足联的裁决中并没有明确指出这些内容，其是从2005年2月4日的裁决理由中推断出的。

2005年3月4日，P将国际足联的裁决上诉至CAS。CAS仲裁庭的分析主要有以下几个方面：

第一，球员合同中有关“中国足协职业联盟顶级赛事”的用语应当被解释为球员合同生效期间每一个单独的赛季，而不是球员合同生效的3年期间。前者是该条的自然解释，并没有任何证据或者其他的提示特别指出是3年的期间。

第二，根据球员合同第12条规定，合同直到2003年6月20日国际足联发放国际许可证后才生效。当事人似乎对此达成了共识，因为P并没有对在此之前的薪资问题提出异议。从合同生效也即2003年6月20日起至2003赛季结束俱乐部共有23场赛事，即使忽略因为教练安排问题而没有上场的5场比赛，该球员也已经参加了18场应当计算在内的比赛，已经达到78%，这和终止合同的第8条第1款的规定不一致。

第三，根据CAS仲裁实践，以及《瑞士债法典》第337条规定，由于一方当事人过分和提前终止雇佣合同，另一方当事人有权根据合同规定对将要获得的合同到期的薪资收入要求获得赔偿；如果此类合同没有终止，其也有减轻损失的责任。因此根据国际足联2001年版《球员身份和转会条例》第22条规定、《瑞士债法典》第337条C款规定以及CAS仲裁实践，P有权要求获得合同到期时应当获得的薪资收入220万美元作为赔偿。因此P要求的赔偿为赔偿请求（220万美元）减去离开中国俱乐部后实际获得的收入（从达伽马获得18.76万美元，从伊蒂哈德获得83.3322万美元）以及到与中国俱乐部合同结束时将要获得的收入（到2006年2月28日从弗鲁米嫩塞俱乐部获得12万美元）。因此，P有权获得的赔偿为104.9068万美元。

第八章　国际体育仲裁机制（下）

根据国际体育仲裁裁决司法审查的规章依据和实践经验，本章分为国际体育仲裁裁决的撤销、承认与执行两个部分进行分析。

第一节　国际体育仲裁裁决的撤销

如同一般的商事仲裁那样，位于瑞士洛桑的体育仲裁院（CAS）作出裁决后，当事人也可以根据法律规定，向仲裁地法院提起撤销之诉以维护自己的权益。根据《瑞士联邦国际私法》（PILA）和CAS仲裁规则规定，对CAS裁决不服，可以上诉至瑞士联邦法院。另外，2021年初生效的新版本的PILA增加了仲裁裁决修改的第190a条规定。[1] CAS裁决的上诉请求只能向瑞士联邦法院提出，其他国家的法院无权受理，而瑞士联邦法院撤销/修改的CAS裁决非常少。另外，为了国际体育仲裁的健康发展以及对国际体育争议的当事人提供更好的法律指导，提起上诉的理由和法院判决撤销的原因需要专门分析，毕竟从法律上讲，瑞士联邦法院才是国际体育运动当事人解决相关争议的最终裁决机构。

一、CAS裁决撤销的基本问题

谈到国际体育仲裁裁决的撤销，就需要明白瑞士联邦法院审查国际体育仲裁裁

---

〔1〕《瑞士联邦国际私法》第190a条规定："（1）一方当事人可以请求修改裁决：（a）尽管已尽了应有的努力，但如果其随后发现重大事实或确凿证据，并在以前的诉讼中无法援引；裁决日期后的事实和证据被排除在外；（b）如果刑事诉讼已经确定裁决受到犯罪或轻罪的影响，对质疑方不利，即使在没有任何定罪的情况下也是如此；如果不能提起刑事诉讼，可以通过其他方式提供证据；（c）尽管已尽了应有的努力，但如果直到仲裁结束后才发现第180条第（1）款第（c）项下的质疑理由，且没有其他补救措施；（2）修改申请必须在发现修改理由后90天内提交。除第1款（b）项规定的情况外，请求修改的权利应自裁决生效之日起十年内到期。" See Article 190a, PILA. 鉴于根据PILA撤销或修改国际仲裁裁决的理由是类似的，本部分内容使用传统的"撤销"一词，涵盖修改和撤销两者情况。

决的一些基本法律问题。其中包括如下问题：

（一）提起撤销的裁决种类

关于哪些 CAS 裁决的异议可以向瑞士联邦法院提起的问题，第一，有关裁决原则上必须是 CAS 作出的最终裁决，但是部分裁决、初步裁决以及临时裁决或者管辖权决定等如果符合 PILA 第 190 条第 2 款规定的条件也可以提起上诉。[1] 第二，裁决的作出者并不一定是 CAS 仲裁庭，在某些情况下 CAS 秘书处或者国际体育仲裁理事会的行政管理决定也可以成为向法院提起异议的对象，譬如国际体育仲裁理事会作出的关于仲裁员任命和回避的裁定已经上诉并成为瑞士联邦法院审查的对象。[2] 具体来说，结合瑞士联邦法院判例法，可以提起撤销的裁决主要有如下种类：

最终裁决，即从实体或程序方面结束仲裁程序的裁决。该裁决的作出即结束了整个仲裁程序，当事人不得再行提起仲裁诉求。

部分裁决，即涉及部分争议诉求或多方诉求中的一个，或结束与一个或多个被申请方的仲裁程序的裁决。该裁决的作出仅仅解决了部分争议，还需要仲裁庭继续就其余的争议作出裁定。

初步裁决或附带裁决，即解决实体或程序方面的一些基本问题。

在仲裁过程中可以修改或撤回的程序性指令（procedural order）不能上诉到瑞士联邦法院。涉及无管辖权而驳回诉求的临时指令（provisional order），除非以仲裁庭的组成不当或缺乏管辖权为由提起上诉，否则也不能上诉至瑞士联邦法院。针对 CAS 上诉程序的裁决提起的诉求，原则上只有在有关当事人用尽内部的仲裁机制后才是可允许的。在决定某项上诉的可接受性（admissibility）时，关键性的要素并不是被上诉的裁定的名称，而是其实质性内容。[3] 譬如，瑞士联邦法院在针对一个 CAS 协议裁决的可接受性时就表示过怀疑，该裁决“仅仅确认当事人之间达成的一个和解协议”，尽管该文件已经以仲裁裁决的形式发出。[4]

（二）瑞士籍国际仲裁裁决和体育仲裁裁决的含义

根据 PILA 第 12 章第 176（1）条规定，国际仲裁是那些仲裁庭在瑞士且在缔结

---

〔1〕 Christopher Boog, Letícia Morais, *Revision of Arbitral Awards before the Swiss Federal Supreme Court: Procedural Aspects*, 41（2）ASA Bulletin 292（2023）.

〔2〕 Swiss Federal Supreme Court, Decision 4A_ 100/2023 of 22 June 2023, 41（3）ASA Bull 1004（2023）.

〔3〕 Swiss Federal Supreme Court, Decision 4A_ 434/2022 of 13 December 2022, para. 3. 3. 1.

〔4〕 Swiss Federal Supreme Court, Decision 4A_ 434/2022 of 13 December 2022, para. 3. 3. 5.

仲裁协议时当事人至少有一方的住所、习惯居所或营业机构不在瑞士境内的一切仲裁。在实践中，至于什么仲裁才是瑞士籍的国际仲裁，瑞士最高法院用排除的方法对此作了明确规定，即为向法院提起撤销之诉的目的，如果仲裁程序当事人（或其法定被继承人）履行仲裁协议时的住所在瑞士，并且仲裁地点位于瑞士，那么该仲裁就是瑞士国内仲裁。[1] 所有其他的仲裁案件都是国际仲裁，因此都适用 PILA 第 12 章有关国际仲裁的规则。

国际仲裁机构所作出的裁决对当事人当然具有约束力，因此仲裁裁决具有终局性。当然，根据一般的国际实践，对仲裁裁决有异议的当事人，可以向仲裁机构所在地的有管辖权的法院提起司法审查请求。譬如 PILA 第 191 条指出，对裁决不服而提出上诉的，由联邦法院受理，并依司法组织法的有关条款处理。瑞士联邦法院是唯一的能够受理仲裁裁决审查的上诉机构。但是仅仅在瑞士境内的国际仲裁裁决的撤销问题才可以向瑞士联邦法院起诉。至于仲裁地点不在瑞士的外国仲裁裁决在瑞士法院的承认与执行问题，根据 PILA 第 194 条，适用《纽约公约》，不用考虑其适用的什么样的实体法律。

另外，可以向瑞士联邦法院提起撤销诉讼的国际仲裁裁决，当然包括 CAS 作出的仲裁裁决。根据 CAS《体育仲裁规则》第 R28 条规定，CAS 仲裁的法定地点是瑞士洛桑，因此其裁决是瑞士国籍，不用考虑 CAS 仲裁的开庭地点是在瑞士还是其他国家或者地区，或有关裁决是由普通仲裁庭、上诉仲裁庭还是大型运动会期间设立的临时仲裁庭作出，若有异议均可以向瑞士联邦法院提起撤销诉讼。因此，CAS 仲裁裁决的撤销问题，当事人只能而且必须向瑞士联邦法院提起上诉请求。

（三）仲裁裁决撤销与修改的关系

前已述及，2021 版的 PILA 第 190a 条是关于仲裁裁决修改的规定。[2] 原则上，

---

〔1〕 Felix Dasser, *International Arbitration and Setting Aside Proceedings in Switzerland: A Statistical Analysis*, 25 ASA Bulletin 446 (2007).

〔2〕《瑞士联邦国际私法》第 190a 条指出，“（1）一方当事人可以请求修改裁决：（a）尽管已尽了应有的努力，但如果其随后发现重大事实或确凿证据，并在以前的诉讼中无法援引；裁决日期后的事实和证据被排除在外；（b）如果刑事诉讼已经确定裁决受到犯罪或轻罪的影响，对质疑方不利，即使在没有任何定罪的情况下也是如此；如果不能提起刑事诉讼，可以通过其他方式提供证据；（c）尽管已尽了应有的努力，但如果直到仲裁结束后才发现第 180 条第（1）款第（c）项下的质疑理由，且没有其他补救措施；（2）修改申请必须在发现修改理由后 90 天内提交。除第 1 款第（b）项规定的情况外，请求修改的权利应自裁决生效之日起十年内到期。” See Article 190a, PILA. 鉴于根据 PILA 撤销或修改国际仲裁裁决的理由是类似的，本部分内容使用传统的“撤销”一词，涵盖修改和撤销两者情况。

修改仲裁裁决的申请是附属于（subsidiary to）撤销裁决的申请。因此，如果在撤销仲裁裁决的短短30天期限内发现了修改的理由，并且该理由也是根据PILA第190条质疑裁决的理由，则该理由必须通过依照PILA第190（2）条提出的撤销动议提出，而不是通过修改的方式提出。在实践中，这仅适用于第190a（1）（c）条的修改理由。如果在根据PILA第190（4）条提出的撤销裁决动议的时限内出现其他不同的撤销和修改理由，则必须在各自的时限内提出这两种补救措施。如果瑞士最高法院同时受理了对仲裁裁决提出撤销的申请和修改的申请，最高法院通常会优先考虑撤销申请，特别是如果对两种补救措施都提出了相同的反对意见。然而，正如最高法院所澄清的那样，这只是一条规则，在某些情况下，有理由首先审查修改请求。[1]

根据PILA第190a条规定，修改裁决的上诉请求由瑞士联邦法院第一民事审判庭受理，该机构同时受理所有的针对瑞士作出的国际仲裁裁决的异议申诉。

（四）对公共政策的概括性理解

公共政策是一个弹性的概念，并没有一个明确的定义。在不同国家、不同地区、不同时代，甚至同一个国家内部的不同地区和不同时代也会对公共政策有不同甚至完全对立的理解。尽管也存在一些普遍公认的跨国或者国际公共政策，但是，公共政策作为拒绝执行国际仲裁裁决尤其是本国仲裁机构作出的国际仲裁裁决的根据，在很大程度上受到法院地国法律和基本价值观念的影响。不过，并不是法院地国家强行法中的每一个条款都可以构成公共政策，只有那些特别重要的实体和程序规则才能被视为公共政策规则。因此，当某仲裁裁决与法院地基本的法律原则或者与公认的基本价值观念相冲突，就可以认为违反公共政策，可以成为撤销仲裁裁决的根据。

就国际体育仲裁裁决的撤销诉讼而言，在决定是否违反公共政策时，相关的对象是瑞士的公共政策，但是是否还包括其他的得到国际社会公认的基本价值观念和法律秩序呢？很长时间以来，瑞士联邦法院对PILA第190（2）（e）条规定的公共政策含义一直没有确定性的意见，在其到底是指瑞士公共政策，还是适用于争议实体问题（准据法）的国际公共政策，还是跨国公共政策方面存有分歧。譬如1999

---

〔1〕 Christopher Boog, Letícia Morais, *Revision of Arbitral Awards before the Swiss Federal Supreme Court: Procedural Aspects*, 41（2）ASA Bulletin 292（2023）.

年 3 月瑞士联邦法院指出，必须从一个普遍的而不是国内法的角度上对第 192（2）（e）条规定的公共政策其进行理解，目的是惩罚与所有文明国家都承认的基本法律和道德原则不相容的行为。[1] 同时，对仲裁裁决进行审查的公共政策根据应当是国际性的，而不仅仅是瑞士境内的公共政策问题，因为其目的并不是保护某一特定国家尤其是瑞士的利益。[2] 因此，在某种程度上，瑞士法院把瑞士的国际公共政策视为普遍有效的跨国公共政策，毕竟有关体育仲裁裁决的执行和撤销都是在瑞士境内进行的。当有关仲裁裁决与所有文明国家或法治国家都承认的法律和道德原则相冲突时，就违反了跨国性或者普遍性的公共政策。问题是，联邦法院对有关案件的判决意见表明其更愿意从瑞士国内法的角度阐述撤销仲裁裁决时的公共政策问题。换句话说，撤销仲裁裁决诉讼所涉及的基本原则并不要求得到普遍的承认，瑞士最高法院还是愿意去监督和维护在瑞士法律传统中得到强烈体现的必要的基本价值，即使此类价值并不必然在世界的其他地方得到认可。[3]

二、CAS 裁决撤销的程序性问题

根据 PILA 和 CAS 仲裁规则，CAS 裁决的异议和撤销涉及一些程序性问题，包括撤销 CAS 裁决的主审法院；可以上诉至瑞士联邦法院的 CAS 裁决种类；以及哪些当事人有提起上诉的理由等。

CAS 裁决的撤销有两种途径，一种是在运动员等当事人本国法院进行的、基本上没有法律约束力的撤销之诉，另一种是由瑞士 CAS 规则规定的瑞士联邦法院进行的上诉审查，这是一种已经得到普遍承认的国际体育仲裁的撤销途径，所有的奥林匹克单项体育协会通过其章程或者条例规定都间接承认了瑞士联邦法院对 CAS 裁决的撤销权。换句话说，只有瑞士联邦法院才有权根据瑞士法律决定是否撤销 CAS 裁决，非瑞士国籍的当事人丧失了向其本国的法院寻求司法救济的途径。CAS 仲裁裁决只能根据 PILA 第 192（2）条规定的理由提起撤销之诉。譬如，在汉森（Hansen）案中，瑞士联邦法院指出包括体育仲裁裁决在内的国际仲裁裁决只能根据 PILA 第 192（2）条规定的理由提起撤销之诉。对法院认知的扩大是不可能的，任何人不能基于违反《瑞士宪法》《欧洲人权公约》或者其他国际文件的规定而向瑞士

[1] Matthieu Reeb ed., *Digest of CAS Awards (1986 - 1998)*, Editions Stæmpfli SA, 1998, p. 79.

[2] Swiss Federal Supreme Court, Decision 4P_ 278/2005 of 8 March 2006, para. 2.2.2.

[3] Antonio Rigozzi, *Challenging Awards of the Court of Arbitration for Sport*, 1 (1) Journal of International Dispute Settlement 217 (2010).

最高法院提起撤销某仲裁裁决的异议。[1]

在撤销CAS裁决的主审法院方面，根据PILA第191条规定，当事人对仲裁裁决不服而提出上诉的，由联邦法院受理。另外，从法律上讲，CAS裁决地位于瑞士洛桑，不管CAS举行听证会和作出裁决的实际地点是瑞士洛桑还是其他国家（譬如临时仲裁），对其裁决异议的上诉只能向瑞士联邦法院提起，只有该法院享有对其裁决异议的管辖权。另外，因为仲裁地位于瑞士的缘故，CAS裁决仍然需要遵守瑞士仲裁法尤其是PILA以及《纽约公约》的规定。

在事实方面，一旦确认仲裁员对有关争议具有管辖权，瑞士联邦法院将仅对有关的程序问题进行审查。原则上讲，瑞士联邦法院对仲裁裁决的司法审查没有范围的限制。因此，根据诚信原则，上诉人可以重新就仲裁时提出的请求向联邦法院提起诉讼并要求审查，只要其符合PILA第190（2）条规定的条件即可。实践中，瑞士联邦法院根据仲裁庭确定的事实作出自己的判决。但是，如果出现与有关争议有关的新的证据或者新的发现，或者有关事实违背PILA第182（3）条规定的基本程序原则，或者违背程序上的公共政策，或者违反基本正义，那么最高法院就可以审查争议案件的事实问题，其结果就有可能会撤销仲裁裁决。

仲裁程序的当事人可以到法院提起撤销之诉是毫无疑问的，关键是第三方当事人能否在瑞士联邦法院提起撤销CAS裁决的诉讼请求。根据瑞士联邦法院判决，提起撤销仲裁裁决诉讼的当事人应当是仲裁当事人，提起上诉的异议裁决直接影响到当事人，以及对有关争议有个人的、实际的和法律上的利害关系的当事人。

三、CAS裁决撤销的根据

根据PILA第190（2）条规定，在下列情况下法院可以撤销仲裁裁决：（a）独任仲裁员或者仲裁庭的组成不合理；（b）仲裁庭错误地承认或者拒绝管辖权；（c）仲裁庭越权仲裁或者未能就当事人提交的事项仲裁；（d）当事人的平等权或听证权没有得到尊重；或者（e）裁决与瑞士公共政策不符。如果在体育仲裁裁决的过程中出现前述严重的错误，当事人就可以上诉至瑞士联邦法院要求撤销有关的裁决，而这些错误也就是提起上诉的根据。此外，只有在理由充分的情况下，瑞士联邦法院才会接受上诉，这意味着上诉人提交的上诉必须清楚地表明其所依赖的具体法律依据，以及据称的CAS的裁决或行为如何构成违规的内容。缺乏这些细节的上

---

〔1〕 Swiss Federal Supreme Court, Decision 4A_ 43/2010 of 29 July 2010, para. 3. 6. 1.

诉或仅以批评相关裁决为由要求进行一般审查的上诉将是不可接受的。同时，作为一般规则，上诉人不得提出在 CAS 仲裁程序中未提出的新事实或证据，因为瑞士联邦法院要尊重 CAS 仲裁裁决中的任何事实裁定，除非有关事实是通过诸如违反平等待遇原则、公平听证的权利或以与公共政策不相符的方式确立的，否则 CAS 裁决中的任何事实认定均受其约束。[1]

（一）独任仲裁员或者仲裁庭的组成不合理

根据前述 PILA 第 190（2）（a）条规定，就有关仲裁庭的组成以及仲裁员资格的问题，当事人也可以对 CAS 裁决提出异议。CAS 程序规则规定了仲裁庭组成和选任的仲裁员的资格，要求仲裁员及时披露可能影响自己独立公正的情势（R33 条）。而在 CAS 仲裁裁决的审查中，通常提出的就是仲裁员不公正的问题。根据有关规则规定，对仲裁员的独立性异议是由国际体育仲裁理事会决定的问题，因此当事人可以就国际体育仲裁理事会拒绝取消仲裁员资格的决定或者在裁决作出后其发现的新的仲裁员不公正的证据，向联邦法院提起上诉。而针对 CAS 仲裁员同时兼任 CAS 出庭辩护律师的问题，在 2009 年的比奥利（Biolley）案中，上诉人指出一个先前出庭 CAS 仲裁的律师连续几年为 CAS 当事人代理案件使其与 CAS 仲裁员的联系远远超出一般的职业联系。法院指出此类情况能否构成要求仲裁员回避的充分理由是有疑问的，需要当事人在其上诉请求中提供充分证据证明这个参与 CAS 仲裁的律师在听证会举行前后与有关的仲裁员有密切的私人联系。[2] 在另一个类似案件中，法院指出，某仲裁员与另一个仲裁员或者当事人的律师属于同一个职业协会的成员并不构成仲裁员不公正的理由。[3] CAS 注意到了该问题，因此在 2010 年 1 月 1 日生效的新规则中取消了仲裁员同时可以担任律师的规定。

CAS 仲裁员名单是封闭的，因此仲裁员的独立和公正性非常重要。体育仲裁有特殊的方面，需要考虑当事人从封闭的仲裁员名录中选择组成仲裁庭的仲裁员的问题。尽管如此，法院并没有对仲裁员的独立公正性问题进行详细探讨，而是多次判决禁止上诉人质疑仲裁员的独立和公正性。如 2003 年拉祖蒂娜（Lazutina）案，法院判决仲裁员的独立性需要具体问题具体分析，并没有一个绝对的客观标准，应当

---

〔1〕 Alexis Schoeb, *Caselaw of the Swiss Federal Tribunal on appeal against CAS awards (2020 - 2023)*, (1) CAS Bulletin 33 (2024).

〔2〕 Swiss Federal Supreme Court, Decision 4A_ 176/2008 of 23 September 2008, ASA Bull (2009) 128, p. 133.

〔3〕 Swiss Federal Supreme Court, Decision 4A_ 506/2007 of 20 March 2008, Swiss International Arbitration Law Report 191 (2008), p. 212.

假定仲裁员有能力在其义务范围内作出公正的裁决。[1]

如果当事人在仲裁过程中及时提出了要求仲裁员回避的证据，或者裁决作出后发现了以前并不了解的新的证据，瑞士联邦法院可能会考虑当事人提出的仲裁员不公正的请求。[2] 譬如在孙杨案中，因为仲裁员发布的推特中的相关内容，该仲裁员没有被申请回避，瑞士联邦法院以此为由撤销了 CAS 裁决。该案对于如何理解 CAS 仲裁员的偏见提出了两个重要的观点。第一，瑞士联邦法院认为，在调查被任命的仲裁员的责任方面，虽然当事人应使用现有的主要互联网搜索引擎，并审查提供可能存在偏见风险的信息的任何信息来源，但不能指望他们在整个仲裁程序中持续在互联网上搜索，也不能指望他们在仲裁程序期间仔细审查仲裁员在社交网络上发布的任何信息。此外，瑞士联邦法院认为，可以在互联网上自由获取信息这一事实并不自动意味着一方在进行研究后仍未发现该信息的当事人违反了其调查义务。[3] 具体到该案，孙杨未能够搜索到含有“中国”的词语没有过错，因为不能在仲裁程序开始时就期望其会猜测该仲裁员对孙杨的中国国籍的偏见，同时在该仲裁员被任命将近十个月后才在其推特上发现相关内容，也不能认为孙杨没有能够尽到其调查的责任。第二，瑞士联邦法院认为，仅仅出现偏见这一表象就可以认定仲裁员的不公正性，足以使仲裁员丧失资格，因为“公正不仅要做到，而且要让人看到公正得到了实现”（*justice must not only be done, it must be seen to be done*）。然而，对仲裁员公正性的怀疑必须是客观可证实的。因此，虽然仲裁员在社交媒体上发表意见是完全合法的，但这并不意味着仲裁员可以在不引起对其公正性怀疑的情况下发布任何其想发布的信息。[4]

关于仲裁员的独立性问题，申请方可以国际律师协会关于《国际仲裁中利益冲突指导规则》作为根据。[5] 同时根据诚信原则，依据 CAS 仲裁规则第 R34 条规定，申请方在知悉仲裁员可能具有有违公正性的信息之日后的 7 日内提出仲裁员回避的申请，或者至少要在前述规定的期间内通过正式要求 CAS 提供该仲裁员披露的相关情况以履行自己的调查义务，否则，申请人无权对仲裁庭的组成提出异议，因为其

---

〔1〕 Swiss Federal Supreme Court, Decision 4P. 267/2002 of 20 June 2003.

〔2〕 Matthieu Reeb (ed.), *Digest of CAS Awards Ⅲ (2001 - 2003)*, Kluwer Law International, 2004, p. 682 - 692.

〔3〕 Swiss Federal Supreme Court, Decision 4A_ 318/2020 of 22 December 2020, para. 6. 5.

〔4〕 Swiss Federal Supreme Court, Decision 4A_ 318/2020 of 22 December 2020, para. 7.

〔5〕 International Bar Association, IBA Guidelines on Conflicts of Interest in International Arbitration (23 October 2014), https: //www. ibanet. org/document? id = Guidelines - on - Conflicts - of - Interest - in - International - Arbitration - 2024.

已经违反了调查的义务。当然，虽然仲裁员有义务立即披露可能对其独立性或公正性产生合法怀疑的任何事实，并且此类义务可以延伸到仲裁程序结束，但是在缺少其他根据的情况下，违反此类披露义务并不自动构成取消仲裁员的资格的条件，因为仲裁员仅仅被要求披露可能对其中立性产生合法怀疑的相关信息。[1] 并且，此类披露也不是绝对的，该义务仅在仲裁员有理由相信可能存在受其影响的一方当事人不知道的事实或情况时才有该披露的义务。[2]

关于仲裁员组成的不规范问题，瑞士联邦法院重申，属于同一律所的大律师（他们都是独立的，因此不是合伙人）与属于同一律师事务所的瑞士律师之间没有可比性。因此，在没有其他标准的情况下，这种联系本身不能确定仲裁员的偏见或缺乏独立性。相反，法院强调如果当事人和当事人律师未能及时审查与指定仲裁员有关的臭名昭著的事实，这显然违反了这一义务；同时，指定的仲裁员没有义务披露公开且易于发现的信息。[3]

（二）仲裁庭错误地承认或者拒绝管辖

PILA 第 190（2）（b）条规定，如果仲裁庭错误地接受或者拒绝某体育争议的管辖权，当事人可以向瑞士联邦法院提起上诉。在对 CAS 管辖权提出异议的案件中，法院可以自由审查任何与管辖权有关的问题，不受当事人提出的管辖权异议的范围限制，包括仲裁庭是否具有管辖权等一些基本问题。法院不会审查仲裁庭在其裁决中确认的管辖权根据是否有问题，这涉及对仲裁协议的解释，因为根据瑞士法律，确定当事人的真正意思和一般意向是事实问题，不属于联邦法院的审查范围；推定当事人同意的解释属于法律问题，其是属于瑞士联邦法院自由审查的问题。实质上，关于 CAS 管辖权的抗辩主要涉及以下问题：

一是可仲裁事项。根据 PILA 第 177（1）条，所有的涉及经济利益的争议都可以作为仲裁的对象。因此所有的与当事人具有财产利益的请求都可以提交仲裁，但是以此作为撤销 CAS 裁决的理由几乎是不可能的，因为瑞士联邦法院曾经指出涉及职业运动员的任何争议都被认为是经济性质的，因此可以提交仲裁，不用考虑有关争议涉及的程序问题。[4]

---

[1] Swiss Federal Supreme Court, Decision 4A_ 520/2021 of 4 March 2022, paras. 5.4 – 5.5.

[2] Swiss Federal Supreme Court, Decision 4A_ 100/2023 of 22 June 2023, para. 6.7.1.

[3] Swiss Federal Supreme Court, Decision 4A_ 484/2022 of 26 April2023, para. 5.3.

[4] Swiss Federal Supreme Court, Decision 4P_ 230/2000 of 7 February 2001.

二是放弃向法院上诉的排他性协议问题。PILA 第 192（1）条规定，如果当事人的住所、习惯居所或者营业地都不在瑞士，当事人可以事先在仲裁协议中约定或者随后签署一个书面协议放弃就仲裁庭作出的实质性裁决向法院提起撤销仲裁裁决的权利，或者限制撤销仲裁裁决的某些原因。该条规定表明排他性协议是当事人明确表示放弃撤销仲裁裁决诉讼的明确表示，其在 CAS《体育仲裁规则》第 R46 条第 2 段和第 R59 条第 4 段都作了明确规定，即“当事人在瑞士没有住所、惯常居所或者营业地的，并且在仲裁协议或者仲裁开始后立即缔结的协议明确排除任何撤销裁决的程序的，就不能提出撤销 CAS 裁决的请求”。但是该条在体育运动中的适用遭到了批评，因为职业运动员在参加比赛前通常是被迫签署包括放弃撤销仲裁裁决的诉讼权利的仲裁协议。在卡纳斯（Cañas）案中，[1] 瑞士联邦法院指出在体育运动中，运动员同意此类排他性协议的意思明显并不是自愿的。和主管体育协会相比，在大多数情况下运动员都没有很大的谈判权，不管其对有关的体育规则喜欢与否，只能选择接受。作为参加比赛的先决条件，球员必须签署包括 CAS 仲裁条款的文件。尽管如此，作为一种抗衡，运动员有权利将 CAS 裁决上诉至瑞士联邦法院进行司法审查，以对 CAS 裁决中可能违反基本原则和基本程序保障的问题进行救济。法院实质上的意思是体育仲裁本质上是强制性的或者至少并不是完全自愿的，不能因此就不承认运动员是被迫放弃其本国的仲裁管辖权以及国家法院对仲裁裁决的司法审查权。在大多数的奥林匹克运动中，这是事实。无论如何，该裁决不能被解释为对体育组织规则中仲裁条款有效性的质疑。

三是国际体育组织经常引用的 CAS 仲裁条款对不是其成员或者间接成员的运动员是否有效？瑞士联邦法院在该问题上采取的是一种有利于仲裁的趋势。在确定是否存在提交 CAS 仲裁的意向时，其采取的是某种程度的“自由主义”的态度。尤其是在全球性引用某一仲裁条款时，根据诚信原则，当事人的行为在某种程度上可以被认为是有效仲裁协议的替代形式。[2] 也即，体育仲裁中的仲裁协议可以在某种程度上约束没有签署该协议的第三方当事人。譬如在巴西球员诉国际足联和 WADA 的案件中，球员将巴西体育裁判庭的禁赛处罚被上诉至 CAS，虽然巴西足协章程没有规定 CAS 仲裁条款，但 CAS 认为自己享有管辖权的根据是巴西足协是国际足联会员，有义务遵守国际足联的章程、条例和决定等，申请人作为巴西足协的会员，

---

〔1〕 Swiss Federal Supreme Court, Decision 4P_ 172/2006 of 22 March 2007.

〔2〕 Antonio Rigozzi, *Challenging awards of the Court of Arbitration for Sport*, 1（1）Journal of Int’l Dispute Settlement 217（2010）.

也有义务遵守其规则，包括将有关兴奋剂争议上诉至 CAS。巴西体育裁判庭是巴西足协的组织机构之一，因此其裁决可以上诉至 CAS。另外，尽管有关的争议纯粹是巴西国内性质的，并不具有国际因素，但是上诉人曾经五次入选巴西国家队，因此其是国际性球员，国际足联的章程对其有约束力，也即 CAS 对其有管辖权。[1]

全球性引用某国际体育组织文件中的仲裁条款也意味着其熟悉并同意该仲裁条款，其在参加该组织主办的有关比赛时要遵守该条款。即使该当事人不是某国际体育组织的直接会员，但是如果后者的处罚裁决直接影响到前者，他们就是仲裁协议的双方当事人。[2] 但是也有仲裁条款未被瑞士联邦法院认可的案例。在德国冰球运动员布施（Busch）案中，CAS 裁决球员参加国际冰球联合会（国际冰联）赛事的报名表有 CAS 仲裁条款，因此自己享有管辖权。布施上诉后，法院判决当为参加特定比赛而签字时，运动员可能不会考虑到其同时也同意将一般意义上的比赛与某一特定比赛有关的争议提交仲裁。根据诚信原则，上诉人在签署报名表时不会想到其将会签署一个接受兴奋剂检测处罚的仲裁协议。法院认为，本争议是 WADA 涉足德国反兴奋剂机构禁赛 2 年的处罚而引起的，其不是前述国际冰联要求运动员签署的包含仲裁条款的报名表中所列的争议。虽然有关判决表明全球性引用某国际体育联合会章程中规定的仲裁条款可以被认为确定 CAS 管辖权的依据，但是本争议的有关事实表明并不存在相关的联系。因此当事人之间并不存在有效的仲裁协议，判决撤销 CAS 仲裁裁决。[3] 该判决表明 CAS 仲裁条款的开放并不是无原则的。如果根据诚信原则对仲裁条款的解释不能推定当事人自愿签署有关的仲裁协议，就不能认定此类条款有效。

另外，在 2001 年 5 月 3 日的判决中，瑞士联邦法院判决国际田联竞赛规则中的 CAS 仲裁条款对马拉松运动员 Y 没有约束力，第一根据诚信原则，有关 WADA 官员所指出的接受 CAS 仲裁的信函用语不明确，不能推出当事人有将相关争议提交 CAS 仲裁的意图；第二，与运动员服用兴奋剂有关的汉城马拉松比赛不在当时的国际田联所承认的国际性赛事之列，该运动员不能被认为是国际性运动员，因此有关争议不能提交 CAS 仲裁。故法院判决撤销 CAS 裁决，CAS 对运动员本国体育协会提起的上诉没有管辖权。[4]

---

[1] Swiss Federal Supreme Court, Decision 4A_ 460/2008 of 9 January 2009, (1) CAS Bulletin 145 (2010).

[2] Matthieu Reeb (ed.), *Digest of CAS Awards Ⅱ (1998 - 2000)*, Kluwer Law International, 2002, p. 811 - 812.

[3] Swiss Federal Supreme Court, Decision 4A_ 358/2009 of 6 November 2009, (1) CAS Bulletin 162 (2010).

[4] Swiss Federal Supreme Court, Decision 4A_ 456/2009 of 3 May 2010, (1) CAS Bulletin200 (2011).

第三方当事人诉讼请求的问题，实际上涉及的是国际体育组织规章中的仲裁条款对没有直接签字的间接成员的约束力。尽管国际体育组织全球性引用CAS仲裁条款已经成为CAS确定自己管辖权的主要根据，但是对于没有直接签署仲裁条款的运动员或者俱乐部来讲，这种全球引用的仲裁条款并不必然是CAS享有管辖权的根据。而且，瑞士联邦法院针对CAS裁决上诉的判决分析表明，其采取的是一种支持CAS仲裁的倾向。

四是晚近出现的CAS反兴奋剂裁判庭的管辖权和性质问题。在一个涉及CAS ADD裁定的上诉案件中，瑞士联邦法院确认该裁判庭仅仅是国际体育组织把反兴奋剂问题授权给其进行处罚的一个权力代理机构，其不是一个“真正的”仲裁庭，尽管其名称看起来确实如此。[1] 因此根据CAS裁判中对独立仲裁庭的事实审的原则，法院驳回管辖权抗辩，该申诉不可受理。

（三）仲裁庭无权或者越权仲裁

PILA第190（2）（c）条规定，如果仲裁庭的裁决超出了当事人请求的范围，或者未能就当事人的请求作出裁决，即仲裁庭裁决时逾越仲裁请求或遗漏仲裁请求，可以申请撤销该裁决。实际上，到2024年初，还没有任何CAS裁决因为该原因而被撤销。[2] 对于仲裁庭越权或者无权处理的争议，实质上解决的就是CAS解决的问题是否包含在仲裁协议所规定事项之列。CAS规则规定其管辖权本身就是一个范围非常宽泛的概念，几乎涵盖所有的与体育运动有关的一切争议。但是由于体育组织规则之间的冲突，当事人对仲裁协议规定的管辖权提出异议的也不在少数。

具体到CAS而言，仲裁庭的裁决必须以当事人的请求为限，原则上不得超出当事人的请求范围。即使CAS认为根据有关规则应该给予违反体育运动规则的当事人以较严格的纪律处罚措施，但是仲裁庭的裁决也应以当事人的请求为限。

瑞士联邦法院坚持认为，只有与某裁定相关的当事人可以就CAS裁决是否越权或漏裁的问题根据该条规定提起撤销诉讼。其不仅允许当事人在瑞士联邦法院就CAS仲裁庭可能未能解决的与争议解决至关重要的问题进行抗辩，而且还可以就仲

---

〔1〕 Swiss Federal Supreme Court, Decision 4A_ 232/2022 of 22 December 2022, 42 (1) ASA Bulletin 149 (2024), para. 5. 2. 3.

〔2〕 Alexis Schoeb, *Caselaw of the Swiss Federal Tribunal on appeal against CAS awards (2020 - 2023)*, (1) CAS Bulletin 33 (2024).

裁庭拒绝当事人提出的与其结果有充分联系的其他或额外的陈述发表意见。[1] 同时，瑞士联邦法院在一项与厄瓜多尔足协参加国际足联2022年世界杯有关的争议判决中强调，根据“举重明轻原则”（*principle a maiore minus*），如果有关裁决小于当事人通过诉求救济或制裁的范围，仲裁庭就不能被认为是逾越仲裁或遗漏仲裁（*rule ultra*，*extra or infra petita*）。法院认为，仲裁庭对当事一方施加不像另一方所要求的那么严重的纪律处罚，显然没有超出其决策权力的限制，因此没有对逾越诉权作出裁决。[2]

（四）当事人的平等权和听证权没有受到尊重

根据PILA第190（2）（d）条，如果有关仲裁侵犯了当事人所享有的平等权和听证权，当事人可以对有关裁决提出异议。根据该条规定，在体育仲裁中，仲裁庭必须给予每方当事人理解对方陈述意见的机会，审查和抗辩对方提出的证据，利用自己的证据对抗对方的证据，也即给予双方当事人同等的展示自己意见的机会和时间。该条规定的目的是保护当事人所享有的基本正当程序权，也即给予当事人充分的时间准备出庭答辩和在仲裁庭上为自己辩护的机会，包括平等待遇和公平听证的权利。在体育仲裁的实践中，以违反平等权和听证权（right to be heard）为由向瑞士联邦法院提起上诉获得成功的判决非常罕见。

公平听证的权利意味着每一方当事人都要充分参与仲裁程序，及时合理地展示自己的意见和证据，同时仲裁庭给予当事人合理的时间发表自己的意见。譬如在卡纳斯案中，CAS仲裁庭在裁决中没有对上诉人提出的一个请求进行审查，上诉方认为由于CAS忽略了自己的前述请求，因此侵犯了自己的听证权。瑞士联邦法院指出，CAS裁决完全忽略了争议解决中至关重要的部分，仲裁员应当提供证据证明忽略的问题与争议没有关联，或者虽有关联但被仲裁员含蓄地予以拒绝。既然CAS仲裁庭在审查争议事实时完全没有注意到上诉人提出的请求并且也没有给出拒绝的说明理由，因此应当撤销该裁决。[3]

但是，听证权并不意味着包括可以自由发言的权利。[4] 同时，听证权不能被用来要求审查仲裁庭适用实体法的问题，或者对仲裁庭的推理予以批判，而是要充分

---

[1] Alexis Schoeb, *Caselaw of the Swiss Federal Tribunal on appeal against CAS awards* (*2020 – 2023*), (1) CAS Bulletin 33 (2024).

[2] Swiss Federal Supreme Court, Decision 4A_ 256/2023 of 6 November 2023, paras. 5. 1 –5. 3.

[3] Swiss Federal Supreme Court, Decision 4P_ 172/2006 of 22 March 2007.

[4] Swiss Federal Supreme Court, Decision 4A_ 54/2022 of 7 July 2022, para. 4. 1.

提供证据表明，仲裁庭的裁决实际上影响到了争端的结果。反过来，如果某项裁决对明显与争端结果有重要联系的实体诉求视而不见，那么在瑞士联邦法院的上诉程序中，仲裁庭或者被诉方就要对此类疏忽提供合法合理的说明。譬如在利珀案中，瑞士联邦法院指出，上诉人没有能够提供证据证明仲裁员疏于考虑国际田联“最高允许站立高度”（MASH）规则本身具有的歧视性质影响到了争端的结果。该运动员“仅仅指出仲裁庭不能直接或间接依据 MASH 规则进行推理，其实际上只是在攻击仲裁者的推理，而忽略了仲裁庭作出的下面的裁定的事实，即该运动员不仅实际上超出 MASH 高度，而且最重要的是，如果他有完整的生物腿，他也能在更高的情况下跑步……然而，上诉人没有能够提供证据证明导致 MASH 规则的研究没有考虑到非洲人或非裔美国人的身体比例这一事实如何改变了仲裁人的评估，即上诉人用假肢跑步时比他拥有完整腿出生时高度要高，尽管裁量余地很大”。[1]

另外一个涉及正当程序的问题是，尽管根据“法官知法”（*iura novit curia*）原则仲裁庭可以根据当事人未加讨论的法律原则作出裁决，但是仲裁员在适用法律法规裁决案件时不应适用当事人有合理原因认为不应当适用的那些法律条例。2009年，瑞士联邦法院在戈伊蒂亚（Goitia）案中依照前述原则撤销了 CAS 裁决。[2] CAS 仲裁庭认为当事人之间的经纪合同争议应当适用国际足联条例，补充适用瑞士法律。基于此，根据瑞士联邦劳动服务和出租服务法，仲裁员裁定该合同无效，尽管在仲裁过程中当事人都没有提到该瑞士法律，并且仲裁庭也没有给予当事人可能的机会以对适用瑞士法律的问题进行答辩。法院判决当事人对该裁决毫无预料，因为除了补充适用瑞士法律外，有关争议与瑞士没有任何的客观联系，并且只有在经纪人在瑞士有营业地的情况下才有可能适用瑞士劳动法。

以侵犯公平听证为由推翻 CAS 裁决的案例非常罕见。譬如在阿尔玛 – 马歇尔 · 西拉（Arman – Marschall Silla）案中，仲裁员收到了第二份修改或纠正第一份救济请求的意见书，这直接影响到即将裁定的制裁的开始。瑞士联邦法院认为，“很明显，当仲裁员设定对运动员处罚的门槛时，心里只有 2017 年 3 月 25 日的回复谅解备忘录，没有看到 2017 年 6 月 2 日的第二个谅解备忘录，或认为（但是错误地）在有争议的问题上，上诉人得出的结论与其根据本案背景形成的结果没有差别。无论如何，从这些意见看来，仲裁员忽视了上诉人为支持其一项附属意见而经常提出的

---

〔1〕 Swiss Federal Supreme Court, Decision 4A_ 6182020 of 2 June 2021, para. 4. 4.

〔2〕 Swiss Federal Supreme Court, Decision 4A_ 400/2008 of 9 February 2009, ASA Bulletin495 (2009).

要点，而不可能使自己相信他会暗中反驳这些要点。不用说，这些因素对解决争端是重要的。事实上，假设它们被接受，它们所支持的论点就必须被接受，这意味着对上诉人的暂停禁赛将在这一制裁期满之前结束，因为这是由 CAS 裁决的执行部分造成的”。[1] 因此，CAS 的裁决部分被搁置。

相关启示是，其一，CAS 仲裁裁决不能忽略当事人提出的抗辩意见，否则就有可能会被提出异议；其二，CAS 仲裁庭裁决争议适用与其毫无关联的法律条例时应当征询当事人的意见。

（五）违反瑞士公共政策

鉴于公共政策抗辩的模糊性和弹性，该问题作为一个单独问题列出来进行探讨。

四、CAS 裁决撤销的公共政策抗辩

2010 年 4 月，瑞士最高法院判决撤销了 CAS 作出的一个仲裁裁决，理由是其违反了“已决之案”（*res judicata*）原则，因此违反了公共政策。[2] 这是瑞士联邦法院第一次以程序性公共政策为由撤销仲裁裁决。将近 2 年之后，2012 年 3 月，法院以违反实体性公共政策为由废除了另一个 CAS 仲裁裁决，理由是有关裁决侵犯了当事人享有的基本自由。[3] 其后几年，瑞士联邦法院再次指出：“如果一项判决忽视了基本的、被广泛接受的价值观念，那么它就与公共秩序不相容。根据瑞士的普遍看法，这些价值观念应构成任何法律秩序的基础。当它违反了实体法的基本原则，以致与法律秩序和决定性价值体系不再相容时，就会出现这种情况。”[4] 因此有关的公共政策既可以是实体性的，也可以是程序性的，需要具体案例具体分析。

（一）实体性公共政策

PILA 第 190（2）（e）条规定，当某仲裁裁决与瑞士公认的某些基本法律原则和基本价值观念相冲突，就可以被认为是违反了公共政策。其是那些得到广泛承认，并根据瑞士的普遍观念构成任何法律制度的基础的基本原则，包括有约必守、禁止滥用权利、诚信、禁止征收不给予赔偿、禁止歧视和保护残疾人等。然而，这种对

---

〔1〕 Swiss Federal Supreme Court, Decision 4A_ 478/2017 of 2 May 2018, para. 3. 3. 3.

〔2〕 Swiss Federal Supreme Court, Decision 4A_ 490/2009 of 13 April 2010.

〔3〕 Swiss Federal Supreme Court, Decision 4A_ 558/2011 of 27 March 2012.

〔4〕 Swiss Federal Supreme Court, Decision 4A_ 70/2020 of 18 June 2020; Swiss Federal Supreme Court, Decision 4A_ 494/2018 of 25 June 2019.

基本原则的列举并不仅限制在公共政策的实体方面，还可以延伸到程序问题。而且，这种列举并不是详尽无遗的。另外，如果有证据证明存在贿赂、禁止强迫劳动、侵犯人格尊严等行为，也是有违公共政策的。关键是，在对公共政策审查的基本价值观念进行分析的过程中，需要探究隐藏在“公共政策”背后的价值是否可以被识别为公共价值。换句话说，当某裁决违反实体法的基本原则，以至于不再符合决定性的法律秩序和价值体系时，即违反实质性公共政策。[1] 无论如何，因为具体案情不一，法院进行具体阐述的公共政策内容也不一。实体性公共政策一般包括如下几个方面：

1. 运动员个人权利问题

瑞士联邦法院近些年审理的一些撤销 CAS 裁决的诉求与所谓的《欧洲人权公约》或者瑞士民法以及宪法等规定的运动员的个人权利有关。第一，瑞士联邦法院重申，违反欧洲人权公约的相关条款并不自动就构成 PILA 第 190（2）（e）条规定的可以提起申诉的根据之一，不能直接以违反欧洲人权公约为由提起上诉。然而，可以该条规定的公共政策的背景下考虑《欧洲人权公约》或瑞士联邦宪法规定的一些基本原则。在解释公共政策时，决定性的要素是仲裁员的法律评估结果是否与实体公共政策的判例法定义相一致。[2] 譬如，在跨性别运动员的参赛资格方面，瑞士联邦法院重申，CAS 仲裁裁决并没有处理妇女或双性人是什么的问题，该结果与保障人的尊严并不矛盾，因为在某些情况下，例如在竞技体育中，在例外情况下并为了公平和平等的目的，可以接受生物特征掩盖了一个人的法律上的性别或性别认同的结论。法院坚持限制那些具有“46XY 性别发展异常”（DSD）的女性运动员的参赛资格，即“在某些比赛中天生比其他女性具有不可逾越的优势”的做法似乎并不违反这些运动员的人格尊严。拥有此类性发展异常的运动员可以拒绝接受参赛所需的激素治疗，虽然这种拒绝确实会导致运动员无法参加某些田径比赛，但不能认为仅这一后果就侵犯了上诉人的人格尊严。[3]

第二，《瑞士民法典》第 27 条及其后条款规定的人格权包括健康、身体完整、荣誉、职业尊重和体育活动的权利，并且就职业体育而言，还有发展和经济成就的权利。根据具体情况，侵犯运动员的人格权可能违反实质性的公共政策。然而，根

---

〔1〕 Swiss Federal Supreme Court, Decision 4A_ 248/2019 of 29 July 2019, para. 2.

〔2〕 Swiss Federal Supreme Court, Decision 4A_ 248/2019 and 4A_ 398/2019 of 5 August 2020, paras. 9. 1 - 9. 2.

〔3〕 Ibid. paras. 11. 1 - 11. 2.

据瑞士联邦法院的判例法，违反该法第27条第2款的行为不会自动违反实质性的公共政策，被指控的违反行为必须是对一项基本权利的严重和明确的侵犯。譬如在孙杨案中，瑞士联邦法院认为，如果一项上诉只是在有争议的裁决与一项根据条约或瑞士法律规则提供的保障之间确立存在有一项冲突，那么在PILA第190（2）（e）条和有关判例法的意义范围内，认为与实质性公共政策不兼容的上诉就不能被识别为一项有充分依据的上诉。法院还认为，《欧洲人权公约》所载的刑法原则和相应保障是否适用于由私法规制的协会如体育联合会所施加的纪律制裁是“不证自明的”，试图将有关刑事搜查的适用规则比照适用于反兴奋剂诉讼“可能会阻碍为打击体育运动中兴奋剂祸害而建立的体系的正常运作”。[1]

2. 有约必守

有约必守经常被瑞士最高法院认为是构成实体性公共政策的基本内容之一。在体育运动中，遵守有关体育组织章程、条例或者附则等，也属于有约必守的范围。[2] 如果有关仲裁裁决公然违反了应当适用于实体问题的法律的某些基本原则，譬如有约必守和诚信原则，以致该裁决不再与法律秩序和基本的价值体系相一致，就可以认为该仲裁裁决违反了实体公共政策。譬如在前述利珀案中，瑞士联邦法院裁定，“如果仲裁庭认定合同条款对双方具有约束力，但拒绝适用该条款，或者相反，仲裁庭要求双方遵守其认定不具有约束力的条款，就违反了有约必守原则。另外，解释过程本身和由此产生的合乎逻辑的法律后果不受有约必守原则的约束，因此它们不能成为违反PILA第190（2）（e）条公共政策的理由”[3]。

3. 强迫劳动与经济自由

在大多数情况下，强迫劳动的同时也侵犯了当事人的经济自由和人格尊严，毕竟国家法律保障个人权利免遭国家和其他民间团体的侵犯。瑞士联邦法院曾经判决，违反尊重人格尊严的基本原则是侵犯实体性公共政策的行为，即使该原则并没有明确在有关条款中列举出来。[4] 在此问题上，应当承认，那些损害诸如禁止强迫劳动等基本原则的行为，即使是间接的，也将有违瑞士法律所理解的实体公共政策的

〔1〕 Swiss Federal Supreme Court, Decision 4A_ 406/2021 of 4 February 2022, paras. 7. 3 – 7. 5.

〔2〕 Paolo Michele Patocchi&Matthias Scherer (eds.), *The Swiss International Sports Arbitration Reports*, JurisNet, LLC, USA, 2012, p. 154 – 155.

〔3〕 Swiss Federal Supreme Court, Decisiom 4A_ 6182020 of 2 June 2021, para. 5. 41.

〔4〕 Paolo Michele Patocchi & Matthias Scherer (eds.), *The Swiss International Sports Arbitration Reports*, JurisNet, LLC, USA, 2012, p. 156.

概念。[1]

至于经济自由的权利，《瑞士民法典》第27（2）条规定，“任何人不得让与其自由，或在限制行使自由时损害法律和道德”。因此，违反该条规定的行为，譬如严重限制个人的经济自由以及从事职业的自由等，就可以被视为有违公共政策，相关的裁决就应当被废除。但是根据第27（2）条的规定，一个人可以通过缔结合同限制自己的某些权利。在体育争议中，参与某项体育运动并成为该项目体育组织的直接或者间接会员，就是同意承认体育组织的法律地位，并在一定程度上限制了自己的某项权利，但是这种限制不能太过分以至于抵消该人所应当享有的经济自由，这是一个基本的原则，是任何法律秩序的一部分。通过合同限制某人的自由，如果结果是完全取消了该当事人的经济自由，或者将缔约一方当事人的命运交由另一方自由裁量，或者对当事人经济自由的限制以至于威胁到其基本生计，那么该限制就是过度的。如果某个人的自由权利因为过度限制而明显并且严重地受到了伤害，那么这种过度限制自由的行为就是与公共政策相悖的（见本章参考案例一）。

譬如，关于禁止某运动员即上诉人参与某项体育运动有关的活动的处罚措施的模糊性问题，瑞士联邦法院认为，上诉人的论点并非完全没有根据，承认这种措辞在理论上可能招致滥用。这种禁令不能等同于给有关国际联合会开一张空白支票，并支持无限制地将这一禁令适用于任何活动，即使它与国际足联或其附属协会所管辖的领域即有组织的足球比赛无关。法院的结论是，受到质疑的CAS裁决的问题没有上升到有理由撤销裁决的程度，特别是考虑到上诉人被指控犯下的行为的严重性，因为它并不违反实质性的公共政策。无论如何，所施加的制裁能够以一种可以说是适当的方式加以解释。[2] 类似，在对某职业网球运动员禁赛处罚的判决中，法院认为只有在有关的禁赛处罚对其经济存在的威胁程度达到消除或限制其经济自由的时候，才可能会认为对该运动员经济自由的限制是过度的。事实上，球员可以继续从事网球领域的职业活动——尽管是有限的——并从中获得收入。[3]

4. 竞争法问题

首先需要指出的是，在竞争法领域几乎不存在普遍公认的道德原则，而且并非所有限制竞争的法律都是危害性的，某些货物或者服务不能够采取自由竞争的做法。在过去，瑞士联邦法院曾经判决违反欧洲或者某个国家的竞争法就被认为是违反公

---

〔1〕 Ibid. p. 152.

〔2〕 Swiss Federal Supreme Court, Decision 4A_ 542/2021 of 28 February 2022, para. 6. 3. 2.

〔3〕 Swiss Federal Supreme Court, Decision 4A_ 486/2022 of 26 April 2023, para. 6. 4.

共政策，[1] 但该观点在后来发生了变化。2006 年 3 月，联邦法院指出根据瑞士主流观点，竞争法规则不属于在任何法律秩序中都得到公认的基本价值观念。欧盟竞争法仅仅是欧盟成员国的国际公共政策，有其地域上的限制。因此，违反竞争法规则并不属于 PILA 第 190（2）（e）条规定的公共政策的适用范围。[2] 而且对整个世界来说，竞争法问题并不具有足够广泛的重要性，因此并不足以构成全球性的实体性问题，尽管该问题可能会提高公共政策的地位。但是当越来越多的国家承认竞争法的重要性以及其包含的基本特点时，竞争法成为公共政策问题也就有了可能。

5. 禁止滥用权利

禁止滥用权利是实体性公共政策的一部分，对该问题的理解必须参照与《瑞士民法典》有关的判例法。譬如，当事人之间的有关利益明显不成比例是典型的《瑞士民法典》第 2（2）条规定的滥用权利的问题。目前还没有明确的是，当有关裁决的结果并不违反公共政策时，滥用公允及善良（*ex aequo et bono*）权力裁定案件是否有违第 190（2）（e）条规定的公共政策问题。[3] 的确，在某些案件中，国际仲裁庭裁决争议所适用的"公允及善良原则"并不是 PILA 第 187（2）条"仲裁庭得以公平原则解决争议"意义上的公平原则，后者可以不经当事人的授权。

6. 歧视

当某行为、措施或者裁定的作出完全是因有关当事人的性别、种族、健康状况、性别倾向、宗教信仰、公民或者政治见解等情况时，其就非法侵犯了有关当事人的人权，可以认为其是歧视性的，[4] 当然也是违反实体性公共政策的行为。譬如在中国游泳运动员兴奋剂案中，联邦法院指出，根据国际泳联规则规定，如果运动员体内发现禁用物质，其就有责任证明为什么不能接受规则规定的最高 2 年的禁赛处罚，但上诉人没有提供相关证据证明这点。至于仲裁庭最终作出比其试图劝说当事人认罪的处罚更严厉的处罚期限，并不有违文明国家所公认的基本道德和法律原则，该结果是与"辩诉交易"（plea bargaining）（更恰当的说法是"求情减刑"）的原则一致的，该原则是美国和欧洲一些国家法律规定的基本原则。因此，CAS 裁决不违反公共政策。[5]

---

〔1〕 Swiss Federal Supreme Court, Decision 4P_ 119/1998 of 13 November 1998.

〔2〕 Swiss Federal Supreme Court, Decision 4P_ 278/2005 of 8 March 2006, para. 3. 2.

〔3〕 Paolo Michele Patocchi & Matthias Scherer (eds.), *The Swiss International Sports Arbitration Reports*, Juris Net, LLC, USA, 2012, p. 156.

〔4〕 Ibid. p. 153.

〔5〕 Matthieu Reeb ed., *Digest of CAS Awards (1986 - 1998)*, Editions Stæmpfli SA, 1998, p. 778.

7. 兴奋剂问题

在体育仲裁中，有关兴奋剂处罚的争议是比较多的一种案件。较早的判决指出，那些规定禁用物质的反兴奋剂规则不能仅仅因为该标准可能与某些法定或者法律规定的条款相冲突就违反公共政策。该规则是否合法或者武断的问题不会给国际关系领域的瑞士法律秩序带来疑问。实践中，那些不考虑兴奋剂是否会对运动员的成绩带来影响而直接根据严格责任原则进行处罚的兴奋剂规则不违反公共政策；[1] 不考虑运动员的过程程度而直接对兴奋剂违规运动员施加处罚的规则也不违反公共政策。[2] 因此，不能以兴奋剂规则违反公共政策为由对有关仲裁裁决提出撤销之诉。

当然，反兴奋剂适用的严格责任并不违反 PILA 第 190（2）（e）条规定的实体公共政策。有关纪律处罚涉及是根据瑞士私法的处罚，不能根据刑法中的相关原则譬如无罪推定进行评估。同时，只有在有关的处罚构成明显和严重侵犯人格的时候，才能被认为是违反公共政策。譬如，对于职业摔跤运动员来讲，2 年的禁赛处罚可能是“剧烈的”，但其并不构成对该运动员人格权利的侵犯。[3]

（二）程序性公共政策

程序性公共政策的基本含义是，在出现违反基本并且得到公认的程序原则的情况下，不遵守这些原则将导致与基本的正义观念产生冲突，以致与在瑞士得到公认的基本价值关系不一致，就可以确认有关裁决违反了程序性公共政策。程序性公共政策仅仅保障当事人根据所适用的程序法向仲裁庭提交的事实而有权得到一个独立公正的裁决。但是，并不是每一次违反程序性规则或者武断的程序性行为都构成违反程序性公共政策，只有那些对确保程序公平至关重要的违规行为才是加以考虑的对象。譬如，涉及欺诈或贿赂、违反自然正义以及当事人在指定仲裁员时的地位不平等的裁决都违反了对仲裁程序公正性的要求。根据瑞士联邦法院判决，程序性公共政策主要涉及仲裁庭的独立和公正、当事人平等待遇以及正当程序等几个部分的问题，但在司法实践中进行探讨的主要问题如下：

1. 仲裁庭的独立和公正

2001 年 10 月 3 日，瑞士最高法院判决确认仲裁庭的独立和公正问题不属于第 190（2）（e）条意义上的公共政策问题，仲裁庭独立和公正的要求是该法第 27

---

[1] Swiss Federal Supreme Court, Decision 4P_ 105/2006 of 9 March 2006, para. 8 (2).

[2] Swiss Federal Supreme Court, Decision 4P_ 148/2006 of 10 January 2006, para. 7.

[3] Swiss Federal Supreme Court, Decision 4A_ 528/2022 of 10 January 2006, paras. 4. 3. 1 –4. 3. 4.

(2)(b)条规定的程序法的基本原则之一,[1] 即裁决违反诉讼程序法的基本原则尤其是未给当事人出庭辩护机会的,瑞士法院可以拒绝承认。事实上,联邦法院很早就指出,仲裁庭的独立和公正有问题以致其组成不合乎规则的,应当根据 PILA 第 190(2)(a)条提出撤销之诉。

瑞士联邦法院多次在判决中重申,CAS 仲裁庭是独立于 IOC 的。前述 1993 年的甘德尔案,瑞士联邦法院承认了 CAS 的独立性,但建议其进行改革。2003 年的拉祖蒂娜案中,联邦法院重申,CAS 完全独立于 IOC,独立于所有要求其提供服务的各方,因此其在涉及该机构的案件中的裁定可以被视为真正的裁决,类似于国家法院的决定。[2] 此后,该案确立的 CAS 独立性原则被随后的很多裁决加以援引,尤其是那些国际单项体育联合会作为仲裁一方当事人的案件中。甚至,德国联邦法院于 2016 年作出的佩希斯泰因案判决也确认了 CAS 的独立性。[3]

2018 年的瑟兰(Seraing)足球俱乐部案的判决再次确认,从独立性的角度来看,联邦法院在任何时候都认为,国际夏季或冬季奥林匹克体育联合会与 CAS 建立的联系,比 CAS 与国际奥委会建立的联系问题更少。该裁决中还提到了 CAS 采取的各种改革、其与国际足联的财务关系等,并得出结论认为,没有理由再次就一系列牢固确立的案件(即 CAS 独立性)展开讨论。法院继续指出,作为一个被要求对国际仲裁案件中的上诉作出裁决的司法当局,联邦法院没有改革该机构(即 CAS)本身的任务,也没有重新制定管理该机构的条例的任务,而只是确保其达到被纳入国家法院所需的独立性水平。[4]

2. “已决之案”和“待决之案”问题

瑞士联邦法院很早就指出,“已决之案”(*res judicata*)和“待决之案”(*lis pendens*)是瑞士程序性公共政策的一部分。如果仲裁庭的裁决不考虑先前裁决的司法效力,或者仲裁庭在裁决初步实质性问题时从其在初审裁决中表达的意见中得出最终裁决,则违反了程序性公共政策。譬如,在一个特定的法律秩序内,如果针对地位相同当事人之间的同一个争议所作出的两个同时可以执行但相互冲突的司法裁决,其就有违公共政策。为规避此情形,有两个基本的法律原则,即“已决之案”和“待决之案”。当某裁判机构已经受理其他法院还没有审结的争议时,根据“待

---

[1] Swiss Federal Supreme Court, Decision 4A_ 530/2011 of 26 July 2011, para. 3. 2.

[2] Swiss Federal Supreme Court, Decision 4P_ 267/2002 of 20 June 2003, para. 3. 3. 4.

[3] Pascal Pichonnaz, *Case law of the Swiss Federal Tribunal on Challenges against CAS awards (2015 – 2019)*, CAS Bulletin (Budapest seminar October 2019) 68 (2020).

[4] Swiss Federal Supreme Court, Decision 4A_ 260/2017 of 20 February 2018, recital 3. 4. 1 – 3. 4. 3.

决之案”原则，在先受理的法院未作出最终裁决前禁止第二个法院受理该争议。而根据“已决之案”原则，其他法院已经最终裁决的争议，不能再向第二个法院提起请求，第二个法院不能再就相同争议行使管辖权。该制度不但适用于瑞士国内的案件中，也适用于需要在瑞士承认和执行的外国法院判决。同样，该制度也适用于国际仲裁。[1] 因此，仲裁庭应当暂停进行仲裁程序。该判决引起的关注是，当事人可以到任何国家的法院提起上诉请求，因此强迫在瑞士的仲裁程序暂停。

“已决之案”禁止在最终裁定的提起相同诉求的同一当事人之间的新程序中重新提起诉讼。如果在两套申诉程序中，当事各方提出相同的索赔和救济请求，并依赖于相同的复杂事实，则争端是相同的。不过，“已决之案”原则只适用于判决的执行部分，而不适用于事实和法律的认定（见本章参考案例二）。

3. 禁止双重处罚/一事不再理（*ne bis in idem*）原则

在刑法中，根据双重处罚原则，禁止就一个人的一次行为作出两次处罚。联合国《公民权利和政治权利国际公约》第 14（7）条、《欧洲人权宪章第七议定书》第 4（1）条以及 2007 年《瑞士刑事诉讼法典》第 17 条都规定和承认了该原则。“不被处罚两次的权利”或者“禁止双重处罚原则”拥有如此的重要性以至于“一个人不得接受两次处罚”原则应当被纳入 PILA 第 190（2）（e）条规定的公共政策的概念之列。[2] 瑞士联邦法院把禁止双重处罚原则看作是“已决之案”的一种推论或否定，即其是先前裁决的既判力所推出的结果，或者其所具有的否定性后果。但是，适用禁止双重处罚原则的前提是应当假定被保护的对象的身份是相同的。因此，当同一个人的同一个行为的后果既有刑法方面的，也有民法、行政或者纪律处分方面的后果，在对有关当事人进行处罚时，就不能禁止适用双重处罚原则。[3]

不过，禁止双重处罚原则能否适用于体育纪律处罚争端仍然是有争议的。联邦法院曾经指出，“违反禁止双重处罚原则能否属于 PILA 第 190（2）（e）条的管辖范围是一回事，但体育纪律规则是否也受这一刑法所特有的禁止双重处罚原则的约束则是另一回事，这不是不言自明的，而且似乎非常可疑”[4]。瑞士联邦法院没有明确排除这一原则在仲裁程序中的应用，但在分析了这一原则将如何适用于所涉及案件的具体事实后，它驳回了根据这一原则对 CAS 裁决提出的上诉。

---

〔1〕 Swiss Federal Supreme Court, Decision 4P_ 37/2001 of 14 May 2001, para. 2.

〔2〕 Swiss Federal Supreme Court, Decision 4A_ 386/2010 of 3 January 2010, para. 9. 3. 1.

〔3〕 Ibid. para. 9. 3. 2.

〔4〕 Swiss Federal Supreme Court, Decision 4A_ 536/2018 of 16 March 2020, para. 3. 3. 2.

具体来讲，只有在有重复程序的情况下，才会有违反禁止双重处罚原则的情况。如果在同一事实范围内，有关程序之间有足够密切的物质和时间联系，因此它们可以被视为单一制度的两个方面，则不存在违反禁止双重处罚原则的重复程序。譬如，如果某体育组织内部关于操纵比赛指控及其博彩欺诈检测系统也即该组织的行政和纪律程序足够密切地联系在一起，以至于可以被视为一个单一制度的两个方面。但从“禁止双重处罚”原则的角度看，即使这两个程序都基于相同的事实背景，但第一个阶段是行政性质的程序，第二个阶段是纪律处罚或惩罚性质的程序，则不违反禁止双重处罚原则。法院解释指出，“有关程序问题分两个不同阶段进行诉讼是合理的。事实上，有必要规定一种程序，使俱乐部能够立即被排除在体育比赛之外，以保持体育运动的完整性，特别是在操纵体育比赛的情况下，因为俱乐部可能会在同一比赛过程中继续操纵某些比赛。因此，诉讼程序的第一阶段（行政阶段）的目标不是制裁俱乐部，而是保护被申请人组织的比赛的价值观、声誉和完整性，而第二阶段（纪律阶段）是通过根据所有情况评估被指控的俱乐部的行为来制裁同一俱乐部”[1]。类似，如果相关程序涉及国内和国际性的两个部门，也不属于违反禁止双重处罚原则。譬如在针对某网球运动员的假球案的判决中，瑞士联邦法院指出，国家和国际网球协会的司法机构对上诉人提起的诉讼在物质和时间上有着足够密切的联系。这两起诉讼是在怀疑假球后的几周内提起的。根据瑞士联邦法院的说法，他们之间有着密切的联系，因为他们都为反对网球假球和维护这项运动的形象作出了贡献。然而，瑞士联邦法院强调，如果国际体育联合会的司法机构仅因为运动员之前被其国家联合会无罪释放而被剥夺了对其进行调查的可能性，那么国际体育联合会所建立的打击假球祸害的制度将受到危害。[2]

在瑞士联邦法院的判决中，法院还就当事人质疑的与程序性公共政策有关的其他问题发表了自己的意见。譬如，在法律适用方面，即使某仲裁裁决不恰当地适用了瑞士法并且是仲裁过程的准据法，其也不构成违反公共政策的行为。[3] 还有，任何违反程序性规则的行为，即使是任意性的程序性规则，也不构成违反程序性公共政策的行为。只有那些违反保障程序公正的基本原则才能被认为是违反程序性公共政策。

[1] Swiss Federal Supreme Court, Decision 4A_ 462/2019 of 29 July 2020, para. 5. 2.
[2] Swiss Federal Supreme Court, Decision 4A_ 486/2022 of 26 April 2023, para. 6. 4.
[3] Swiss Federal Supreme Court, Decision 4A_ 444/2009 of 11 February 2010, para. 4. 2. 1.

五、瑞士联邦法院撤销 CAS 裁决的借鉴

首先，对 CAS 裁决撤销享有管辖权的法院只能是瑞士联邦法院，其他国家的法院不能受理针对 CAS 裁决撤销提起的上诉请求。除了有关体育争议的当事人可以直接向瑞士联邦法院提起撤销 CAS 裁决的上诉请求外，其他与争议裁决有实际利害关系的第三者在某种程度上也可以提起撤销之诉。并且，CAS 行政管理人员所作的某些决定也可以成为当事人向法院提起上诉要求撤销的对象。

其次，虽然越来越多的体育运动当事人向瑞士联邦法院提起撤销 CAS 裁决的上诉，但是法院判决撤销仲裁裁决的数目仍然非常有限，其撤销的理由分别是违反公共政策、侵犯当事人的听证权以及 CAS 缺少管辖权等。因此，提起撤销仲裁裁决之诉获得瑞士联邦法院支持的可能性非常低。除了要求当事人及其代理人熟谙国际体育仲裁的理论和瑞士联邦法院对类似判决的意见外，还必须有足够的证据和经济方面的支持。

再次，根据 PILA 第 190（2）（e）条，如果仲裁裁决违反瑞士公共政策就要被撤销。关键是如何理解公共政策。对于 CAS 裁决，只有瑞士联邦法院的法官才有权解释其是否违反公共政策。在这里，公共政策就需要根据瑞士法律规定的标准进行衡量。尽管如此，有关判决还是将公共政策的概念尽量与任何国家的国内标准脱离开来，不管其是法院地国、准据法国还是第三国的标准。而且，尽管学界认为与仲裁裁决撤销有关的公共政策应当是国际性的，或者普遍性标准，但是在执行程序中仍然是有问题的。无论如何，能否可以公共政策为由撤销仲裁裁决的最终决定权仍然在瑞士联邦法院。譬如晚近数年，在关于因为公共政策而撤销或修改体育仲裁裁决的问题上，瑞士联邦法院裁决指出在下述情况下，即不接受在电子申请平台上的延迟上诉声明、没有在线听取（受保护的）证人的意见、多次延长发布仲裁裁决的时限、在体育纪律程序中未将全部决定传达给申诉人，或同时在国家和国际层面实施纪律制裁等，原则上都不存在违反公共政策的行为。瑞士联邦法院还重申其观点，即不能直接援引违反《欧洲人权公约》的行为，只能通过有限的公共政策和《瑞士宪法》加以启动相关的审查。[1]

最后，实体性公共政策和程序性公共政策的区分在瑞士联邦法院撤销仲裁裁决

---

〔1〕 Despina Mavromati, *Selected Swiss Federal Tribunal Judgments in 2023 in Annulment Proceedings against CAS Awards*, 42（1）ASA Bulletin 33（2024）.

的诉讼中占有非常重要的地位，当然也需要在起诉时予以明确。上诉人不能把一些自由权利、条约或者宪法权利以及指导刑事诉讼的法律原则等作为实体公共政策的一部分，也不能把实体保障（工作权、经济自由权等）和程序保障（存疑时有利于被告原则，禁止双重处罚等）放在一个单一的类型（实体公共政策）内。[1] 尽管如此，也不应当夸大不方便理解公共政策的重要性。

第二节 国际体育仲裁裁决的承认与执行

国际体育仲裁院的裁决是终局性的，并且自其送达给当事人的时候就对当事人具有拘束力。与其他国际性的仲裁裁决一样，国际体育仲裁院的裁决也可以根据国际私法的有关规范尤其是《纽约公约》的规定来得到承认和执行。另外，根据《关于承认国际非政府组织的法律人格的欧洲公约》，国际体育仲裁院在国际上的法律地位也得到了承认。

一般来讲，如果某仲裁裁决没有侵犯当事人所享有的正当法律程序权，没有违反公共政策，或者仲裁员在其权限范围内行使了仲裁权，那么大多数法院都会承认该仲裁裁决。而其中正当法律程序则绝对是国际体育仲裁院仲裁程序中一个非常重要的部分。

一、承认与执行 CAS 裁决需要明确的几个问题

鉴于体育运动的特殊性以及在某些情况下不需要实际上强制执行（譬如禁赛处罚）的特点，CAS 裁决的承认与执行首先要明确以下问题：

（一）承认与执行体育仲裁裁决的特殊性

尽管一般的观点是，如同任何其他仲裁裁决一样，一个体育仲裁裁决也是可以强制执行的。但是，由于体育运动所具有的特殊性以及体育组织之间“金字塔”式的等级划分，使得体育争议裁决的承认与执行又具有不同于一般性的裁决的承认和执行的特点。平等当事人之间的仲裁裁决的承认和执行一般不会引起太大的困难，如果一方不执行，对方当事人可以请求有管辖权的国家法院予以强制执行。比较麻

[1] Swiss Federal Supreme Court, Decision 4A_ 604/2010 of 3 September 2010, para. 3. 2. 1.

烦的是不平等当事人之间的裁决，或者讲是具有“上下级”或者管理与被管理关系的当事人之间的裁决的承认与执行问题，尤其是作为“上级”或者“管理者”的体育组织拒不执行仲裁裁决，能否动用国家的强制力来强制执行呢？

在体育运动中，譬如单个的运动员与其所属的国内体育协会或者国际单项体育联合会之间，以及国家体育协会和其所属的国际单项体育联合会及至国际奥委会之间的争议如果是以仲裁方法解决的，在权利平衡中处于不利或者弱势地位的一方的运动员、国内体育协会等如果不遵守仲裁裁决，即使对方不请求国家法院予以强制执行，那么这些有关的国际或者国内体育组织也可以动用自己的权力对这些不遵守仲裁裁决的当事人进行处罚，其中最严厉的莫过于不准许该运动员或者运动队参加由该体育组织主办的国内或者国际体育比赛，也即对这些不遵守裁决的当事人实施禁赛的处罚。因为对从事体育运动的当事人来讲，其最大的愿望无非是想获得参加与其从事的体育运动有关的国际比赛或者奥运会的参赛资格，所以这种处罚即使没有国家权力机关的参与也是最严厉的。在这种情况下，不考虑其可能获得什么样的比赛成绩，其受到的最大损失是与其比赛成绩有关的各种经济上的收入，譬如会失去获得赞助的合同、奖金会受到影响等。因此，这是承认和执行体育仲裁裁决的特殊性的一方面。

另外，如果作为“上级”或者管理者的有关体育协会不承认和执行仲裁裁决，处于弱者一方的当事人能否申请法院予以强制执行呢？看起来似乎是可以的，该当事人可以根据《纽约公约》的规定向对方当事人所在地的有关法院申请承认和执行。不过因为有些体育仲裁裁决的执行是不需要采取什么行动的，只需要发表事实上的声明就行了，理应不会遇到什么难题。问题是有关的体育组织如果拒不执行仲裁裁决，而这些裁决又不是能够通过强制行为予以执行，譬如禁赛处罚，那么处于不利一方的当事人应该采取一种什么样的救济手段呢？这是一个需要注意的问题，因为并没有任何迅速有效的办法来执行不受所在国约束的仲裁裁决。

（二）CAS 裁决的撤销与承认与执行是不同的

在谈到 CAS 仲裁裁决的承认与执行问题时，需要明确区分的是 CAS 仲裁裁决的撤销问题，它们之间应当有着明显的区别。位于瑞士洛桑的 CAS 是一个根据瑞士法律成立的国际民间仲裁机构，其裁决对当事人具有约束力，不满意 CAS 裁决的当事人，如果不想立即执行该裁决并对其提出异议，一般认为有两种选择：或者向瑞士联邦法院提起撤销 CAS 裁决的诉讼请求；或者在瑞士以外的国家提起拒绝承认与执行 CAS 仲裁裁决的诉讼请求。前者只能在瑞士国内进行，其根据是 PILA；而如果到瑞士以外的国家提起拒绝承认与执行之诉且对方是《纽约公约》成员国，则需要根据该公约的有关规定进行审查以确定是否承认与执行。如果双方中的一个或都不是《纽约公约》缔约国，那么裁决的承认与执行要根据有关国家之间的司法协助协议，或者互惠原则进行。

关于 CAS 仲裁裁决的撤销问题，根据 PILA 第 190 条的规定，只有在非常有限的情况下瑞士联邦法院才可以撤销 CAS 裁决，譬如仲裁庭组成不合理，仲裁庭没有管辖权，仲裁庭超越管辖权，当事人没有得到公平的待遇，当事人的公平听证权没有得到尊重，以及有关仲裁裁决违反瑞士公共政策等。另外，《纽约公约》第 5（2）条规定“裁决地所在国或裁决所依据法律之国家之主管机关”有权撤销或停止执行仲裁裁决，也就意味着原则上只有瑞士联邦法院才有权撤销 CAS 仲裁裁决，因为 CAS 仲裁裁决所依据的法律主要是有关国际体育组织所在地的法律，而在大多数情况下就是瑞士法律。

（三）CAS 裁决之国籍

首先一个需要明确的问题是《纽约公约》的适用范围。根据《纽约公约》第 1 条的规定，公约适用于“请求承认及执行地所在国以外之缔约国国家领土内做出的仲裁裁决的承认与执行”，因此，只有外国国籍的仲裁裁决才有可能在本国法院提出承认与执行的请求问题，而某仲裁裁决是否是国际仲裁裁决取决于请求承认与执行地国家的法律规定。如当事人在美国法院提起承认与执行 CAS 裁决的诉讼以前，必须承认 CAS 裁决为非美国籍裁决，也即瑞士裁决。

根据有关规则规定，CAS 仲裁的法定地点是瑞士洛桑，不管 CAS 仲裁的实际开庭地点和作出裁决的地点是在瑞士还是其他的国家，也不管有关裁决是由瑞士洛桑的 CAS 普通仲裁庭和上诉仲裁庭作出的还是在奥运会、英联邦运动会等举办地的临时仲裁庭作出的，其法律上的仲裁所在地都是瑞士洛桑，因此这些 CAS 裁决的国籍都是瑞士国籍，故对于瑞士以外的其他国家包括美国而言，CAS 裁决都是外国裁决（瑞士籍裁决），因此其裁决的承认与执行程序就要按照《纽约公约》的规定进行。

（四）CAS 裁决的效力和司法审查

国际体育仲裁理事会制定的 CAS《体育仲裁规则》第 R59 条指出：“自 CAS 办

公室将有关裁决通知到当事人时就对其当事人有终局性和约束力。如果当事人在瑞士没有住所、习惯居所或者营业地，以及在仲裁协议尤其是仲裁开始后的协议中明确放弃撤销仲裁裁决的诉讼程序，则不得提起撤销仲裁裁决的诉讼以抗辩 CAS 裁决。”因此，原则上不允许当事人对仲裁裁决提起上诉或者司法审查，只有在非常有限的几个理由的情况下才可以提出 CAS 裁决的撤销、承认与执行问题。

尽管 CAS 仲裁规则没有对仲裁裁决的司法审查作出规定，但是由于 CAS 仲裁的法定地点是瑞士洛桑，根据 PILA 第 191 条，除非当事人另约定由仲裁庭所在地的州法院代替联邦最高法院，否则撤销裁决的请求仅得向联邦最高法院提出。因此，当事人在收到仲裁裁决之日起 30 日内有权而且只能向瑞士联邦法院提起撤销 CAS 裁决的上诉请求。如果向其他国家的法院提起撤销 CAS 裁决之诉，即使该法院宣称对有关争议享有管辖权，但是法院救济的有效性还是值得怀疑，因为国际体育组织可能不在该国的管辖范围之内，因此不需要遵守法院地国有关撤销仲裁裁决的规定。譬如在雷诺兹（Reynolds）案中，国际田联拒绝执行美国最高法院作出的允许雷诺兹参加巴塞罗那奥运会的判决。最终法院判决俄亥俄州法院不能对雷诺兹行使属人管辖权，有关陪审团的裁决无效。类似情况是，在加特林（Gatlin）提起的撤销 CAS 裁决的诉讼中，国际田联拒绝参加美国法院的诉讼程序。[1]

另外，CAS 裁决的终局性并不能排除《纽约公约》的适用，其主要涉及 CAS 裁决在瑞士以外的承认与执行问题。《纽约公约》成员国有根据该公约执行 CAS 裁决的义务。但是无论是依据 PILA 还是纽约公约的规定，撤销 CAS 裁决以及拒绝承认和执行 CAS 裁决的情形都非常有限，而且都和仲裁庭的组成、正当程序和公平听证权以及公共政策密切相关。

二、拒绝承认与执行 CAS 裁决的根据

根据《纽约公约》第 5 条的规定，拒绝承认与执行外国仲裁裁决的理由既可以由当事人向申请承认与执行地之主管机关提出，也可由申请承认及执行地所在国之主管机关自行认定。前者大都属于违反程序性的争议问题，由当事人自己提出；后者则多认为属于实体事项，由有关法院自己认定。当然，当事人也可以把两者规定的根据都作为拒绝承认与执行外国仲裁裁决的理由，或者说，在存在仲裁裁决的情

---

〔1〕 See Reynolds v. IAAF, 23 F. 3d 1110, 1111 (6th Cir. 1994); Gatlin v. USADA, 2008 WL 2567657 (N. D. Fla. 2008).

况下，除非被告能够成功提出《纽约公约》第5条规定的拒绝执行仲裁裁决的理由之一，否则就要确认该仲裁裁决的效力。具体来说，当事人根据《纽约公约》提出拒绝承认与执行国际体育仲裁裁决的抗辩理由主要如下：

（一）仲裁协议无效

《纽约公约》第5（1）（a）条规定了拒绝承认外国仲裁裁决的程序抗辩问题，即“仲裁协议之当事人依对其适用之法律为无行为能力情形者，或该项协定依当事人作为协定准据之法律系属无效，或未指明以何法律为准时，依裁决地所在国法律系属无效者”。换句话说，依据有关适用的法律（准据法），如果仲裁协议无效，就可以拒绝承认与执行CAS裁决。但是根据绝大多数国际体育组织章程的规定，参加国际性体育赛事以及奥运会等大型赛事的当事人都有义务将有关争议提交CAS仲裁并将其作为参赛的先决条件，否则就可能不具备参赛的资格，因此虽然CAS仲裁带有某种程度的强制性，当事人可能会对其提出异议，但是越来越多的国际体育组织和某些国家的国内体育协会在其章程或者条例中规定CAS仲裁条款表明，CAS仲裁的强制性已经不复存在，甚至在某种程度上可以说是国际体育领域的国际惯例，是正在形成中的体育习惯法的一部分。而且，即使有对CAS管辖权或者其仲裁根据提出抗辩的请求，也很少能够获得成功，除非当事人能够证明有关体育组织规定的仲裁条款严重不合理，但是以管辖权问题提起拒绝承认与执行之诉求仍然是最主要的提出异议的理由。[1]

在美国，质疑仲裁协议有效性的请求几乎不可能获得支持。根据美国最高法院的司法实践，对仲裁协议有效性的抗辩是一个非常特殊的难题，因为法院认为美国的公共政策强烈支持仲裁。[2] 类似情况是，根据瑞士和国际仲裁法，CAS仲裁已经被合法承认为一个中立的裁决机构，因此对仲裁协议有效性的抗辩获得成功的可能性也非常低。但是其他仲裁机构裁决的体育争议也有因为仲裁协议无效而被美国法院拒绝承认与执行的。譬如莫斯科迪纳摩俱乐部案，[3] 美国联邦哥伦比亚地区法院指出其对原告俱乐部提出的要求承认和执行俄罗斯冰球联盟仲裁裁决的请求没有管辖权，主要原因是没有充分有效的证据证明当事人之间缔结有书面的仲裁协议。法院首先需要审查的问题是当事人提供的证据是否构成《纽约公约》第2条意义上的

〔1〕 黄世席：《国际体育仲裁管辖权的新发展》，载《体育与科学》2011年第9期。

〔2〕 See *Buckeye Check Cashing, Inc. v. Cardegna*, 546 U. S. 440, 443 (2006).

〔3〕 *Moscow Dynamo v. Alexander Ovechkin*, 412 F. Supp. 2d 24 (D. D. C. 2006).

"将与某一确定法律关系有关的所有争议提交仲裁的书面协议"，即需要确定2004～2005赛季与迪纳摩俱乐部的合同、2005～2006赛季与阿凡佳德（Avangard）的合同以及有关该赛季要约的往来函件是否构成将争议提交仲裁的换文。由于俱乐部不能够提供有效的证据证明被告承诺将有关争议提交仲裁的协议，有关证据并不是"明确合理的承诺表示"。因此法院裁定自己没有管辖权，驳回俱乐部的请求。

（二）仲裁庭侵犯了当事人的正当程序和公平听证权

根据《纽约公约》第5（1）（b）条，当事人未接获关于指派仲裁员或进行仲裁程序之适当通知，或因他故致未能申辩者，可以拒绝承认和执行有关的仲裁裁决。在英美法系国家，这是一个公认的正当程序抗辩，而在大陆法系国家则是自然正义原则的遵守问题。在美国，有关问题是体育组织能否因为其性质（国家机关或者民间组织）而受到国家宪法规定的正当程序权的保护。在德弗兰茨案中，地区法院判决因为政治抵制而被剥夺参加莫斯科夏季奥运会的运动员所享有的宪法权利没有受到侵犯，因为USOC并不是一个可以被诉违宪的国家机构。[1] 以兴奋剂为例，美国反兴奋剂机构以及政府部门签字批准《反兴奋剂国际公约》的行为重新激起兴奋剂仲裁是否涉及国家行为以及随之而来的运动员是否享有正当程序和其他宪法保障权利等争论。[2] 如果答案是肯定的，那么问题就是CAS规定的程序和保障措施能否有必要满足这个标准。对此问题，美国法院的观点不一。尽管如此，需要指出的是，正当程序已经发展为一项一般法律原则，世界上所有国家的政府部门在颁布立法以及作出裁决时都应当遵守该项原则。同理，国内外体育组织在制定自己内部规章以及作出裁决时也要尊重当事人享有的正当程序和公平听证权，否则就有侵犯当事人享有的基本权利之嫌疑。

（三）仲裁庭的组成有问题

根据《纽约公约》第5（1）（d）条，仲裁庭之组成或仲裁程序与当事人之协议不符，或无协议而与仲裁地所在国法律不符者，可以拒绝承认与执行其做出的仲裁裁决。CAS《体育仲裁规则》第R33条要求仲裁员必须公正以及披露任何可能影响其独立性的情形；第R54条对仲裁庭的资格和程序性问题作了指导性规定。如果

---

〔1〕 *De Frantz v. U. S. Olympic Comm.*, 492 F. Supp. 1181 (D. D. C. 1980).

〔2〕 Michael Straubel, *The International Convention against Doping in Sport: Is It the Missing Link to USADA Being a State Actor and WADC Coverages of U. S. Pro Athletes*, 19 (1) Marquette Sports Law Review 63 (2008).

仲裁庭的组成没有遵守这些规定，就有可能产生腐败或者渎职之嫌疑。

2006年，美国自行车运动员L因为涉嫌服用兴奋剂而被美国反兴奋剂机构和国际自联禁赛，该争议上诉至美国仲裁协会仲裁后，L不服又向CAS提起上诉仲裁，后者裁决维持对其禁赛2年和10万美元的处罚。[1] L向美国洛杉矶地区法院上诉要求撤销CAS裁决，指出作出裁决的仲裁员是不公平的，存在利益冲突。尤其是，审理本案的三个仲裁员的身份经常互换，有时是仲裁庭成员，有时是代理当事人到CAS申请仲裁的律师，因此有可能作出对对方有利的裁决。另外，L指出10万美国的处罚裁决是惩罚性的。[2] 后L和美国反兴奋剂机构达成和解协议后撤销上诉请求。CAS针对此批评的反应是，在2010年1月1日修改生效的规则禁止了CAS仲裁员同时担任CAS仲裁的当事人的代理人。

（四）仲裁庭越权仲裁

仲裁庭在进行仲裁时超越仲裁协议规定的事项即为越权仲裁。CAS仲裁的实践表明其管辖权非常宽泛，几乎包括所有与体育运动有关的争议，尤其是国际性体育争议。但是，某一个具体案件的仲裁庭的管辖权还是受制于仲裁协议当事人的约束和授权。譬如兰蒂斯在其撤销CAS裁决的上诉请求中指出，仲裁庭在对仲裁协议中没有规定的运动员进行金钱处罚方面超越了其管辖范围。[3] 法院并没有对CAS的处罚权是否明晰以及越权问题进行阐述，但是仍然指出应当根据奥林匹克和世界反兴奋剂机构等规则对CAS裁决进行审查以确定是否在授权范围之内。

（五）体育争议的可仲裁性问题

《纽约公约》第5（2）（a）条规定请求承认及执行地所在国之主管机关认定依该国法律争议事项系不能以仲裁解决者，得拒不承认及执行仲裁裁决。对大多数国家的国际性运动员来说，认为体育争端不可仲裁的抗辩基本上得不到有关法院的支持，一些国家甚至专门在仲裁组织的规则中规定体育争议的仲裁性，譬如美国仲裁协会专门将仲裁作为解决体育争议的一种方式。

需要注意的是，在职业运动员签署劳动合同的问题上，有些国家的法律明确规

---

〔1〕 CAS 2007/A/1394 *Landis v. U. S. Anti – Doping Agency* (*Landis II*), award of June 30, 2008.

〔2〕 *Motion to Vacate Arbitration Award*, *Landis v. U. S. Anti – Doping Agency* (*Landis III*), No. CV 08 – 6330 – PA (CWx) (C. D. Cal. Sept. 25, 2008).

〔3〕 *Motion to Vacate Arbitration Award*, *Landis v. U. S. Anti – Doping Agency* (*Landis III*), No. CV 08 – 6330 – PA (CWx) (C. D. Cal. Sept. 25, 2008).

定不允许将劳动合同提交仲裁，由此引起的一个问题就是，CAS 作出的涉及职业球员劳动合同争议的裁决可能在这些国家得不到承认与执行。譬如立陶宛上诉法院 2010 年判决拒绝承认和执行一个涉及职业篮球运动员要求俱乐部支付报酬的仲裁裁决。法院认为这类争议属于劳动争议，而根据立陶宛商事仲裁法，劳动争议不能够提交仲裁。因此根据《纽约公约》有关争议事项根据国内法不可仲裁的规定，法院拒绝承认和执行该仲裁裁决。[1]

（六）公共政策问题

《纽约公约》第 5（2）（b）条规定请求承认及执行地所在国之主管机关认定依该国法律承认或执行裁决有违该国公共政策者，亦得拒不承认及执行仲裁裁决。问题是，公共政策问题则是一个弹性较大且在不同国家和地区之间差距很大的一个概念，是否可以公共政策为由撤销仲裁裁决是由法院根据具体案情自由裁量的事情，当然当事人的主要责任就是提出证据证明有关仲裁裁决违反法院地国的公共政策。因为对公共政策一词的理解和含义不一，把“公共政策”作为拒绝承认与执行外国仲裁裁决的理由在不同国家之间可能会有很大的分歧，因此对公共政策的解释也通常会产生冲突。尽管如此，其仍然是最主要的一种拒绝承认与执行外国仲裁裁决的根据。不过对于 CAS 裁决而言，CAS 程序规则把瑞士作为上诉的唯一地方限制了其他国家法院对公共政策问题的理解，因此在分析公共政策时应当根据瑞士法律的规定进行探讨。

美国法院对“公共政策”抗辩采取严格限制性解释的态度，对于包括 CAS 裁决在内的外国体育仲裁裁决，如果当事人同意接受仲裁或者参加了仲裁程序，仲裁庭基本上都承认其效力。这些裁决与违反公共政策而拒绝执行非体育类的外国仲裁裁决请求案例是一致的，即只有在执行仲裁裁决将违反法院地国基本的道德和正义观念的前提下才能拒绝承认与执行外国仲裁裁决。[2] 换句话说，美国法院对公共政策基本上采取的是狭义解释，即仲裁裁决“必须违反基本的道德和正义观念”，即

---

〔1〕 Jurgita Petkutė, *Lithuanian Courts will Recognize and Enforce the Sports Arbitration Awards*, Mondaq（1 September 2011）, https://www.mondaq.com/arbitration - - dispute - resolution/138960/lithuanian - courts - will - recognize - and - enforce - the - sports - arbitration - awards.

〔2〕 Matthew J. Mitten, *Judicial Review of Olympic and International Sports Arbitration Awards: Trends and Observations*, 10 Pepperdine Dispute Resolution Law Journal 51（2009）.

使“武断的和反复无常的仲裁裁决”也不符合这个标准。[1] 因此，美国法院受理拒绝承认和执行 CAS 裁决的时候，当事人要求提供违反美国公共政策的举证责任就非常高。

在较早的案件中，美国联邦第七巡回上诉法院拒绝撤销对美国田径运动员 S 因为服用兴奋剂而处罚的仲裁裁决，原因是该运动员尿样中的睾酮/表睾酮（T/E）比值大于国际田联允许的 6∶1 的水准。国际田联规则规定超高标准的 T/E 就可以推定有关运动员服用了禁用的外源性睾酮，除非该运动员有明确可信的证据表明超高比值是由其体内病理或者生理条件自然产生的，但是 S 并没有试图证明这个问题。相反，S 指出，承认与执行 CAS 仅仅依据超高比值的 T/E 就作出的兴奋剂违规行为的裁决将有违美国的公共政策，因为其适用的兴奋剂检测标准在科学上是无效的并且歧视女性。法院承认《纽约公约》规定的公共政策抗辩的适用范围“非常狭窄”，需要证明有关的仲裁裁决违反最基本的道德和公正理念，并且其执行将会意味着要根据法律、先例判决以及一般假想公共利益的角度考虑是否存在违反基本法律原则的行为。法院指出，目前的科技水平还不能检测到人体内是否存在外源性睾酮，因此在运动员的尿样内含有较高标准的 T/E 比值时，国际田联适用可反驳的推定原则确定运动员是否服用睾酮。如果不适用可反驳的推定原则，在缺少目击者证明的情况下，不可能裁定运动员服用睾酮。直到该裁决作出时，法院确信，要求运动员提供明确可信的证据证明其体内超高标准的 T/E 比值是由其体内的生理或者病理因素产生的原因并不能被认为违反美国的公共政策而成为拒绝执行仲裁裁决的理由。[2]

在罗马尼亚球员 M 案中，M 声称根据《纽约公约》第 5（2）（b）条的规定，执行该仲裁裁决将有违美国的公共政策。本案中，有关裁决包括未偿还的转会费、签字费和经纪费是毫无异议的，而其与 M 违约所导致的实际损失是有相当关联的。CAS 把仲裁裁决与实际损失合理地联系在一起，指出切尔西俱乐部为确保获得 M 已经向转出 M 的前俱乐部支付了巨额的费用，如果该球员单方面违约俱乐部将遭受巨额损失。M 指出赔偿金数额的计算必须与因为违约所导致的实际损失有合理的联系；否则该条款就是违约的惩罚性条款，是违反公共政策的。地区法院判决 CAS 裁决在计算实际赔偿时把实际的花费计算在内并不有违公共政策，因为“仲裁员的计

---

〔1〕 *Gatlin v. U. S. Anti - Doping Agency, Inc.*, No. 03: 08 - cv - 241/LAC/EMT, 2008 WL 2567657, at* 1 (N. D. Fla. June 24, 2008); Slaney v. Int'l Amateur Athletic Fed'n, 244 F. 3d 580, 593 (7th Cir. 2007).

〔2〕 *Slaney v. Int'l Athletic Amateur Fed'n*, 244 F. 3d 580 (7th Cir.), cert. denied, 534 U. S. 828 (2001), pp. 593 - 594.

算结果可能有误，也有可能根据没有支持根据，也有可能理由不佳甚至有点愚蠢。然而，这不是法院所能干涉的问题"。仲裁裁决有关实际损失的计算并不是太不公正以至于强制执行可能有违基本的道义和公众理念。根据向帕尔马支付的转会费以及向 M 支付的奖金或工资数额来确定实际的损失体现的并不是惩罚性的问题，该计算方法与 M 违约所导致的实际损失有关，这并不有违公共政策（见本章参考案例三）。

前述六种情况是《纽约公约》规定的拒绝承认与执行外国体育仲裁裁决的主要理由，虽然《纽约公约》第 5（1）条规定当事人可以提出程序上的抗辩理由，而法院自己则可以根据第 5（2）条在实体问题上（争议标的能否以仲裁方式解决以及执行仲裁裁决是否违反法院地国的公共政策）提出某些抗辩，但是在实践中当事人可以提出所有的抗辩根据以拒绝承认和执行有关的体育仲裁裁决。对国际体育运动中的当事人来讲，其面临的问题尤为特殊，因为在一国法院拒绝承认和执行的体育仲裁裁决并不意味着裁决赢方当事人以及有关的国际和外国体育组织也会拒绝承认和执行，而且国际体育赛事的特殊性往往要求有关的国际体育组织在承认相关运动员的参赛资格的前提下允许该运动员参加该体育组织主办的国际赛事。因此有时候虽然当事人达到了拒绝承认与执行有关仲裁裁决的目的，但是也可能因此付出了不能再参加有关体育活动的代价。譬如兰蒂斯案，即使兰蒂斯成功在美国法院撤销了 CAS 仲裁裁决，接下来的问题还是未知数。撤销仲裁裁决的判决并不必然能够推翻 CAS 仲裁裁决，即使美国自行车协会执行了拒绝执行 CAS 裁决的判决，但是并不必然能够对国际自联产生效力，兰蒂斯能否参加国际自联主办的赛事还是未知数，因此，拒绝承认与执行 CAS 仲裁裁决的效果还是不确定的。

三、拒绝承认与执行 CAS 裁决的实证经验

国际体育仲裁裁决的撤销和拒绝承认与执行是两个不同的问题，前者一般是由仲裁机构所在地的法院根据本国仲裁法律决定是否撤销，而后者则是申请承认与执行地国家的有关法院根据《纽约公约》第 5 条规定的标准决定是否承认与执行。而无论是体育仲裁裁决的撤销还是拒绝承认与执行，其法律根据都涉及仲裁协议无效、仲裁庭组成不合理、仲裁庭越权仲裁、违反正当程序、争议问题根据本国法律为不可仲裁者以及违反公共政策等问题。

在对 CAS 裁决的司法审查以及承认与执行问题上，美国、瑞士和欧盟法院采取的做法不一致。美国和瑞士法院一般不对 CAS 裁决和国际体育组织规定进行严格的

实体审查，除了个别案例外，基本上都会承认 CAS 裁决的效力和尊重国际体育组织制定自己规则的自治权。而欧盟法院采取的则是截然相反的做法，通常会应当事人请求对体育仲裁裁决和国际体育组织的规则进行是否符合欧盟法律的审查，并提出修改的建议，譬如国际足联的球员合同期满无偿转会制度字在很大程度上就受到了欧洲法院博斯曼（Bosman）判决的影响。在目前不断发展的体育习惯法的影响下，基于全球统一适用的需要，除了审查标准应趋于一致外，还应不断加强体育习惯法理论以及 CAS 裁决的实证研究（见本章参考案例四）。

需要注意的是，瑞士以外其他国家的法院所作出的拒绝承认和执行 CAS 裁决的判决并不必然就能够使得有关的运动员可以自由参加国外的赛事，重要的是，决定运动员参赛资格的机构是体育组织而不是法院。由于绝大多数国际体育组织总部都是设在瑞士，其通常并不需要遵守瑞士以外的国家法院颁布的撤销令，因此当运动员依靠其在世界各地参赛谋生时，某一国家的裁决措施对其几乎没有任何后果。尤其是因为兴奋剂而对某一运动员进行纪律处罚措施时，运动员的选择非常有限，其只能向瑞士联邦法院提起撤销的诉讼请求。即使瑞士联邦法院根据 PILA 第 190（2）条法律规定的有限的几个理由撤销了 CAS 裁决，有关争议还是要送回 CAS 处理。总之，运动员参加国际体育赛事的参赛资格和违纪处罚的最终决定权在于 CAS。因此，和到瑞士以外的国家提起拒绝承认和执行 CAS 裁决诉讼相比，也许到瑞士联邦法院提起撤销之诉是更为恰当的选择。

参考案例

一、国际体育仲裁裁决的撤销：巴西球员案

案例来源：Decision 4A_ 558/2011, Federal Supreme Court of Switzerland.

这是一个有利于巴西球员的里程碑式的判决。该球员因为违约而被国际足联裁决支付相关俱乐部巨额赔偿，其上诉 CAS 后没有得到有利于自己的裁决，又上诉瑞士联邦法院，要求后者以违反公共政策为由撤销 CAS 裁决。2012 年 3 月 27 日，瑞士联邦法院以违反公共秩序为由废除国际足联裁定，理由如下：

首先，威胁球员若不支付赔偿金将无限期禁赛的做法明显侵犯和限制了个人的基本权利。根据《瑞士民法典》第 27（2）条，如果因为受雇主武断的行为所操纵，雇员被迫放弃自己的经济自由或者阻碍其行使经济自主权，其结果导致其经济自主的根基受到严重损害，这种通过合同阻碍某人的经济自由的做法就被认为是过

度。公共政策并不必然被认为仅仅是不合法的问题，应当更多地从限制性而不是武断的角度对违法行为进行评估，当其明显并且严重侵犯个人隐私时就有点过度，有违公共政策。

其次，国际足联有关裁决忽略了法律规定的基本界限，并将威胁到上诉人的经济生活。作为职业球员，上诉人违反了其对有关俱乐部所应承担的义务，因此应当向俱乐部支付赔偿金。国际足联和CAS作出的处罚如果仍然没有执行，可以采用执行赔偿金的民间执行方法。仅仅因为债权人的简单诉求就禁止上诉人从事与足球有关的一切活动直至其偿还1100万欧元的赔偿金和利息，这种做法仅仅维护了国际足联会员的利益，通过球员履约也间接维护了体育协会的利益。如果能促使上诉人支付有关赔偿金，对其经济自由的侵犯也是合理的，然而如果上诉人合理地指出其不能支付全部的赔偿金，利用处罚达到直接目的即支付赔偿金的合理性就有问题。事实上，禁止上诉人继续从事足球活动将会剥夺上诉人利用传统活动获得经济收入以便能够偿付债务的能力。另外，国际足联的处罚对于执行仲裁裁决不是必需的，申请人的前雇主可以利用《纽约公约》的规定要求执行有关的CAS裁决，因为大多数国家都是该公约的缔约国，包括上诉人目前的住所所在地意大利。

最后，从利益平衡的角度来讲，国际足联利用这种方法试图强制执行的利益与严重侵犯上诉人私权的行为并不相称。就重要性而言，球员有义务遵守与雇主合同的抽象目标明显弱于上诉人任何时候都不能在世界各地从事足球运动的职业禁令的措施。总之，禁赛所能够取得的利益并不足以达到可以合理地严重侵犯球员权利的程度。鉴于CAS裁决施加的处罚问题，法院认为CAS作出的维持国际足联禁赛裁决的裁定明显和严重侵犯了上诉人的权利，也有违PILA第190（2）（e）条规定的公共政策。

本案是因为违反实体性公共政策而被撤销仲裁裁决的第一个案例，因此在国际体育仲裁乃至国际体育法的发展过程中，该判决具有重要的甚至可以说是里程碑式的作用。另外，该案主要援引《瑞士民法典》第27条规定进行分析，并把其作为违反公共政策的主要根据，其意味着公共政策分析并不像瑞士最高法院所期望的那样具有国际性。该条规定的权利性质上是经济性的，但是违反该条规定所带来的后果是严重限制对个人尊严的侵犯。换句话说，严重违反《瑞士民法典》第27条规定是瑞士最高法院开始以实体原因撤销仲裁裁决的一个合理理由，[1] 因为其实质上

---

〔1〕 Phillip Landolt, *Annulment of Swiss International Arbitration Awards for Incompatibility with Substantive Public Policy: First Annulment in over Twenty Years*, 27 MEALEY'S International Arbitration Report 4 (2012).

间接侵犯了当事人的经济权益。

二、国际体育仲裁裁决的撤销：马德里竞技俱乐部诉本菲卡俱乐部案

案例来源：CAS 2009/A/1765 Sport Lisboa E Benfica v. Club Atlético de Madrid SAD & FIFA, award of 9 September 2009；Decision 4A_ 490/2009, Judgment of the Swiss Federal Tribunal, 13 April 2010.

2010年4月，瑞士联邦法院第一次以公共政策为由撤销了CAS作出的葡籍球员丹尼尔（Daniel）的培养费争议裁决，法院撤销该裁决的理由是其违反“已决之案”（*res judicata*）的原则。具体案情为，2000年，葡萄牙本菲卡俱乐部和该球员签订合同履行3个月后终止，年底该球员与西班牙马德里竞技俱乐部（以下简称马竞）签订了合同。本菲卡俱乐部上诉国际足联要求支付补偿金胜诉，马竞上诉至苏黎世商事法院，法院判决国际足联裁决无效，因为其裁决的依据（即1997年的球员转会条例）违反了欧盟和瑞士的竞争法。该法院判决中，本菲卡俱乐部不是当事人。2004年，本菲卡俱乐部又向国际足联提出赔偿请求，后被拒绝。本菲卡俱乐部遂上诉至CAS，2009年CAS裁决支持本菲卡俱乐部的请求，裁定马竞赔偿本菲卡俱乐部40万欧元。马竞将该裁决上诉至瑞士联邦法院。瑞士联邦法院判决指出，“已决之案”原则是程序性公共政策的一部分，瑞士联邦法院在以前的判决中已经阐述了该原则；苏黎世商事法院的判决合法，可以强制执行；CAS裁决忽略了苏黎世商事法院判决的基本事实，其行为违反了“已决之案”原则，因此违反了程序性公共政策。这是瑞士联邦法院第一次以公共政策为由撤销仲裁裁决。具体到本案而言，在瑞士联邦法院受理案件之前，苏黎世商事法院已经作出了生效的判决，因此问题就是CAS的仲裁程序是否违反“已决之案”原则。

“已决之案”涉及的是相同当事人之间的同一争议出现了两个彼此冲突的裁决。而在两个有关的裁决不涉及相同当事人的情况下，只有非常有限的案例才可以适用“已决之案”原则。本案中，发生冲突的两个判决涉及的是不同的当事人。第一，苏黎世商事法院判决程序的当事人是马竞俱乐部和国际足联，该判决涉及第三人（本菲卡俱乐部）的利益。争议发生时国际足联还没有承认CAS的管辖权，因此没有一个可以对国际足联裁决进行上诉审查的仲裁机构。根据《瑞士民法典》第75条的规定，对国际足联裁决有异议只能向该协会所在地瑞士苏黎世的法院提起上诉请求。第二，CAS仲裁程序的当事人是本菲卡俱乐部和马竞俱乐部。但是根据瑞士法，法院作出的宣告某社团裁决无效的判决对该社团的成员具有约束力。因此，法

院作出的撤销国际足联裁决的判决不仅对参加诉讼的当事人（国际足联和马竞）有效，对国际足联的所有俱乐部会员（包括本菲卡俱乐部）都具有等同的约束力。对于属于同一协会的两个俱乐部会员之间的争议而言，如果前后两个裁决涉及相同的争议内容，该判决就具有“已决之案”的效果。

该案是由瑞士联邦法院撤销的第四起CAS裁决，也是瑞士联邦法院第一次运用公共政策保留理论撤销仲裁裁决，其意义非同凡响。作为CAS裁决的唯一上诉机构，瑞士联邦法院的判决对于指导体育仲裁前进的方向具有指导性的意义。尽管在大多数情况下瑞士联邦法院并没有撤销CAS裁决，但是其发布的判决意见也预示着CAS未来改革的指向，譬如CAS的独立性、仲裁员不能同时兼任律师的规则修改以及对兴奋剂严格责任原则的支持也具有一定程度的先见作用。因此，研究CAS仲裁裁决的撤销问题将会揭示CAS裁决的未来发展趋势，同时对国内体育组织与国际接轨也具有借鉴性的作用。

三、国际体育仲裁的承认与执行：M案

案例来源：CAS 2005/A/876 Adrian Mutu v. Chelsea Football Club, award of 15 December 2005; CAS 2006/A/1192 Chelsea Football Club Limited v. Adrian Mutu, award of 21 May 2007; CAS 2008/A/1644 Adrian Mutu v. Chelsea Football Club Limited, award of 31 July 2009; Decision 4A_ 458/2009, Judgment of Swiss Federal Court, 10 June 2010; Chelsea Football Club Limited v. Adrian Mutu, 849 F. Supp. 2d 1341 (S. D. Fla. 2012).

2003年8月，英超切尔西俱乐部从意大利帕尔马转入罗马尼亚籍球员M，支付转会费2250万英镑以及83万英镑签字费和经纪费，合同规定每年支付其235万英镑年薪。后M服用可卡因被俱乐部终止合同，其诉至英超后对裁定不服，又上诉至CAS，但被裁定无管辖权而驳回。

2006年5月，切尔西上诉国际足联要求M赔偿。最初，国际足联裁定认为自己没有管辖权，切尔西上诉至CAS要求撤销国际足联决议获得支持，该争议发回国际足联重审。2008年5月，国际足联裁决M应当赔偿切尔西17,173,990欧元并加5%的年利息，包括未偿还的转会费、签字费以及经纪费。M上诉CAS要求撤销国际足联裁决，理由是其不合理地适用了英国法，但被驳回。随后M上诉瑞士联邦法院要求撤销CAS裁决，但是也被法院裁定拒绝，但允许推迟执行仲裁裁决。

在用尽一切上诉手段后，仲裁胜方切尔西根据《纽约公约》规定向M不动产

所在地的美国佛罗里达南区法院提起执行请求，要求法院承认与执行CAS裁决。M声称根据《纽约公约》第5（2）（b）条规定，执行该裁决将有违美国的公共政策。M指出赔偿金数额的计算必须与因为违约所导致的实际损失有合理的联系；否则该条款就是违约的惩罚性条款，是违反公共政策的。地区法院判决CAS裁决在计算实际赔偿时把实际的花费计算在内并不有违公共政策，因为“仲裁员的计算结果可能有误，也有可能根本没有支持根据，也有可能理由不佳甚至有点愚蠢。然而，这不是法院所能干涉的问题”。仲裁裁决有关实际损失的计算并不是太不公正以至于强制执行可能有违基本的道义和公众理念。根据向帕尔马支付的转会费以及向M支付的奖金或工资数额来确定实际的损失体现的并不是惩罚性的问题，该计算方法与M违约所导致的实际损失有关，这并不有违公共政策。法院最后判决执行CAS裁决并不违反公共政策。M又上诉至美国联邦第十一巡回上诉法院，目前结果未知。

M案经历了一个完整的国际体育争议的解决机制，从国家体育协会到国际单项体育组织，再到CAS，然后上诉至瑞士联邦法院要求撤销CAS裁决被拒，俱乐部便开始根据《纽约公约》在美国法院提起承认和执行仲裁裁决的诉讼。该案表明，虽然国际体育仲裁裁决的执行主要依靠当事人的自动履行以及国际体育组织的强制执行，但是在当事人拒绝执行裁决或者已经退出体育圈的情况下，仲裁胜方当事人有可能根据有关国际公约规定寻求在瑞士以外的地区承认与执行CAS裁决。

四、国际体育仲裁裁决在中国的承认与执行

案例来源：辽宁省大连市中级人民法院，案号：（2017）辽02民初583号民事裁定（2018年8月1日）。申请人：胡某。申请人：阿某。被申请人：大连一某足球俱乐部有限公司。

2012年12月，阿根廷足球运动员古某向国际足联控告大连阿某足球俱乐部有限公司（以下简称阿某俱乐部）违反球员与俱乐部之间签订的合同。为此，2012年12月3日，阿某俱乐部与胡某、阿某（以下简称申请人）签订了一份《法律服务合同》，聘请其为委托代理人在国际足联应诉。后双方因法律服务费的支付发生争议，申请人根据《法律服务合同》中仲裁条款的约定向CAS提出书面仲裁申请。2015年9月17日，独任仲裁员对本案作出CAS2014/O/3791号裁决，支持了申请人的请求，该裁决经其签字后即行生效。2015年11月27日，阿尔滨俱乐部更名为“大连一方足球俱乐部有限公司”（以下简称一方俱乐部）。

在申请人向一方俱乐部多次主张权利无果的情况下，2017年9月申请人向辽宁

省大连市中级人民法院（以下简称大连中院）申请承认并执行CAS2014/O/3791号裁决。一方俱乐部认为，国际体育仲裁院缺乏管辖权，仲裁条款无效，且被申请人未收到CAS有效、适当通知，导致未能申辩。大连中院认为，仲裁机构是否有管辖权，并不属于《纽约公约》第5条第1款a项所列情形；并结合案件事实认为，CAS已根据《体育仲裁规则》的规定向被申请人进行了有效送达。因此，大连中院裁定承认CAS作出的仲裁裁决。

参考文献

一、专著

（一）中文专著

1. ［美］阿伦·古特曼：《从仪式到纪录：现代体育的本质》，花勇民等译，北京体育大学出版社 2012 年版。
2. 白桂梅主编：《人权法学》，北京大学出版社 2015 年版。
3. 第 29 届奥运会安全保卫工作协调小组办公室编著：《历届奥运会安全事件回顾》，中国人民公安大学出版社 2006 年版。
4. 高晓力：《国际私法上公共政策的运用》，中国民主法制出版社 2008 年版。
5. 韩德培主编：《国际私法新论》，武汉大学出版社 2003 年版。
6. 韩勇主编：《体育法学》，高等教育出版社 2022 年版。
7. 黄世席：《奥运会法律问题》，法律出版社 2008 年版。
8. 黄世席：《国际体育争议解决机制研究》，武汉大学出版社 2007 年版。
9. 黄世席：《欧洲体育法研究》，武汉大学出版社 2010 年版。
10. ［美］杰·科克利：《体育社会学——议题与争议》，管兵等译，清华大学出版社 2003 年版。
11. ［美］杰克·戈德史密斯、埃里克·波斯纳：《国际法的局限性》，龚宇译，法律出版社 2010 年版。
12. ［澳］K. 吐依、A. J. 维尔：《真实的奥运会》，朱振欢、王荷英译，清华大学出版社 2004 年版。
13. 李浩培：《国籍问题的比较研究》，商务印书馆 1979 年版。
14. 卢元镇主编：《体育社会学》，高等教育出版社 2018 年版。
15. 马宏俊主编：《体育法导论》，中国政法大学出版社 2021 年版。
16. 任海主编：《奥林匹克运动》，人民体育出版社 1993 年版。
17. 任海：《国际奥委会演进的历史逻辑：从自治到善治》，北京体育大学出版社

2013 年版。
18. 任海、拉马丁·达科斯塔、安娜·米拉加娅、赵卓:《奥林匹克研究读本》(第二卷),北京体育大学出版社 2016 年版。
19. [西] 胡安·安东尼奥·萨马兰奇:《奥林匹克回忆》,孟宪臣译,世界知识出版社 2003 年版。
20. 邵津主编:《国际法》,北京大学出版社、高等教育出版社 2000 年版。
21. 王铁崖主编:《国际法》,法律出版社 1995 年版。
22. 夏勇:《人权概念起源》,中国政法大学出版社 1992 年版。
23. 肖永平主编:《体育争端解决模式研究》,高等教育出版社 2015 年版。
24. 张爱宁:《平等和不歧视:弱势群体人权保护国际标准研究》,世界知识出版社 2022 年版。
25. 周爱光主编:《体育法学概论》,高等教育出版社 2015 年版。
26. 周鲠生:《国际法》(上册),商务印书馆 1981 年版。
27. 周青山:《体育领域反歧视法律问题研究》,武汉大学出版社 2015 年版。
28. 曾令良主编:《国际法学》,人民法院出版社 2003 年版。
29. 杨桦等:《2008 年奥运会提升中国国际地位和声望的研究》,中国法制出版社 2007 年版。
30. 俞可平:《论国家治理现代化》,社会科学文献出版社 2014 年版。

(二)英文专著

1. Aaron N. Wise, International Sports Law and Business, 1st Edition, Springer, 1997.
2. Alara Efsun Yazıcıoğlu, International Taxation Law in Sports Events: An Income Tax Analysis, Routledge, 2020.
3. Alan Thompson ed., Terrorism and the 2000 Olympics, Australian Defense Studies Center, Canberra, 1996.
4. Allen Guttmann, The Olympics: A History of the Modern Games, Urbana and Chicago: University of Illnois Press, 2002.
5. Antoine Duval, Antonio Rigozzi eds., Yearbook of International Sports Arbitration 2018 – 2020, T. M. C. Asser Press, The Hague, 2023.
6. Bart van der Sloot, Mara Paun and Ronald Leenes, Athletes' Human Rights and the Fight Against Doping: A Study of the European Legal Framework, The Hague: TMC

Asser Press, 2015.

7. Despina Mavromati and Matthieu Reeb, The Code of the Court of Arbitration for Sport: Commentary, Cases and Materials, Kluwer Law International, 2015.

8. Franck Latty, La Lex Sportiva, Recherche Sur Le Droit Transnational, Martinus Nijhoff Publishers (Brill), 2007.

9. Gabrielle Kaufmann – Kohler, Arbitration at the Olympics: Issues of fast – track disputes resolution and sports law, Hague, Netherlands: Kluwer Law International, 2001.

10. Ian S. Blackshaw, International Sports Law: An Introductory Guide, Netherlands: The TMC Asser Press, 2017.

11. James A. R. Nafziger, International Sports Law, New York: Translational Publishes Inc., 1988.

12. James A. R. Nafziger, Ryan Gauthier (eds.), Handbook on International Sports Law, Edward Elgar Publishing, second edition, 2022.

13. Johan Lindholm, The Court of Arbitration for Sport and Its Jurisprudence: An Empirical Inquiry into Lex Sportiva, T. M. C. Asser Press, The Hague, 2019.

14. Joseph Zajda (ed.), Globalisation, Comparative Education and Policy, Springer, 2024.

15. Matthieu Reeb ed., Digest of CAS Awards (1986 – 1998), Berne: Editions Stæmpfli SA, 1998.

16. Matthieu Reeb ed., Digest of CAS Awards Ⅱ (1998 – 2000), Kluwer Law International, 2002.

17. Matthieu Reeb ed., Digest of CAS Awards Ⅲ (2001 – 2003), The Hague: Kluwer Law Int'l, 2004.

18. Matthieu Reeb ed., CAS Awards – Sydney (2000), Lausanne: ICAS Publication, 2000.

19. Paolo Michele Patocchi & Matthias Scherer eds., The Swiss International Sports Arbitration Reports, JurisNet, LLC, USA, 2012.

20. Robert Knight Barney, Stephen Wenn and Scott G. Martyn, Selling the Five Rings: The International Olympic Committee and the Rise of Olympic Commercialism, USA: University of Utah Press, 2002.

21. Roger Blanpain, International Encyclopaedia of Laws: Sports Law, Kluwer Law Intl, 2004.

22. Stephen F. Ross, Advanced Introduction to Global Sports Law, Edward Elgar Publishing, 2021.

23. Walter Tokarski, Dirk Steinbach, Karen Petry and Barbara Jesse, Two Players – One Goal? Sport in the European Union, Oxford, UK: Meyer & Meyer Sport Ltd., 2004.

二、论文

(一) 中文论文

1. 白桂梅:《从国际法角度看国际恐怖主义的界定问题》,载《现代国际关系》2002 年第 10 期。

2. 郭丽姝:《足球史上意义非凡的比赛》,载《世界文化》2016 年第 12 期。

3. 郭树理:《2021 年实施版〈世界反兴奋剂条例〉之修订》,载《体育科研》2020 年第 2 期。

4. 韩勇:《世界反兴奋剂机构诉孙杨案法律解读》,载《体育与科学》2020 年第 1 期。

5. 黄世席:《奥运反恐与国际法》,载《北京政法职业学院学报》2005 年第 1 期。

6. 黄世席:《奥运会参赛运动员赞助协议中的法律问题》,载《法学》2008 年第 4 期。

7. 黄世席:《奥运会政治化之法律解读》,载《中国体育科技》2008 年第 4 期。

8. 黄世席:《奥运会转播权的法律问题》,载《华东政法大学学报》2008 年第 3 期。

9. 黄世席:《比例原则在兴奋剂违规处罚中的适用》,载《天津体育学院学报》2013 年第 2 期。

10. 黄世席:《从国际体育仲裁院的裁决看兴奋剂争议中的严格责任问题》,载《体育学刊》2006 年第 2 期。

11. 黄世席:《从国际体育仲裁院裁决谈体育运动国籍问题》,载《武汉体育学院学报》2007 年第 5 期。

12. 黄世席:《反对在体育运动中使用兴奋剂国际公约研究》,载《武汉体育学院学报》2006 年第 3 期。

13. 黄世席:《非政府间国际组织的国际法主体资格探讨》,载《当代法学》2000 年第 5 期。
14. 黄世席:《国际体育仲裁裁决的撤销与公共政策抗辩》,载《法学评论》2013 年第 1 期。
15. 黄世席:《国际体育仲裁管辖权的新发展》,载《体育与科学》2011 年第 9 期。
16. 黄世席:《国际体育运动中的人权问题研究》,载《天津体育学院学报》2003 年第 3 期。
17. 黄世席:《国际足联善治的法律解读》,载《体育科学》2016 年第 1 期。
18. 黄世席:《论国际奥委会的法律地位:一种国际法学的分析》,载《法学论坛》2008 年第 6 期。
19. 黄世席:《欧盟体育与法制的关系研究》,载《武汉体育学院学报》2009 年第 5 期。
20. 黄世席:《体育运动中的限制贸易抗辩及其对运动员权益的影响》,载《上海体育学院学报》2011 年第 4 期。
21. 黄世席:《兴奋剂检测中使用运动员生物护照的法律问题》,载《体育学刊》2011 年第 6 期。
22. 黄世席、李杰:《职业运动员国籍转换的特点与规制——对 2022 年北京冬奥会的思考》,载《天津体育学院学报》2021 年第 2 期。
23. 黄世席、魏伟:《国际篮联仲裁机制的发展与借鉴》,载《天津体育学院学报》2020 年第 6 期。
24. 霍传颂、郝勤:《新中国体育外交的转折:1976 年蒙特利尔争议——基于国外档案文献的他者视角考察》,载《广州体育学院学报》2023 年第 3 期。
25. 姜世波:《跨国民间法的兴起及其与国家法的互动》,载《甘肃政法学院学报》2012 年第 4 期。
26. 姜世波:《国际体育组织法律问责机制之缺失与对策——基于国际足联官员腐败案的思考》,载《西安体育学院学报》2016 年第 2 期。
27. 李辉:《新世纪国际奥委会法律地位的改变》,载《体育与科学》2002 年第 6 期。
28. 李智、王俊晖:《兴奋剂违规认定:“严格责任”还是“过错责任”——以〈世界反兴奋剂条例〉条款 2.5 为视角》,载《福州大学学报(哲学社会科学版)》2022 年第 1 期。

29. 刘波：《原民主德国竞技体育体制分析与评价》，载《上海体育学院学报》2017年第5期。
30. 刘雪芹：《〈世界反兴奋剂条例〉的修改与运动员人权的保障》，载《天津体育学院学报》2014年第4期。
31. 任海：《论国际奥委会的改革》，载《体育科学》2008年第7期。
32. 任海：《新残疾观视域中的残疾人体育》，载《体育学研究》2022年第2期。
33. 任慧涛：《善治：奥林匹克运动及全球体育秩序新起点？——从任海教授〈国际奥委会演进的历史逻辑〉谈起》，载《天津体育学院学报》2014年第6期。
34. 任慧涛：《体育治理：英国经验与中国镜鉴》，载《体育与科学》2015年第1期。
35. 王嘉禹、赵美萍：《基因兴奋剂检测方法研究进展》，载《分析科学学报》2019年第6期。
36. 王理万：《体育运动与国家认同问题的理论展开和中国语境》，载《上海体育学院学报》2019年第3期。
37. 王利明：《法治：良法与善治》，载《中国人民大学学报》2015年第2期。
38. 王润斌、姜勇：《国际足球政治的潜规则与治理之道》，载《体育学刊》2012年第1期。
39. 王润斌、肖丽斌：《“抵制北京冬奥会”的理论批驳与实践应对》，载《武汉体育学院学报》2022年第2期。
40. 袁古洁：《国际体育法发展的趋势与特点》，载《体育学刊》2014年第22期。
41. 汪习根：《发展权法理探析》，载《法学研究》1999年第4期。
42. 徐翔：《体育权：一项新兴人权的衍生与发展》，载《体育学刊》2020年第4期。
43. 于亮：《〈奥林匹克宪章〉的解释权和修改权之辨——以里约奥运会难民代表队的参赛为例》，载《体育学刊》2018年第6期。
44. 喻海松：《兴奋剂犯罪刑法规制的基本问题——以〈中华人民共和国刑法修正案（十一）〉的相关规定为中心》，载《体育科学》2021年第11期。
45. 章百家：《改变自己影响世界——20世纪中国外交基本线索刍议》，载《中国社会科学》2002年第1期。
46. 张昕：《女性与奥林匹克运动》，载《大连大学学报》2001年第5期。
47. 钟秉枢等：《奥林匹克品牌的法律保护及中、美、澳三国间的比较》，载《武汉体育学院学报》2006 年第 6 期。

48. 周安平：《善治与法治关系的辨析——对当下认识误区的厘清》，载《法商研究》2015 年第 4 期。

49. 周青山、梁婧：《论兴奋剂违规处罚抗辩中的非故意证明新路径》，载《体育科学》2022 年第 5 期。

（二）英文论文

1. Alexis Schoeb, Caselaw of the Swiss Federal Tribunal on appeal against CAS awards (2020 - 2023), (1) CAS Bulletin 33 (2024).

2. Alfonso Valero, In Search of a Working Notion of Lex Sportiva, 14 (1 - 2) International Sports Law Journal 3 (2014).

3. Annette Schrauwen, Olympic Citizenship and the (Un) Specialness of the National Vest: Rethinking the Link between Sport and Citizenship Law, 10 (2) International Journal of Law in Context 143 (2014).

4. Antonio Rigozzi, Challenging Awards of the Court of Arbitration for Sport, 1 (1) Journal of International Dispute Settlement 217 (2010).

5. Arnout Geeraert, Football is War: the EU's Limits and Opportunities to Control FIFA, 1 (2) Global Affairs139 (2015).

6. Chantalle Forgues, A Global Hurdle: The Implementation of an International Nondiscrimination Norm Protecting Women from Gender Discrimination in International Sports, 18 Boston University International Law Journal 247 (2000).

7. Christopher Boog, Letícia Morais, Revision of Arbitral Awards before the Swiss Federal Supreme Court: Procedural Aspects, 41 (2) ASA Bulletin 292 (2023).

8. Christoph Vedder, The International Olympic Committee: An Advanced Non - Governmental Organization and the International law, 27 German Yearbook of International Law 233 (1984).

9. Daniela Heerdt, Tapping the potential of human rights provisions in mega - sporting events' bidding and hosting agreements, 17 (3 - 4) The International Sports Law Journal 170 (2018).

10. David J. Ettinger, The Legal Status of the International Olympic Committee, 4 Pace Yearbook of International Law 97 (1992).

11. Deanna Salem, Birthright Citizenship and the Plight of American Samoa, 56 UIC Law

Review 783 (2023).

12. Despina Mavromati, Selected Swiss Federal Tribunal Judgments in 2023 in Annulment Proceedings against CAS Awards, 42 (1) ASA Bulletin 33 (2024).

13. Bashar H. Malkawi, Broadcasting the 2006 World Cup: The Right of Arab Fans Versus Art Exclusivity, 17 Fordham Intellectual Property, Media & Entertainment Law Journal 591 (2007).

14. Emily Crick, Contact Sport: Cricket in India – Pakistan Relations Since 1999, 16 (1) South Asian Survey 59 (2009).

15. Felix Dasser, International Arbitration and Setting Aside Proceedings in Switzerland: A Statistical Analysis, 25 ASA Bulletin 446 (2007).

16. Frank Oschutz, Harmonization of Anti – doping Code through Arbitration: The Case of the Court of Arbitration for Sport, 12 Marquette Sports Law Review 675 (2002).

17. Gerard – René de Groot, Sporting Nationality: Remarks on the Relationship between the General Legal Nationality of a Person and his 'Sporting Nationality', (1 – 2) International Sports Law Journal (2006).

18. Harry Edwards, Perspectives on Olympic Sport Politics: 1968 – 1984, 9 National Black Law Journal 38 (1984).

19. James A. R. Nafziger, Diplomatic Fun and the Games: A Commentary on the United States Boycott of the 1980 Summer Olympics, 17 Willamette Law Review 67 (1980).

20. James G. Goettel, Is the International Olympic Committee Amenable to Suit in a United States Court?, 7 Fordham International Law Journal 61 (1983).

21. James A. R. Nafziger, Nonaggressive Sanctions in the International Sports Arena, 15 Case Western Reserve Journal of International Law 329 (1983).

22. James A. R. Nafziger, The Future of International Sports Law, 42 Willamette Law Review 861 (2006).

23. Jenny A. Urquhart, Olympic Judging and Scoring is far from a Percent Ten: Why the International Olympic Committee must Set Standards for Judging and Scoring to Save the Olympic Games, 24 Penn State International Law Review 475 (2005).

24. John T. Wendt, WADA, Doping and THG, 21 (4) Entertainment and Sports Lawyer 1 (2004).

25. J. W. Soek, The Legal Nature of Doping Law, 2 (2) The International Sports Law Journal 2 (2002).

26. Kanchana Kariyawasam and Matthew Tsai, Copyright and Live Streaming of Sports Broadcasting, 31 (3) International Review of Law, Computers & Technology 265 (2017).

27. Lorenzo Casini, Global Hybrid Public - Private Bodies: The World Anti - Doping Agency (WADA), 6 (2) International Organizations Law Review 421 (2009).

28. Mark James, Human Rights and the Olympic Charter, 23 (3) The International Sports Law Journal 267 (2023).

29. Mark Hovell and Rustam Sethna, Covid - 19 Jurisprudence in Football, (1) CAS Bulletin 7 (2023).

30. Matthew J. Mitten, Judicial Review of Olympic and International Sports Arbitration Awards: Trends and Observations, 10 (1) Pepperdine Dispute Resolution Law Journal 51 (2009).

31. Michael Straubel, The International Convention against Doping in Sport: Is It the Missing Link to USADA Being a State Actor and WADC Coverages of U. S. Pro Athletes, 19 (1) Marquette Sports Law Review 63 (2008).

32. Nicholas Hailey, A False Start in the Race against Doping in Sport: Concerns with Cycling's Biological Passport Note, 61 (2) Duke Law Journal 393 (2011).

33. Noelle K. Nish, How Far Have We Come? A Look at the Olympic and Amateur Sports Act of 1998, The United States Olympic Committee, and The Winter Olympic Games of 2002, 13 Seton Hall J. Sports L. 53 (2003).

34. Phillip Landolt, Annulment of Swiss International Arbitration Awards for Incompatibility with Substantive Public Policy: First Annulment in over Twenty Years, 27 MEALEY'S International Arbitration Report 4 (2012).

35. Richard H. McLaren, The Court of Arbitration for Sport: An Independent Arena for the World's Sport Disputes, 35 (2) Valparaiso University Law Review 79 (2001).

36. Ryan Connolly, Balancing the Justices in Anti - Doping Law: The Need to Ensure Fair Athletic Competition through Effective Anti - Doping Programs vs. the Protection of Rights of Accused Athletes, 5 Virginia Sports and Entertainment Law Journal

41 (2006).

37. Salomeja Zaksaite and Hubert Radke, The interaction of criminal and disciplinary law in doping - related cases, 14 The International Sports Law Journal 115 (2014).

缩　略　语

AAA 美国仲裁协会（American Arbitration Association）

AIBA 国际业余拳击联合会（Association Internationale de Boxe Amateur）

AOC 澳大利亚奥委会（Australia Olympic Commission）

BAT 篮球仲裁庭（The Basketball Arbitral Tribunal）

BOB 北京奥林匹克转播有限公司（Beijing Olympic Broadcasting Co. , Ltd）

BOCOG 北京奥林匹克运动会组织委员会（Beijing Organizing Committee for the Olympic Games）

CAS 国际体育仲裁院（Court of Arbitration for Sport）

CADA 加拿大业余跳水协会（Canadian Amateur Diving Association）

COA 加拿大奥委会（Canadian Olympic Association）

COC 刚果奥委会（Comite Olympique Congolais）

CONI 意大利奥委会（Comité Nationale Olympique Italien ）

EEA 欧洲经济区（European Economic Area）

EU 欧盟（European Union）

EC 欧洲理事会（European Council）

ECJ 欧洲法院（European Court of Justice）

FEI 国际马术联合会（Fédération Equestre Internationale）

FIBA 国际篮球联合会（Fédération Internationale de Basketball Association）

FIFA 国际足球联合会（Fédération Internationale de Football Association）

FIFPro 国际职业足球联合会（Fédération Intenationale Des Associations de Footballeurs Professionneis）

FIG 国际体操联合会（International Gymnastics Federation）

FIL 国际无舵雪橇联合会（International Luge Federation）

FINA 国际业余游泳联合会（Fédération Internationale de Natation Amateur）

FIS 国际滑雪联合会（Fédération Internationale de Ski）

IAAF 国际田联（International Association of Athletics Federations）

IBA 国际棒球联合会（International Baseball Aassociation）

ICAS 国际体育仲裁理事会（International Council of the Arbitration for Sport）

IGO 政府间国际组织（Inter – Governmental Organization）

IIHF 国际冰球联合会（International Ice Hockey Federation）

IJF 国际柔道联合会（International Judo Federation）

IOC 国际奥委会（International Olympic Committee）

IOTF 国际奥林匹克休战基金会（International Olympic Truce Foundation）

IPC 国际残疾人奥委会（International Paralympic Committee）

ISU 国际滑冰联盟（International Skating Union）

JSAA 日本体育仲裁机构（Japanese Sports Arbitration Agency）

KOC 韩国奥委会（Korean Olympic Committee）

MLB 全美职业棒球大联盟（Major League Baseball）

NBA 全美职业篮球协会（National Basketball Association）

NFL 全美职业橄榄球联盟（National Football League）

NGO 非政府国际组织（Non – Governmental Organization）

NOCCS 挪威奥委会（Norwegian Olympic Committee and Confederation of Sports）

NHL 全美职业冰球联盟（National Hockey League）

NSDC 澳大利亚国家体育争议中心（National Sports Dispute Centre）

NZOC 新西兰奥委会（New Zealand Olympic Committee）

OASA 美国业余体育法（Olympic & Amateur Sports Act）

OBS 奥林匹克广播服务公司（Olympic Broadcasting Services）

OCOG 奥运会组织委员会（Organizing Committee for the Olympic Games）

OECD 经济合作与发展组织（Organization for Economic Co – operation and Development）

PILA 瑞士联邦国际私法法典（Private International Law Act）

SOCOG 悉尼奥运会组委会（Sydney Organizing Committee for the Olympic Games）

TOP 奥林匹克合作伙伴（The Olympic Partnership）

UCI 国际自行车联盟（Union du Cycliste Internationale / International Cyclist Federation）

UEFA 欧洲足球联合会（Union of European Football Association）

UN 联合国（United Nations）

UNEP 联合国环境规划署（United Nations Environment Programme）

UNESCO 联合国教科文组织（United Nations Educational，Scientific and Cultural Organization）

USADA 美国反兴奋剂机构（United States Anti – Doping Agency）

USATF 美国田径协会（USA Track & Field）

USOC 美国奥委会（United States Olympic Committee）

WADA 世界反兴奋剂机构（World Anti – Doping Agency）

WHO 世界卫生组织（World Health Organization）

WIPO 世界知识产权组织（World Intellectual Property Organization）